アニー・ローリー

みんなにお金を配ったら

ベーシックインカムは世界でどう議論されているか？

上原裕美子 訳

みすず書房

GIVE PEOPLE MONEY

How a Universal Basic Income Would End Poverty,
Revolutionize Work, and Remake the World

by

Annie Lowrey

エズラに

みんなにお金を配ったら　目次

読者カード

みすず書房の本をご愛読いただき，まことにありがとうございます．

お求めいただいた書籍タイトル

ご購入書店は

・新刊をご案内する「パブリッシャーズ・レビュー　みすず書房の本棚」（年 4 回 3 月・6 月・9 月・12 月刊，無料）をご希望の方にお送りいたします．

（希望する／希望しない）

★ご希望の方は下の「ご住所」欄も必ず記入してください

・「みすず書房図書目録」最新版をご希望の方にお送りいたします．

（希望する／希望しない）

★ご希望の方は下の「ご住所」欄も必ず記入してください

・新刊・イベントなどをご案内する「みすず書房ニュースレター」（Eメール配信・月 2 回）をご希望の方にお送りいたします．

（配信を希望する／希望しない）

★ご希望の方は下の「Eメール」欄も必ず記入してください

・よろしければご関心のジャンルをお知らせください．
（哲学・思想／宗教／心理／社会科学／社会ノンフィクション／教育／歴史／文学／芸術／自然科学／医学）

（ふりがな） お名前　　　　　　　　様	〒
ご住所　　都・道・府・県　　市・区・郡	
電話　　（　　　　）	
Eメール	

ご記入いただいた個人情報は正当な目的のためにのみ使用いたします

ありがとうございました．みすず書房ウェブサイト http://www.msz.co.jp では刊行書の詳細な書誌とともに，新刊，近刊，復刊，イベントなどさまざまなご案内を掲載しています．ご注文・問い合わせにもぜひご利用ください．

郵便はがき

料金受取人払郵便

本郷局承認

3078

差出有効期間
2021年2月
28日まで

113-8790

東京都文京区
本郷2丁目20番7号

みすず書房営業部
行

通信欄

（ご意見・ご感想などお寄せください．小社ウェブサイトでご紹介させていただく場合がございます．あらかじめご了承ください．）

はじめに　賃金支払いの条件は、あなたが、ただそこで生きていること

うだるように蒸し暑い7月のある日のこと。韓国と北朝鮮のあいだの非武装地帯を見下ろす都羅山《トラサン》という高台、その頂に建つ軍事施設に、わたしはいた。中央の建物は迷彩模様に塗装され、「分断の終わり、統一の始まり」という、希望のこもった言葉が掲げられている。建物の片側は大きく開けた展望台で、据え付けられた多数の望遠鏡が開城《ケソン》工業地区という特別区域のほうを向いている。つい最近まで、境界線の北に住む共産主義の労働者たちが、境界線の南に拠点を置く資本主義の企業のために、そこで汗を流して働いて全体で年間9000万ドルの賃金を稼いでいた。[1] 展望台そばの小さな土産物屋でも、北の労働者が作った蒸留酒ソジュに並んで、非武装地帯で栽培される大豆にチョコレートをまぶした菓子が売られていた（お気に召さない場合は返品・返金に対応します、とパッケージに書かれている）。

展望台と別の側にはシアタールームがある。座席の前に広がるのはスクリーンではなく、北朝鮮の方角に開けた窓だ。手前のジオラマにラベルで説明がついている。旗がここ。ここが工場。これは主体《チュチェ》思想を打ち立てた金日成の銅像。ほら、これの本物があそこにある、金日成の顔と手が見えるだろう？——と、中国人観光客がジオラマと窓を比べながら、暑さでぼんやりかすむ景色を指さす。

南北4キロにわたる非武装地帯の向こうから、北朝鮮が流すプロパガンダ音楽が鳴り響いている。メロデ

ィどころか言葉まで聞き取れる音量だ。ツアーガイドのスジンという女性に歌の意味を尋ねると、彼女は「いつものやつですよ」と答えた。「韓国人はアメリカ人にいいように利用されてるとか、資本主義の奴隷になってる韓国を北朝鮮が解放しに来るんだとか」。殺風景な荒れ野を前にしていると、そのいささかうぬぼれが過ぎるメッセージは、ひどく物哀しく感じられた。足元に伸びる未完成の南侵トンネルにも、展望台から見える位置に北朝鮮が建設したポチョムキン村〔国の貧しい実態を隠すために作った偽りの街並み。ここで言っているのは機井洞（キジョンドン）という村のこと〕にも、悲哀を禁じえない。この村には２００世帯が居住していることになっており、平壌側の主張によれば、人々が集団農場で働き、保育園や学校や病院といった施設を利用している。だがソウル側の認識では、誰も住んでいないし、建物はがらんどうだ。兵士が照明をつけたり消したりして、生活実態があるように見せかけているにすぎない。北朝鮮が「平和の村」と呼ぶその場所を、スジンは「宣伝村《プロパガンダ・ビレッジ》」だと説明した。

わたしが参加していたツアーグループの何人かは、前後に広がる光景のあまりの落差に、思わず涙を浮かべていた。わたしもその一人だ。人間の選択が政府方針という形をとったとき、どれほど決定的に生死を分かつ威力を振るうか、これ以上にまざまざと体現する場所は存在しないだろう。ほんの少し前、ひと一人の寿命よりも短い年月を隔てただけの過去において、北朝鮮と韓国は一つの国家だったのだ。政治は一つ、経済の構造も一つだった。しかし冷戦で資本主義と共産主義がイデオロギーおよび政治の両面から対立するようになり、国は分断され、家族は引き離され、双方の国家に深い傷を残したのである。スジンは、北朝鮮が韓国から離れたことについて、「わたしたちの国家的悲劇」と言い切った。

大韓民国、すなわち韓国のほうは、第三世界から第一世界へ一気にステイタスをかけのぼるという、戦後それをなしえた数少ない国家の一つとなった。半島の分断から約15年後の１９６０年には、韓国の国民はコートジボワールやシエラレオネの人々と同じ程度に裕福になっていた。[2] ２０１６年には、かつて韓国を植民地として無慈悲に支配した日本にも、所得レベルでほぼ並ぶほどに近づいている。金融会社シティグループの調べでは、韓国は２０４０年までに世界で最も経済的にゆたかな国家の仲間入りをして、いくつかの指標ではアメリカをもしのぐほど裕福となる可能性がある。[3]

一方で朝鮮民主主義人民共和国、すなわち北朝鮮のほうは低迷し、特に１９９０年代以降は深刻な破綻が進行している。国民は飢え、困窮し、道理のとおらぬ政治と増大する軍事力に支配されている。天災や戦禍を被っていない国家がこれほど悲惨な成長パターンに陥るのは稀なことだ。現在から2年ほど前の時点で、人口の推定40%は極貧状態にあった。[4] スーダンの2倍の割合だ。[5] この上に戦争でも起きたとしたら、40%どころでは済まなくなるのは間違いない。

もやに包まれ、有刺鉄線に囲まれ、アサルトライフルを携えた若い監視兵が行き来する展望台を離れても、2国の差はやはり歴然としていた。目に見えてわかるのだ。わたしにもはっきり見てとれた。境界線から韓国側には緑なす森が広がり、きちんとした高速道路が走っている。電線があり、列車があり、港があり、高層ビルがある。南へ1時間も行けばソウルだ。パリと同じくらいに国際的で文化的にもゆたかな都市で、インフラ面の充実ではニューヨークやロサンゼルスをはるかにしのぐ。ところが北朝鮮側は木々すら剝ぎ取られている。切り倒して薪にしたり、簡素な住宅建材として使ったりするからだ、とスジンが言っていた。道路の整備は最低限で車通りもない。建物は低く小さいものばかり。人間も同じだ。現在の北朝鮮の人々は、韓国の国民と比べて明らかに身長が低い。[6] 栄養不足で成長が阻害されているのが一因だ。

わたしたちがたいてい「経済状況」と考えるものが、実はもっぱら政策の産物にほかならないのだということを、この2国はありありと、まざまざと、浮かび上がらせている。ものごとのありようは、そうなる選択をした結果だ。「その選択をしなかった場合」の可能性はつねに存在している。北朝鮮と韓国を隔てる非武装地帯ほど、落差を決定的につきつけてくる局面は他にないかもしれないが、しかし、どんな選択にも必ず「その選択をしなかった場合」の道がある。

想像してみてほしい。あなたの家の郵便受けに配達される小切手という形で、もしくは銀行口座への入金という形で、毎月お金が届けられる。

それで生活は維持できるが、あくまでぎりぎりという金額だ。シェアハウスなら家賃を払い、食費とバス代くらいはまかなえるかもしれない。刑務所から出所したばかりだとか、DVをはたらくパートナーから逃げなければならなかったとか、どうしても仕事が見つからないとか、そうした状態にあるとしたら、このお金で極貧状態には陥らずに済むだろう。何不自由なく暮らせるというほどではない。だが、使い道は自由だ。条件や制約はついていない。光熱費などの支払いに充ててもいいし、学費にしてもいい。家を買う頭金として貯めてもいい。煙草や酒に使ってしまってもかまわないし、なんなら、実家であてがわれた地下室で一日中アプリゲームやネットにふける暮らしに使ってもかまわない。仕事を辞めて芸術家になる、慈善活動に専念する、病児のケアにかかりきりになるといった使い道を選んでも問題ない。しかも、そのお金をもらうために何かをする必要は一切ない。ただ、毎月必ず、生きている限り受け取り続ける。年齢制限もない。子持ちかどうかは関係ない。住宅所有の有無も、犯罪歴の有無も関係ない。あなたはそのお金を受け取る。近所に住む人たちもみな同じようにお金を受け取る。

シンプルで、ラディカルで、そしてエレガントなこの提案には、名前がある。ユニバーサル・ベーシックインカム（UBI）だ。ユニバーサル（普遍的、全員一律）と呼ぶのは、コミュニティまたは国家の住民全員が皆同じように受け取ることを指している。ベーシック（基礎的）と呼ぶのは、最低限の生活が実現する金額であることを指している。そしてこのお金はインカム（所得）という位置づけであることを指している。

この発想自体は非常に古く、ルーツはイギリスのチューダー朝にまでさかのぼる。哲学者のトマス・ペインが著書で構想を書き記した。以降、歴史という大海をたゆたう知性の漂流物のように、過去500年のあいだ何度も海岸に流れ着き、打ち上げられを繰り返している。(7) 特に経済革命の波と共に運ばれてくることが多かった。そしてここ数年ほど――中間層が縮小し、政府に対する信頼が薄れ、技術進歩が急速に進み、経済全体が〝ウーバライゼーション（ウーバー化）〟し、貧困対策として現金の力に注目した研究が多数登場している昨今――は、驚くほどの存在感をもち始め、ぼんやりした仮定の話ではなく、一部においてはほぼ現実の話として語られるようになった。マーク・ザッカーバーグ、ヒラリー・クリントン、黒人の人権を主張するブラック・ライブズ・マター運動、ビル・ゲイツ、イーロン・マスク……UBIへの心変わり、転向、支持を表明する著名人や活動の例には事欠かない。(8) ドイツ、オランダ、フィンランド、カナダ、ケニアでは試験運用を開始または進行しているし、インドも運用を検討中だ。(9) カリフォルニアでは一部の政治家が導入を試みている。(10) スイスではすでに国民投票にかけられ、導入は否決されたものの、推進派の期待を上回る支持が集まった。(11)

きわめて抜本的な政策変更であることは間違いない。社会契約、セーフティネット、そして働き方の本質を根幹から変える試みである。なぜそのような仕組みを採り入れようとするのか。しかもUBIを推す側の陣営には、普段なら決して一堂に会することのない主義主張が集まっている。フェミニズム、環境保護政策、政治哲学、勤労意欲に関する研究、人種差別に関する社会学研究など、実に多彩な領域がUBIについて声をあげている。

なかでも最も声高に叫んでいるのは、技術進歩に伴う失業問題という領域ではないだろうか。遠からず人間の仕事はすべてロボットに奪われると言われている。オックスフォード大学の経済学者らの試算では、大勢のホワイトカラーを含めアメリカの雇用の約半分が、技術進歩によって今にも消滅する可能性がある。(12) アナリストらの警告によると、トラック運転手、倉庫の箱詰め作業員、薬剤師、会計士、弁護士助手、レジ係、通訳・翻訳者、病理診断医、株式仲買人、住宅鑑定士などなど、ありとあらゆる仕事が危うい[13]。人間の労働に対する需要が今よりもはるかに少なくなる世界で、大衆が生活を成り立たせていくためには、UBIが必要不可欠だ、と推進派は述べる。全国200万人が加入するサービス従業員国際労働組合（SEIU）の元議長で、UBIを支持しているアンディ・スターンは、経済学者やアナリストが予測する雇用の先行きについて、「未来がわかるなどとは言わないし、絶対にそのとおりになるとは言わない」と断りつつも、「（もし）台風が来るのだとすれば、われわれの家に雨戸があるかどうか、ちゃんと考えたほうがいい」と語った[14]。

UBI推進の理由として、もう一つよく挙げられる点がある。こちらは明日の問題というより今日の問題に根差しており、推測の要素は少ない。アメリカをはじめとする高所得国家は、富の格差拡大および深刻な賃金低迷という悩みを抱えている。UBIはそれを改善する仕組みになるというのだ。中間層は縮小している。経済成長は富裕層の証券口座を太らせるだけで、労働階級の財布はふくらませていない。UBIは上位20％に入らない世帯への直接的な家計補助になる、と支持派は主張する。また、労働者の交渉力を高めると共に、雇用主に圧力をかけて、人材を維持するために賃金上昇と福利厚生の充実と労働条件改善に取り組ませるラディカルな力になる。毎月確実に入る1000ドルを当てにできるとしたら、時給7・25ドルの劣悪な仕事に従事する必要もないからだ。UBIを支持するシンクタンク「エコノミック・セキュリティ・プロジェクト」は、「莫大な富が存在する時代に、誰かが困窮生活を強いられるべきではないし、中間層の未来が永遠の低迷や不安しか望めないものであってはならない」と述べている[15]。

UBIは世界規模でも、アメリカ国内でも、貧困撲滅の強力な助っ人になりうる。2016年の時点で、アメリカではおよそ4100万人が貧困線を下回る暮らしをしていた[16]。月1000ドルの給付があれば、多くが貧困線の下から浮上する。そうなれば、パートナーから虐待を受けたり、病気がちだったり、天災に見舞われたり、突然に失職したりという事態がそのまま極貧生活に直結することはなくなるはずだ。地球上の最も裕福な文明圏ですら、そうした問答無用の転落が起きているのだから、低所得国家においてはなおのこと厳しい。すでに多数の国が貧困率低減のため、全員一律に無条件とまでは言わないまでも、何らかの形で現金支給の策を採り始めている。結果に手ごたえを感じた政策立案者や政治団体が本格的なＵＢＩ提供の道を模索している例もある。ケニアでは、アメリカに拠点を置く慈善団体「ギブ・ダイレクトリー」が、10年以上にわたって成人数千人を対象に毎月およそ20ドルの支給を行ない、ＵＢＩが安価かつ大規模に貧困撲滅に寄与しうると実証しようとしている。ギブ・ダイレクトリー共同創設者のマイケル・フェイは、わたしの取材に対し「極度の貧困を今すぐ根絶したいと願うのは、夢物語じゃない。実現できることだ」と語っている。[17]

自由至上主義《リバタリアン》寄りの推進派に言わせると、ＵＢＩによる貧困撲滅の試みは効果的であるだけではなく、効率的でもある。現在のアメリカの社会福祉制度をそっくりＵＢＩに置き換えれば、役所仕事が大幅に軽減し、国民の生活に対する国家の干渉も減る。ようこそＵＢＩ、さよなら、保健福祉省、住宅都市開発省、社会保障局。[18] もろもろの政府事務所および地方自治体事務所を減らして、ついでに農務省の仕事も大幅に閉店だ。中道右派のシンクタンク「アメリカン・エンタープライズ研究所」に所属する政治学者チャールズ・マレーは、「ただお金を渡す、それがきわめて自然なソリューションだ」と言う。[19]「厄介な難題を一気に断つ手段だ。これ以上に洗練された解決策はない」

ロボットによって人間が駆逐される事態を防ぎ、労働者に交渉力を与え、中間層に活力をもたらし、貧困を撲滅し、役所仕事の煩雑さを軽減する……とても結構なことに思える。だが、ＵＢＩを導入するなら、政府は国民が生きている限り永遠に、いかなる状況においても定期的にお金を送り続けることになるのだから、その衡平性や政府支出や労働の意味について、さまざまな疑問が生じるのは当然だ。

わたしがこの構想を初めて耳にしたときにも、働き方への影響に懸念を抱いた。毎月１０００ドルが配られるとなれば、大勢の労働者が仕事を投げ出してしまうのではないか。そうなるとアメリカは、ごくわずかな労働者の課税所得に頼って、賃金労働に従事しない膨大な国民を食わせていくはめになるのではないか。実際、賃金低迷のせいで、そしておそらくゲームやストリーミング動画のような低コストの娯楽に逃げ場所があるせいで、昨今では少なからぬ人たちが労働からドロップアウトしている。[20] そう考えると懸念を抱くのは当たり前だ。ＵＢＩを導入すれば、国家の最大の資産、すなわち国民の大多数が、生産性や創意工夫の意欲を失うのではないか。いや、それ以前に、技術進歩に伴う失業問題の対策としてＵＢＩを実施するなら、ある意味でアメリカの労働者を見捨てることになるかもしれない。テクノロジーが支える活発な経済に労働者を参加させるのではなく、お金を握らせて体良く追っ払う形になるからだ。政治的信条の垣根を越えて、あらゆる経済学者たちが、同様の懸念を口に出している。

そしてＵＢＩの狙いを実現するには莫大な費用がかかる。たとえばアメリカ国民の一人ひとりに毎月１０００ドルを配りたいとしよう。ちょっと計算するだけで、この政策には年間およそ3・9兆ドルがかかることがわかる。それほどの支出が、現時点の他のあらゆる政府支出に加われば、連邦経費の総額は2倍以上になる。[21] 当然、税金も2倍必要だ。そうなれば景気は冷え込み、裕福な世帯や大企業が外国へ逃げ出していくだろう。仮に現状の社会保障や、その他の貧困対策プログラムの多くをＵＢＩに置き換えるのだとしても、なお年間に何千億ドルという支出増加は免れない。

さらにもう一歩下がって根本的なことを考えてみたい。ＵＢＩは本当に、希少な財源の使い道として最善と言えるのだろうか。労働階級に属する世帯、隠退した高齢者、子ども、失業者と同列に、マーク・ザッカーバーグやビル・ゲイツのような人々にも毎月１０００ドルを与える仕組みのために増税するなど、合理的と言えるだろうか。金持ちに課税したうえで、ミーンズテスト〔給付金の受給要件を満たすかどうか行政側が審査すること。資力調査〕を通じて貧困と認定された人々だけに直接お金を配ったほうが、より効率的ではないのか。実際、メディケイド〔低所得者向けの医療費扶助〕

や補助的栄養支援プログラム（SNAP）〔旧フードスタンプ〕は、そうした制度として導入されている。社会主義の北欧諸国でさえ、国家による補助には条件をつけるのだ。それにアメリカでも、その他の国でも、低・中所得層の世帯の多くは現時点でも一人当たり月1000ドル以上を何らかの形で政府から支給されている。SNAPや住宅補助などのプログラムを一掃し、その予算をUBIに架け替えるとして、現状のシステムよりも公正で効果的になる保証はあるだろうか。

哲学的な面からUBIに反対する見解もある。王子や王女ならともかく、国家やコミュニティに属する一般個人が生まれながらの権利として自動的に手当を与えられるなど、アラスカのような〝産油国〟でもなければ成立しえないことだ。なぜ無条件で人にお金をやらなければならないのか。見返りにコミュニティへの奉仕活動を義務づけたり、せめて就労努力はするよう求めたりしてはいけないのか。そもそもアメリカは、人が他人の施しで食いつなぐのではなく、自助努力で身を立てていくことをよしとする国だったのではないのか。

わたしはワシントンで経済および経済政策を報道する記者として、こうした議論や反論をさまざまに耳にしながら、漠然とした前例のない構想が世界的な関心事として育っていくのを目の当たりにしてきた。社会政策の秘策めいたものが、一般社会にも広く知られる話題になるとは、わたしのジャーナリスト人生で一度も経験したことのない事態だ。グーグルの集計によると、UBIを調べる検索回数は2011年から2016年で倍以上に増えた[22]。2000年代半ばの時点で、UBIがニュース記事で言及されることは皆無に等しかったが、それ以降は爆発的に増えている[23]。書籍、カンファレンス、政治家の会合、進歩主義者や自由至上主義者の議論、そして家庭の夕食の席でも話題にのぼるようになった。

わたしはこの経緯をずっと追い続けている。否決されたスイスの国民投票について記事を書いたし、現在の議論でもエビデンスの一つとして注目されるカナダのベーシックインカム実験についても記事を書いた。

雇用のない未来を憂うシリコンバレーの投資家たちに取材し、無人走行車に試乗したりしながら、わたし自身の仕事がAIにおびやかされる時期が来るのはいつだろうかと思いをめぐらせたりもした。民主・共和双方の議員とも話をして、破綻しつつある中間層を支えるために国家は新しく大胆な再分配政策を採るべきか意見を聞いた。ベーシックインカム構想を熱狂的に支持するヨーロッパの知識人と酒を酌み交わしたこともある。国会議員の側近という立場の人たちから、UBIは2020年の大統領選の争点の一つになる、という意見も一度ならず耳にした。その他にもわたしが話を聞いたさまざまな支持者たちが、毎月の現金給付を当てにできる仕組みがなければ10年以内に世界中で数百万人が生活と雇用の安定を得られないプレカリアートに堕ちてしまうだろう、と断言した。そして哲学者たちは、仕事に対する考え方と、社会契約と、経済の土台が、今まさに革命的な転換を迎えようとしている、と確信している。

UBIについて知れば知るほど、わたしは夢中になる気持ちを抑えられなくなった。UBIは現代の経済と政治について実に興味深い問いを投げかけてくるからだ。アメリカのリバタリアンと、インドの経済学者と、ブラック・ライブズ・マター運動の活動家たちと、シリコンバレーのテクノロジー企業を牛耳る君臨者たちが同じことを望むなど、本当にありえるのだろうか。1日60セントで暮らすケニアの村人たちに適した政策が、スイスの中でも最も裕福な州の市民にも等しく適しているなど、そんなことがあるだろうか。UBIは魔法の特効薬なのか、それとも、見境なく釘を叩きたがる政策のハンマーなのか。哲学的な観点からも疑問がつのった。対価なしに育児や介護に携わる人々に何らかの補償はあってしかるべきではないのか。アメリカはこれほど裕福な国なのに、貧困に苦しむ児童が存在する事実がなぜ許容されているのか。この国のセーフティネットは人種差別主義的ではないのか。ロボットが仕事を奪う未来は具体的にどうなっていくのか。

本書は、新しく世界で広がりつつある政策のムーブメントについて解説し賛否を主張したいという狙いではなく、今掲げたような問いにわたし自身答えを出したいという思いで執筆を決意したものだ。リサーチの過程で、遠く離れたケニアの村々に足を運んだり、インドでも1、2を争うほど貧しい村でモンスーンが降らす雨のもと開かれる結婚式に列席したりもした。ホームレスのシェルターにも、議員のオフィスにも赴いた。経済学者、政治家、自給自足の農業従事者、哲学者にも取材をした。韓国で開催されたUBIカンファレンスに出席し、この構想の代表的な支持者や思索家たちと多く出会った。韓国と北朝鮮のあいだの非武装地帯で、人間の政治的選択がもたらす影響の恐ろしさと希望と深遠さについて考えずにいられなかったのも、本書のリサーチの途中で遭遇した体験だ。

こうしたプロセスを経て、今のわたしは確信している。UBIは、政策としての実現性が問われる具体的な提案であると同時に、一つの価値理念《エートス》でもあるのだ。この構想は、全員一律、無条件、インクルージョン、シンプルさといった原則を掲げながら、すべての人間は経済への参加と、選択の自由と、困窮に苦しまない人生を享受するに値する存在なのだと訴えている。政府にはそれらを享受させる力があるし、実際にそう選択していくべきなのだ——月額1000ドルの給付という形になるにせよ、ならないにせよ。

本書は三部構成になっている。前半（第1章〜第3章）では、UBIと仕事をめぐる問題を考察する。中盤（第4章〜第6章）では、UBIと貧困という切り口から追究する。そして後半（第7章〜第9章）で、UBIとソーシャル・インクルージョンについて掘り下げていく。最後に、さまざまな現金給付プログラムの約束、ポテンシャル、設計を探っていきたい。わたしがそうだったように、読者のあなたにも、この複雑で、斬新で、心奪われる方策の検討から多くを学んでいただければ幸いである。

1 トラックが無人で走る世界——AIとUBI

北米国際オートショー。目にも耳にもにぎやかに盛り上がるお祭りだ。1年で最も寒さ厳しい1月に、モーターシティという異名をもつ都市デトロイトに自動車メーカーが集結し、自動車業界関係者とマスコミと一般大衆に向けて、最新の車種、テクノロジー、コンセプトを披露する。会場となる複合施設「コボセンター」のホールは黒を基調としていて、まるでカーペットを敷いた洞窟だ。そのホールの隅々に各社が陣取り、ゲームショーもかくやという華やかな出展ブースを立ち上げる。スポットライト、キャットウォーク、ライトアップ、露出度の高い服を着た女性たち。そして車、車、車。多くが巨大な回転台の上で回っている。わたしも先日の開催に足を運び、最新モデルをあれこれ試乗したり、自動車メーカー幹部と話をしたり、販売員と喋ったりして数時間ほどを過ごした。サメを思わせるボディのSUVに乗ってみる。スイッチやギアや速度計があるはずのダッシュボードは、SF映画に出てきたバーチャルコックピットのようだ。流線形のレースカーも展示されている。車高が低く、這うように乗り込まなければならない。こうした車と並んで目についたのが、多数の自動運転車だった。そこかしこに自動運転車が並んでいる。

一口に自動運転といっても、そのテクノロジー・ファッションショーの多彩さたるや、カッコいいものから、あっけにとられるものまで、実にさまざまだ。たとえばフォードが展示するトラックには高性能なクルーズコントロール機能が搭載されていて、歩行者が飛び出したときは自動的にブレーキをかけるし、渋滞でもブレーキとアクセルを自動で操作する。巨大なハンドルを握ってみるわたしに、スタッフが「ご自分でペダルを踏む必要はないんですよ」と声をかけた。

フロアの反対側ではフォルクスワーゲンのコンセプトカーが展示されていた。さながら宇宙人用のキャンピングカーといったところ。ドアにハンドルはなく、センサーで開閉する。ガソリンタンクの位置にあるのは充電用プラグだ。完全自動走行モードのときは、ハンドルがダッシュボードの内側に格納されて姿を消す。かわりに、さまざまなレーザー、センサー、レーダー、カメラが車を操縦するというわけだ。運転席や助手席に座る人間は、シートをぐるりと後ろへ回転させて、近未来のリビングルームのような車内でのんびりくつろぐこともできる。フォルクスワーゲンのカーデザインを統括するクラウス・ビショフが、「まさに未来の車！」と謳っていた。

そのフレーズを、わたしはデトロイトで何度も何度も耳にした。我が社は未来の車を造っています。未来の車が実現します。未来の車が今ここに。どうやら自動車市場は、人間の運転を自動技術でサポートする段階から、車そのものが判断して走る自律型走行へ、さらには完全な無人走行の段階へと、急速に進歩しつつあるらしい。現時点でも、市場に出ている多くの車に、気の利いたクルーズコントロールや、渋滞警告、車線維持、緊急ブレーキ、自動駐車など、多数の運転サポート機能が搭載されている。こうした充実のオプションに加えて、高性能なセンサーや、数々のソフトウェアプログラムも開発され、出発地点から行先まで車自身が操縦する自律型走行も本格的に実現し始めている。遠からず、乗用車も、トラックも、タクシーも、車内に運転手がまったくいない状態で走るようになるかもしれない。

下手なだじゃれではあるけれど、こうした技術はたった15年ほどのあいだに猛スピードの進化を遂げてきた。振り返れば２００２年に、アメリカ国防総省の一機関である国防高等研究計画局、通称ＤＡＲＰＡ（ダーパ）が、「グランド・チャレンジ」と銘打ったロボットカーレースの開催計画を発表した。(1) 無人で走る車を開発し、カリフォルニア州バーストーからネバダ州プリムまで砂漠を142マイル〔約230キロ〕走るレースに出場させ、他のロボットカーと競いあうという趣向だ。(2) 勝者が手にする賞金は100万ドル。かくして第1回のグランド・チャレンジが鳴り物入りで開催されたが、1台もゴールに到着しないどころか、走ったと言えるほどの距離も走れなかった。しかし、約束された賞金の額と、イベントに集まった注目の高さは、自動運転技術に対する投資とイノベーションの波を生んだ。(3) DARPAとアメリカ海軍との連係を担当するスコット・ワドル中佐は、「第1回のレースが、発明家、エンジニア、学生、プログラマー、オフロード・レーサー、機械いじりの愛好家、その他の夢抱く人々のコミュニティを生み出した。厳しい技術的課題をクリアして歴史的偉業を成し遂げようと、多くの人が力を合わせることになったのだ」と語っている。(4)「彼らが持ち込んだ新鮮な発想のおかげで、その後の数年間で自律型ロボットカーの技術開発は一気に進んだ」

システムの信頼性と安全性が向上し、値段が手ごろになり、政府の規制と保険市場が適応すれば、いずれ一般人も利用するようになる。わたしが見学したデトロイトのオートショーでは、グーグルから分社した自動運転技術開発会社ウェイモのCEOジョン・クラフチックが、クライスラーのミニバン「パシフィカ」にウェイモの完全自律走行技術を搭載した車をお披露目していた。「我が社の最新のイノベーションにより、この技術は、何百万人が日常的に使えるものへと一歩近づきました」。(5) クラフチックの説明によると、車の自動走行を助ける三次元光検出レーダーのコストは当初7万5000ドルほどかかっていたが、ここ2、3年で9割ほど安くなったのだという。すでにBMWやフォードをはじめとする自動車メーカー各社が、遠からず自律型走行車を市場に投入すると発表している。トヨタ幹部のサンディ・ローベンシュタインも、オートショーのステージで、「自動車に使用されるテクノロジーの量は爆発的に増えています」と述べた。(6)「わたしたちが知るクルマというものが、未来派が長らく夢に見ていた世界を実現する手段へと変わりつつあるのです」。タクシードライバーのいないタクシー。トラックドライバーのいないトラック。乗り込んで行先を告げたら昼寝していても到着する乗用車……。こうした車が市道を普通に走るようになり、これまでハンドルを握っていた大勢の手から仕事を奪っていく。

あの日、寒々しく荒涼としたミシガン州デトロイトの一角で、自動運転技術に対する熱狂だけは、文字どおりの熱を感じるほどだった。２００８年前後の金融危機のあいだ、この国の自動車産業はほぼ死に体だった。その後数年で力強く回復してきてはいるものの、アメリカ人が１９９０年代や２０００年代前半のように積極的に車を買う風潮は戻っていない――そもそも運転する習慣が薄れていることや、本来ならば最新の車に飛びつきたがる若者層が今も金銭的余裕のない暮らしをしていることが一因だ。[7] そんな状況だからこそ、デトロイトで披露されていた新しい技術フロンティアが、自動車産業にとっての「ゴールドラッシュ」になるだろう、とアナリストたちは論じている。自動運転車は世界の市場を拡大し、販売台数は２０３５年までに年間１２００万台に達するという予測だ。[8] 売上高で言えば８００億ドル相当と見込まれている。

だが、多くの人にとってのロボットカーは、刺激的でもなければ、長らく待たれた未来の到来とも思えない。むしろ生活の継続を危うくする脅威だ。無人の車が走り回るようになった工業用地で、同僚がロボットに入れ替わるさまを目の当たりにしている労働者たちの運命を考えてみてほしい。カナダのオイルサンド地帯で働く労働者の組合地方支部代表ケン・スミスは、カナダ公共放送局の番組に出演した際、「無人トラックは年金もいらないし、休暇もとらない。純粋なコスト計算で、そっちが選ばれるというわけだ」と語っていた。[9] 「テクノロジーに押された解雇の波は、大きな痛手となるだろう」

脅かされるのは工業用地の機材運転手だけではない。スクールバス、市営バス、長距離バス、宅配便の配達、リムジンサービス、タクシー、長距離トラックの運転手の雇用も危うい。港で荷下ろしに従事する労働者、建設現場で働く人々、小売倉庫で品物の運搬をする人々、ピザを配達するバイト青年、買い物代行をするパートタイムの仕事だって例外ではない。オバマ政権時の政府試算では、ロボットカーは220万から310万人の雇用に取って代わる可能性があるとされた。[10] しかも、人間の仕事が激減した未来をちらつかせるテクノロジーは、ロボットカーだけではない。暗い目をした現代の預言者たちが、むしろ脅かされない職種のほうが稀であると警告している。

読者が最近UBIのことを耳にした経験があるとすれば、それはおそらく、こうしたロボットカーに関する話題や、技術進歩によって発生する失業への強い懸念という文脈だったのではないだろうか。たとえばテスラCEOのイーロン・マスクは、運輸セクターの大規模な自動化は今すぐにでも実現すると主張している。彼は2017年にドバイで開催された世界政府サミットで、「ほんの20年程度で、労働者の12%から15%が失業するだろう」と発言した。[11] そしてUBIに言及し、「他に選択肢があるとは思えない」と語っている。「必須になるとぼくは思っている」

デトロイトのオートショーでは、そうしたリスクが恐ろしくも肌に迫って感じられた。コボセンターのホールを歩き回り、シリコンバレーのテクノロジー専門投資家たちと会話をしながら、わたしの脳裏に浮かんでいた疑問は、ロボットカーなどの最先端技術が人の仕事を奪い始めるかどうか、ということではなかった。考えていたのは、いつそうなるのか、そして、そうなってから先はどうするのか、という疑問だ。この国は、大量の雇用喪失という惨事に向けて、まったく備えができていないように見える。目をむくほどの技術変化がわたしたちの生活を、そして世界を変えていく一方で、家計を助け、中間層を支え、貧困への転落を防ぐ一助になるのがUBIだと考えられている。

＊

はるか昔、槍と網と鋤を生み出した頃から、人間は生活を少しでも楽にするための道具を発明し続けている。道具や機械は人間が労を払う必要性を低減する。車が発明されると、一頭立て馬車の御者や蹄鉄工は仕事を失った。車の製造を手伝うロボットが発明されると、工場労働者は職を追われた。そして今は自動運転車が登場し、トラックドライバーを無職に追い込んでいく。経済用語で呼ぶならば、これは「技術的失業」といって、歴史上で何度も、当然の展開として繰り返されてきた現象だ。

オートショーの会場まで出向かなくても、発明や発展と雇用破壊がつねに一蓮托生であることは確認できる。デトロイトの都市を見回すだけでも充分だ。20世紀前半のデトロイトでは、車に対する人々の需要を満たすために、小さな軍隊ほどの――いや、率直に言えば、そこそこの規模の軍隊ほどの――労働者が働いていた。１９５０年代には、自動車メーカーのビッグ３と呼ばれたＧＭ、フォード、クライスラーの３社がミシガン州だけで40万人を雇用していた[12]。現在そこに残る部隊はわずかだ。州全体で自動車会社の従業員は16万人程度となった[13]。もちろんオフショアリングとグローバリゼーションが国内の自動車産業の雇用に大きな影響をおよぼしていることは確かだ。だが、技術進歩と、１台の製造にかかる労働時間の短縮化も、小さからぬインパクトをもたらしている。働き口が減り、他に活発な産業もないデトロイトでは、１９５０年代以降に人口が半分以下に減少した[14]。そのため税基盤が破壊され、アールデコやポストモダンの洗練されたスタイルが特徴的だった高層ビルや建築物の多くが空き家となり、横板が打ち付けられた姿で放置されるようになった。

デトロイトだけではない。アメリカの製造業の凋落は、ラストベルトと呼ばれる一帯全体と、南部およびニューイングランドの一部にも打撃を与えている。１９７９年の時点では国内で１９６０万人が製造業に従事していた[15]。２０１７年には、人口が１億人近く増えたにもかかわらず、製造業の雇用はおよそ１２５０万人へと減っている。結果として、製造業のメッカである中西部が、戦後のアメリカで最も深刻な不況に陥った。全国の雇用に対して中西部が占める割合は１９５０年代の約45％から２０００年には27％にまで縮小している。[16]

これほど厳しい雇用状況を鑑みても、経済学者によれば、技術革新のせいで生じる失業は好ましいプロセスに伴う必要悪であるらしい。苦しい思いをする労働者もいるだろう。破綻する地域もあるだろう。しかし経済全体としては栄えている。機械によって失われる雇用は、もっぱら低賃金で、危険を伴い、創出する価値の少ない仕事だ。その点で機械は高賃金で、安全で、多くの価値を生む仕事につながる。経済から質の悪い仕事が減り、よりよい仕事が増えていくというわけだ。だから労働者のほうが適応するしかない――それが容易であるとは言えないにしても。

適応方法の一つは転居することだ。実際に何百万という人々がデトロイトやラストベルトを離れ、たとえば太陽の光が降り注ぎサービス産業が栄える南西部へ、あるいはメキシコ湾の石油経済圏へと引っ越している。そうでなければ職業替えで適応する場合もある。トーマス・フリードマンがインドに赴いて「世界はたいらだ《フラット》」と気づいたことを彷彿とさせる体験なのだが、わたしはデトロイトに行くためボルティモア空港までタクシー代わりにリフト〔ウーバーと同様のライドシェア型配車サービス〕のサービスを使ったとき、運転手に質問をした。リフト経営側には無人走行車を導入する計画があり、そうなれば人間の運転手はたちまち失職する可能性が高いことについて、どう思っているのか。「そりゃ心配ですよ」と彼は答えた。「だけど、ちょっと考えてることがありましてね。勉強して、ロボットカー向けのサービスをやるほうになろうかなって。そういう車は、昔ながらの自動車修理に慣れた店に持ち込むわけにいきませんでしょう。ロボットカーのソフトウェアがわかる修理工が必要になるはずなんです」

結局のところ、技術的失業の痛みや混乱を伴うとしても、それでも経済は成長するし労働者は生き残る。技術が目覚ましく進歩した20世紀にもアメリカ人の就業率は伸びていた。製造業からはじき出された多くの男たち、そして労働力に新たに加わった女たち、大勢の移民たちを、労働市場はしっかり受け止めていたのだ。かつてアメリカの雇用の4分の1を担っていた製造業がたった10％になったことで、大量の失業者が発生したわけではなかった。同様に、農業従事者が全体の40％からたった2％に減少しても、それで大勢が路頭に迷ったわけではなかった[17]。

機械が登場すれば人間の仕事のニーズは消滅するという発想は大昔から言われるが、実際にはそのとおりの展開にならないことが幾度となく証明されている――前述の発想に「ラッダイトの虚説」や「労働塊の誤謬」という名称がつくほど、何度も確認されてきたのである。19世紀はじめ頃には、イギリスのノッティンガムの繊維職人たちが、よりよい雇用とよりよい賃金を要求して織機を破壊した（そんなことをする必要はなかった）[18]。20世紀はじめの大恐慌のときには、同じくイギリスの経済学者ジョン・メイナード・ケインズが、技術進歩によって2030年までにオフィスや屋外や工場での長時間勤務は消滅すると予言した（悲しいかな、その気配はない）[19]。さらに1964年には、ノーベル賞受賞者3人を含む有識者の活動家グループが、ホワイトハウスに警告を発している。いわく、「コンピューターと自動制御型機械の組み合わせ」が「貧しく、手に職もなく、仕事もない人々が切り離され追い込まれるもう一つの国家」を増大させていくだろう、と（これも的中したとは言えない）[20]。3回振り上げた拳は、3回空振りしたというわけだ。人気ブログ「マージナル・レボリューション」を執筆する経済学者アレックス・タバロックは、こう評している。「労働塊の誤謬が真実だとしたら、ここ2世紀の生産性向上で、われわれは全員失業しているはずだ」[21]

それでも、いや今回は本当に違うのだ、という不安を耳にすることは少なくない。オバマ元大統領は辞任挨拶において、「経済的混乱の次の一波は海外からくるわけではない。容赦なく進む自動化の波が、善良な中間層の職を奪っていくだろう」と述べた[22]。雑誌の表紙も、書籍も、ケーブルテレビのニュース番組も、同じことを叫んでいる。ロボットの脅威はトラックドライバーだけを襲うわけではない、金融トレーダーにも、広告会社幹部にも、大学教授にも、倉庫の労働者にとっても、等しく脅威になるのだ、と。

一説によると、これまでは新しい機械が発明されるときには新しい雇用も誕生していたのに対し、今回の技術発展にはそうした創出がなく、これまでより急スピードで雇用破壊のほうを進めているのが問題なのだという。この見解も技術的失業について古くから繰り返されてきた言説なのだが、今回はそれが極端であるらしい。技術が進歩すれば生活水準が向上し、財やサービスが安くなると想定されるが、自分が無職になり、近隣住民も無職になり、市が4年間で3回も公立学校の予算削減に踏み切るはめになるのだとしたら、そんなロボットカー普及に利点などあるだろうか。ロボットのほうが優れているという理由で、人間に対するニーズがまったくなくなってしまったら、いったいどうなるのだろうか。

こうした疑問が凝縮されているという点でも、デトロイトは貴重な例だ。車は今、機械仕掛けの箱という立場から、交通・運輸のあらゆる側面を変革するポテンシャルをもった高性能なコンピューターへと、決定的な技術的変容を遂げつつある。無人で走る車を一般消費者やビジネスの手に渡すべく、莫大なお金がつぎ込まれている。しかし、この革命的技術で生じる新たな雇用の総数は、おそらく数万人程度だ。ロボットは無人走行車を運転するだけでなく、その設計と製造も引き受ける。同じダイナミクスがこの国全体に広がっている。実店舗《ブリック&モルタル》型の小売大手であるウォルマートはアメリカで１５０万人を雇用しているが、ネット小売大手のアマゾンで働く従業員数は２０１７年第3四半期の時点でウォルマートの3分の1だった。[23] 未来派のコンピューター科学者ジャロン・ラニアーが指摘したことで知られるとおり、コダックの従業員数は最盛期におよそ14万人だった。写真を扱うという点で同じビジネスであるインスタグラムの従業員数は、フェイスブックに買収された時点で、たった13人だ。[24]

恐ろしいのは、テクノロジーに押された失業がこれから増える一方という点である。アメリカの雇用のほぼ半分が自動化に対して脆弱であることは複数の研究で指摘されており、アメリカ以外の世界各国にも同じ懸念が生じていくと予想されている。トルコ、韓国、中国、ベトナムといった国々は猛烈な勢いで成長してきたが、これはもっぱら工業化による成長だ――工場で機械を動かし、衣類を縫い、家電を製造するには大勢の手を必要とする。だがコストの急落と、ロボット技術の急速な向上により、今ではこうした雇用も縮小または消滅の脅威にさらされるようになった。ハーバード大学の経済学者ダニ・ロドリックに言わせれば、低所得の国々でサービスにお金を出す中間層が育つより前に、その国がサービス経済に転換してしまうという、「早すぎる脱工業化」が生じようとしている。[25] かつて韓国をはじめとする国々がたどった経済急成長のルートは、おそらく、もう存在していない。「貧困から脱出する東アジア型成長モデルをもはや踏襲できないのだとすれば」、こうした国々の経済変化の波は「むしろ害をもたらす」可能性がある、とイーベイ創設者が立ち上げた非営利団体オミダイア・ネットワークの幹部マイク・カブザンスキーはわたしの取材に応えて語っていた。[26] 大量失業はまず高所得国家に打撃を与えるだろう。だが、一番深刻な打撃を受けるのは、途上国だと考えられる。

しかも、21世紀の技術的失業に関しては、さらに背筋が寒くなる話がある――これは過去に起きてきた変化の単なる特大版ではなく、もっと根深い意味で性質の異なる破壊だと考えられるのだ。今回の変化の大前提は、スマートなコンピューターシステムがみずから学習して成長するという点にある。つまり機械は人間の手を借りないだけでなく、人間の仕事を無用にしていくのである。

＊

フェイスブック社には「フェイスブックＡＩリサーチ」、通称ＦＡＩＲというチームがある。投稿される画像の顔を認識しタグをつける、顧客サービスに寄せられる苦情に応対する、ユーザーデータを分析する、いじめや脅迫的な書き込みを特定するなど、そうした役割を自動で担うソフトウェアを開発する人工知能専門家集団だ。彼らはプロジェクトの一環として、交渉に対応できる自動チャットボットの開発に取り組んで

いる。(27)

たとえばレストランに予約を入れるのも「交渉」だ。地元のイタリアン・レストランにテーブルを押さえるだけなら、さほど手間はかからないし、変動要素も少ない。火曜日の夜8時に4人で予約したい、という程度だ。経済制裁の緩和と引き換えにウラン濃縮の停止に合意するとか、雇用契約更新に伴い給与体系や福利厚生を厚くして早期に行使できるストックオプションを付与せよと要求するとか、そんなややこしい話にはならない。後者2例のような会話であれば、その「交渉」にはセンスとテクニックの両方が必要だ（人生にその両方が必要であるように）。たいてい抽象的で曖昧な物事の価値を評価しなければならない。利害が衝突する部分を特定し、解消して、情報の非対称性を整理しなければならない。人間の思考の仕組みを心得ていれば、この作業はスムーズに運ぶ。交渉相手が自分とは違う動機とリソースを持っていることを理解できるなら、という意味だ。コンピューターには不得手で、人間なら発揮できる能力である。

FAIRチームが開発したチャットボットは、最初は単純で定型的な交渉に対応していた。要求を2種類提示すると片方を受け入れるといった具合だ。その後、多くのデータを解析して、よい解決策を独自に判断する能力を磨き、向上させ始めた——言い換えれば、交渉についてAIが自主学習をしていったというわけだ。価値の低い提案に偽りの関心を示し、交渉が進んでから妥協してみせるという技も使うようになった。「この行動は研究者がプログラムしたものではなく、目的達成の手段としてボット自身が発見したものだった」と、FAIRチームは報告している。さらに提案に対して独自の返答を書くようになった。エンジニアが教えた定型文の先を行き始めたのだ。

こうしてあっというまに精度が高まり、いわゆるチューリング・テスト〔アラン・チューリングが考案した機械の知性を判断するテスト〕に合格するようになった。「話している相手が人間ではなくボットだということを、ほとんどの人が気づかなかった——このボットが、英語の自然な会話を身につけたということだ」と、研究チームは公式ブログで説明している。実際、ボット・ネゴシエーターが披露する最高のパフォーマンスは、人間の交渉者に遜色しないものだった。「有利な交渉にも不利な交渉にも対応できていた。FAIRのボットは単に英語が話せるというだけでなく、何を言うべきか知的に考えている」

おそらく、この実験で最も驚異的だったのは、英語でのコミュニケーションをプログラムされていたボットが、ついにはボット同士の交渉のために、独自の言語を編み出したことだ。

ボブ（ボット）　i can i i everything else . . . .

アリス（ボット）　balls have zero to me to me to me to me to me to me to me to me to

ボブ（ボット）　you i everything else . . . .[28]

もちろん人間の目と耳にはめちゃめちゃな言語にしか思えない。だが、テクノロジーがこれほど目覚ましい成長ぶりを見せること、そしてボットがこれほど人間的で、創造的で、適応力を示す存在になること、それ自体が本当に衝撃的に感じられる。ボットたちは、身内で通じる省略語で話したほうが効率的で効果的だと判断し、実際にそう喋り始めたのだ。そして自分にできることを増やし、自主的な学習と訓練を通じて、単純な交渉のみならず複雑で人間的な交渉にも対応できるようになっていった。あるエンジニアは、ビジネス誌『ファスト・カンパニー』の記事で、「AIエージェントは、人間が理解できる言語を離れ、自力でコード言語を発明していく」と語っている。「たとえば、theを5回言うと、「このアイテムを5個欲しい」という意味として伝わる。人間が省略語を作り出していくプロセスとほとんど違いがない」（ボットが独自言語を編み出し、英語で喋ることをやめてからは、フェイスブックはボット公開を中止したことを付記しておく）。

多くの未来学者やテクノロジストや経済学者が、テクノロジーによる雇用破壊の新たな威力をひどく懸念するのはなぜなのか、このフェイスブックの交渉ボットははっきりと浮かび上がらせている。人類はこれまで技術革新を生み出す側だった。人類が、より優れた機械を開発し、人類が、コンピューティングシステムに改良を重ねてきた。だが人工知能や、ニューラルネットワークや、機械学習というテクノロジーは、機械に自己修練の力を与えたのだ。こうした進歩によって過去数年に急激な進化を遂げているのは無人走行車だけではない。グーグル翻訳の質も劇的に向上した。(29) アップルのSiriやアマゾンのアレクサのようなバーチャル・アシスタントも成長している。コンピューターシステムは、今では医者よりも的確に癌を診断し、トレーダーよりも巧みに投資資金を動かし、法律事務所のインターンよりもしっかりと法務の定型業務をこなす。

契約書の作成でも、サクランボをつるからもぐ作業でも、ウーバーの車の運転でも、退職金の運用でも、とにかく個別のタスクに落とし込むことが可能な作業はすべからく人間の手から奪われる可能性が高い。ロボットの手にゆだねられ、ロボットによってあっというまに業務改善されていく。ソフトウェア開発会社を経営する起業家マーティン・フォードは、著書『ロボットの脅威』で「あなたが過去にやってきたことすべての詳細な記録を別の誰かが研究することで、あなたの仕事をこなせるようになるのではないか」と書いた。(30)「学生が試験準備のためにトレーニングペーパーをやるように、あなたがすでにやり遂げた課題を誰かが繰り返すことで、さらにその作業に熟達できるのでは？　もしそうだとしたら、いつかアルゴリズムが学習して、あなたの仕事の多くを、あるいはすべてをこなせるようになるかもしれない」。機械学習の専門家を対象にした最近の調査で、ＡＩが人間をしのぐ時期を予想させたところ、言語の翻訳では２０２４年までに機械のほうが賢くなるだろうという答えが出た。高校生レベルの論文執筆は２０２６年までに、トラック運転は２０２７年までに、小売店舗での勤務は２０３１年までに、ベストセラー書籍の執筆なら２０４９年――ひやひやものだ――までに、そして外科手術なら２０５３年までには機械が人間よりも巧みにこなすようになる。この調査の報告書は「50％の確率で、ＡＩは45年以内にあらゆる作業で人間を上回り、１２０年以内に人間の仕事がすべて自動化される」という見解を打ち出した。[31]

本当にこんなことが実現するかと考えると、驚きでもあり、恐ろしくもある。まさしく革命的な変化がわたしたちの経済と生活に起きようとしている。創造と革新、そこに投資が加わることで変化は勢いをつけて転がりだす——新しいビジネスが斬新なソフトウェアとハードウェアを提供し、企業がそれらを購入して、人間の労働者という高くつくわりにはムラがあり訓練にも手がかかる存在を無用にしていくのである。単純な反復作業だけの仕事はまっさきに淘汰されるだろう。そして人工知能は賢い。そのうち、コミュニケーションも交渉も意思決定も複雑な作業も人間のように——いや、人間以上に巧みにこなす技術が市場に出回るようになる。しかもどんどん高性能に、どんどん廉価になっていく。企業のコマーシャルやバナー広告の作成はＡＩが担当し、広告効果のテストとプロデュースまで引き受けるようになるだろう。銀行の融資窓口の業務はアルゴリズムがこなすようになるだろう。契約、保険、税金申告など、書類作業を伴う仕事はどれもこれも消滅し、かわりに「i can i i everything else」とお喋りするボットのボブがやってくれるようになる。

ＡＩシステムの性能が充分に高まり、規制改革によって道が開けるならば、教育と医療——生産性向上や技術的失業は最も起きにくいと言われる２大産業であり、今も雇用が伸びているセクターでもある——も変わっていく可能性がある。財政難に苦しむ州や地方自治体が、教育委員会が承認したスマートでインタラクティブなＡＩシステムによる授業と試験の仕組みを作り、子どもに自宅で学習させるようになるかもしれない。また、すでにいくつかの大型病院がＩＢＭの開発したＡＩシステム「ワトソン」を導入し、診断に役立てている。[32] 遠からず、人間の医師を間引きして、遠隔治療や画像診断や自動治療を優先するようになるかもしれない。鼻腔洗浄やほくろ切除なら自己判断能力をもった小型ロボットがやってくれるだろう。血の通った人間の医師の診察を受けるかわりに、ＡＩシステムの診察を選ぶ患者には、保険会社がお得な保険料を設定するだろう。そして患者のほうも、人間の医師のことを、必ずミスをする殺戮者だとみなす。経済学者の言い方を借りるなら、ＡＩと自動化の進化が、ついに「ボーモルのコスト病」を治すのかもしれない〔ボーモルのコスト病とは、医療、公共サービス、舞台芸術など、ある程度の数の人間がかかわらざるをえないセクターでは生産性向上に限界があることを指す。経済学者のウィリアム・ボーモルらが提唱した概念〕。

もちろん、コンピューターや機械に絶対アウトソースできない仕事もある。幼稚園には幼子の面倒を見る保育士が必要だ。気功整体師、コミュニティの選挙で選ばれた自治会長、企業幹部、古文書研究者、詩人、ウェイトリフティングを教えるスポーツトレーナー、芸術家、対面カウンセリングを提供する臨床心理士……こうした仕事をロボットが引き受けるのは不可能に思える。だが、店員や配達トラック運転手や役所の事務員の数がぐっと少なくなった未来については、もう少し現実味をもって想像することができそうだ。考えてみてほしい、不況や不景気に見舞われるたび、雇用なき景気回復へ、そしてビジネスのスリム化へと進んでいく世界を。あらゆる学位が無意味になり、現在はそれなりの学歴のもと獲得している高賃金が消滅する世界を。何百万、何千万という人々の仕事が永遠に消えてしまった世界を。

生き残る人もいるだろう。その世界で成功していく例もあるのだろう。労働者をロボットに入れ替えたビジネスは、おそらく市場での競争力を強め高い利益率を確保する。株式市場も活況となり、株主、起業家、特許権の保有者などが大儲けをするのだろう。そうなれば富と所得は、ますます数少ない手へと、ますます集中していく。現在でさえすさまじいレベルとなっている不平等が、さらにひどくなっていく。

資本の集中も心配だが、それより労働だ。勝者総取りの競争ではじき飛ばされた人々はどうなるのか。学位が無価値となり、熾烈化した求職市場で苦しむ人々はどうなるのか。経済に対して彼らが寄与することのできる貢献の度合いは小さくなり――多くの場合、彼らの貢献など不要になり――そのせいでいっそう稼げなくなる。いくら働いても賃金が上がることはない。失業すれば無職の期間が長く続く。転職や再就職は叶いにくい。もちろん、高い生産性をもたらす魔法のような最新テクノロジーが平均的な労働者の生活を多くの面で大きく向上させることも確かだ。めくるめく刺激的なゲームで遊び、ＡＩシミュレーターでさまざまな人生の可能性を体験し、楽しい映画やテレビ番組の数々を安価または無料で見るなど、エンタテインメントの領域は今のわたしたちが想像する以上に魅力的で心を奪うものになっていくだろう。無人走行車が普及して交通事故が減り、多くの命が救われ、交通費も今ほどかからなくなっていくだろう。医療におけるＡＩの進歩で人間の健康は急速に増進し、癌も、伝染性の病気も、過去の話となるだろう。

だが、今のアメリカにおける富の再分配政策は、そんな世界を支えるようには設計されていない。失業保険の給付は一時的で、基本的には、失業した労働者が成長産業に流れ込むことを後押しする意図がある。そのまま二度と職に就けない人生になるとしても、失業保険の受給は一定期間と決まっている。セーフティネットも基本的に勤労を志すことを前提としたシステムだ。下位中間層に対する所得補助制度も同様。勤労所得税額控除は還付という形で給付金が支払われるので（給付型税額控除）、そもそも収入がある、つまりは仕事がある人でなければ受けられない。福祉や食費補助などのプログラム受給にも就労が求められる。既存の一連の政策は、人々が短期的な無職期間を経てふたたび賃金労働に就くことを前提とした仕組みなのだ。成人の5分の4が恒常的な失業状態に陥ったとき、その人々がおぼれないよう支えることはできないし、そのような設計にもなっていない。

格差が際限なく広がり、大量失業の波が押し寄せれば、今のシステムはあっけなく崩れ去る。ベーシックインカムが、そうした人々がおぼれて沈んでゆかぬことを目指した政策であることは間違いない。「機械は仕事を奪うと言われているが、収入まで奪わせるべきではない。社会の大多数を巻き込む雇用不安の問題には、もはや困窮者を限定的に救う政策ではなく、大衆全体を守るという視点の福祉政策で立ち向かわなければならない」と、世界銀行シニア・エコノミストのウーゴ・ジェントリーニが世界経済フォーラムで発言している。[33]「ゆえに、（ベーシックインカム給付が）デジタル時代に採るべき道として浮上するのである」

*

サンフランシスコのベイエリア、主にシリコンバレーと呼ばれる一帯は、近年ではUBIのメッカとなっている。この地で発展してきたテクノロジー産業の大物たち、たとえばイーロン・マスクやビル・ゲイツらが、UBIを「21世紀のソーシャルワクチン」「21世紀の経済的権利」「人々のためのベンチャーキャピタル」などと呼び、この方針への関心を表明しているからだ。[34]

関心は具体的な活動へつながっている。「ベーシックインカム・クリエイト・ア・ソン」というイベントもその一例だ。プログラマーが集まってソフトウェア開発に取り組むイベント「ハッカソン」の要領で、テクノロジー分野の専門家が集合してUBIについて、そして貧困をハックする方法について議論する。また、仮想通貨を推進する層は、ビットコインを使ったベーシックインカム運用の可能性を検討している。それから、IT系の起業で成功した若き富豪たちの資金提供を受けて、世界で最も貧しい国ケニアでベーシックインカムのパイロットプログラムも実施されている。スタートアップを養成・支援《アクセラレーター》する企業「Yコンビネータ」も研究プロジェクトの一環として、いくつかの州で、条件や制限のない現金給付の実験を始めた。フェイスブック共同創設者のクリス・ヒューズは、UBIおよび関連政策の実現性を探る活動に1000万ドルを投資している。ヒューズはその活動を「エコノミック・セキュリティ・プロジェクト」と呼ぶ。わたしが取材した際、彼は「今この瞬間にもUBIコミュニティは進化している」と語った。[35]「かつては、ごく少数の人間が「これをやろう!」と言う程度だったが、今では、大勢が「もしかしたらこれはいいんじゃないか」と口に出すレベルになってきた」

問題を作り出している側が、その問題を解決すると信じる方針を主張するとは、いささかアイロニーを感じることは否めない——何しろ、経済全体の労働基盤を破壊しつつあるテクノロジーの開発者たちが、その同じ口で、現状の福祉政策を根本から変える新たな対策を謳っているのだから。人間から職を奪い、人生を大きく変えていく技術の数々がメンロパークのガレージで誕生し、それをベンチャーキャピタル会社が熱心に支援している一方で、ベンチャーキャピタルのオフィスが入った高層ビルから見晴らすゴールデンゲート海峡の向こう側のオークランド州には、生活苦にあえぐ人々が身を寄せ合うグループホームが点在している。スタートアップ支援事業「トレードクラフト」の創設者で、ＵＢＩ推進者でもあるミシャ・チェラムは、「ここシリコンバレーにいると、自分は未来を見てるんだ、という気がしてくる」と語っていた[36]。それなのに居心地の悪い真実をつきつけられると醒めてしまう。「スタートアップに加わったり、ＩＴ業界で働いたりしていると、自然と未来に対する熱い志がわきあがってくる。自分の仕事が、実は多くのストレスや害をもたらしているだなんて、そんな意見を直視したがるＣＥＯはいないに等しい」

にもかかわらず、シリコンバレーがＵＢＩを強く主張する背景には、現代人が甚大なる技術的・経済的転換のさなかにいるという真剣な懸念があるようだ。Ｙコンビネータ社長のサム・アルトマンは、スタンフォード大学とホワイトハウスとチャン・ザッカーバーグ財団〔ザッカーバーグ夫妻が設立した慈善団体〕の合同主催で先日開催された貧困対策サミットで登壇し、こう語っている。「人類の歴史には何度か大きな技術革命がありました。農業革命や産業革命など、そうした場面が世界をがらりと変えてきました。そして今、わたしたちは新たな革命のまっただなかにいる、もしくは少なくともそのとばぐちにいるのではないでしょうか[37]」

振り返ってみると、ＵＢＩの構想はこれまでも、経済が新たな時代を切り開こうという局面に浮上してくる傾向があった。最初に登場したのは、おそらく資本主義の誕生とほぼ同時だ。チューダー朝の第2代イギリス王ヘンリー8世の治世に、中世の封建主義が、ルネッサンスの重商主義に道を譲ることとなった。それまで数世紀のあいだ、イギリスの小作農たちは、地元の領主やカトリック教会が所有する共有地に区画を与えられて、そこで自給自足の農民として汗を流していた（この仕組みは「開放耕地制度」と呼ばれた[38]）。１４００

年代後半頃になると、領主がこうした土地の多くを「囲い込み（エンクロージャー）」して、小作農が自主的に家畜を放牧したり、穀物を植えたり、小屋を建てたりすることができないようにし、かわりに彼らを雇って領主の羊の世話をさせ、領主のために羊毛生産に従事させるようになった。土地は、そこで働く人々が食っていくための場所ではなく、他人と他人の羊を太らせるための場所になったのだ。自給自足農民は賃金労働者となり、少なからぬ人数が物乞いや路上生活者に身を落とした。

『チューダー朝の経済問題 *Tudor Economic Problems*』という歴史書には、この16世紀イギリスの生の声が紹介されている。「羊がこんなに儲かるんじゃ、そりゃ領地の面倒を見る百姓を守るわけがないだろうよ」と、その人物は怒りを表す。[39]「わざわざカネをかけて自分の家に10頭かそこらも羊を飼って、チーズ作ったり、市場に連れてったりなんかするわけがない。貧乏人に世話をさせて、儲けを運ばせりゃいいんだから。奴隷になった百姓が金を作るんだから、そりゃ百姓の小屋をつぶすのは楽しいだろうよ」

囲い込み運動の広がりは、すなわち公共財の民営化であり、小作農の貧窮化であり、地主の富裕化であり、そして路上生活者の増加を意味していた。それまで数世紀にわたり続いていた経済システムの劇的な方向転換でもあった。だとすれば領主や君主は市民に対してどんな義務を負うようになったのか、この疑問に答えを出す必要があると感じた法律家・人文学者のトマス・モアは、1516年に、『ユートピア』という小説仕立ての哲学書を書いた。この本の中で、著者トマス・モアは、ラファエル・ヒスロディ（ギリシャ語で「無意味なお喋り男」）という架空の旅人と会話する。ヒスロディはイギリスにおける犯罪や貧困の問題について論じ、羊にまつわる悲劇が諸悪の根源だと指摘した。このおとなしい動物が人間を食い殺している、と、囲い込みのあおりを受けた小作農の苦境を看破し、国家は盗人を絞首刑にするよりも他にとるべき道があると語った。

こういう処刑は盗人に対する処刑としては正義の限界をこえた行為です。また国家に対しても有害きわまる行為です。たかが窃盗罪じゃありませんか。あまりに残酷、あまりに無情すぎます。しかもその窃盗を防止するのにたいして役にたっていないのです（……）つまり、この連中が、まず初めに泥棒、次に死刑という、絶体絶命の窮地においこまれないように、生活のできるような何んらかの対策を講じてやるのが先決問題なのに、盗人にはただ恐るべき極刑のみが平然と課せられているのです。(40)

この「生活のできるような何んらかの対策」とは保証された最低限の収入のことであり、すなわちＵＢＩに相当する政策を要求する主張の先駆けだったというわけだ。

同じ発想が、産業革命の時期にもふたたび浮上している。このときは、ランティエ〔不労所得で生活する者〕、貧困、権利、富の再分配などに関する哲学的議論の一部として、または技術進歩による失業問題の解決策という文脈で語られることがほとんどだった。たとえば１７９７年には、哲学者のトマス・ペインが、すべての国民は21歳の時点で「土地財産制度の導入」によって生じた「彼や彼女の自然的相続権の喪失にたいする補償」を受け取り、さらに50歳から死ぬまでのあいだも年金を支払われるべきだと主張した。(41)実際、イギリスのバークシャーでは「スピーナムランド制度」というシステムが導入されている。(42)貧しい労働者に無条件に一定額を支給するという試みだ。さらに19世紀半ばになると、フランスの急進派の社会思想家シャルル・フーリエ――カール・マルクスは彼のことを「空想的社会主義者」と呼んだ――が、「文明」は全市民に最低限の生活を叶える義務があると主張した。(43)ベーシックインカム導入を研究するプロジェクト「ベーシックインカム・アース・ネットワーク（ＢＩＥＮ）」〔１９８６年に設立された当初の名称は「ベーシックインカム欧州ネットワーク」だったが、２００４年に「アース」に改名〕は、ＵＢＩの歴史を解説するページで、フーリエの言う最低限の生活とは１日３回の充分な食事と第６等級の宿屋を確保するという意味だったと解説している。のちに、著名な政治学者ジョン・スチュワート・ミルも、やはりＵＢＩの導入を提唱した。

激動の１９６０年代――新たな機械の時代《マシン・エイジ》の幕開けであり、裕福な白人男性のために作られ彼らによって支配されてきた経済に女性や有色人種が参加を要求し始めた変革の時期でもあった――にも、ベーシックインカムの構想はふたたび注目を集め、「いっときの盛り上がり」を見せた。[44] ノーベル賞受賞経済学者ミルトン・フリードマンは、「負の所得税」の導入を提案し、すべての世帯に最低限の所得を確保することを主張した〔負の所得税とはマイナスの税金が発生する、つまり所得が少なければ課税ではなく政府が給付を行なう仕組みのこと〕。マーティン・ルーサー・キング牧師も、人種および経済的正義をもたらすものとして、ベーシックインカムを含む急進的な平等政策を要求している。共和党ではリチャード・ニクソン第37代アメリカ合衆国大統領が、民主党ではダニエル・パトリック・モイニハン上院議員がベーシックインカム構想に賛意を示した。[45] しかし、これらの主張はいずれも優勢とはならなかった。複数の導入実験で、ベーシックインカムは離婚率の上昇につながることが発見されたのが一因だ。[46] 実のところこの発見は不正確だったのだが、ベーシックインカムという急進的なアイデアはすぐに忘れ去られていった。

そして現在、ＵＢＩの話題は、こうした過去の例をはるかに上回る熱を帯びている。ＩＴバブルのマネーに支えられながら、雇用喪失への不安と、よりよい未来への希望に後押しされて、大きな注目を集めている。ＵＢＩを支持するベンチャーキャピタリスト、アルバート・ウェグナーは「人間の基本的ニーズを、働くことへのニーズとは切り離して議論したい」と主張した。[47]「過去２００年ほど、人は働く義務があるという前提のもとで、この世界は築かれてきた。今われわれが語っているのは、それと同じ経済にひと工夫加えるという話ではない――人類が農業社会から産業社会へと移行したときと同じ、根幹的な改革を議論しているのだ」

*

とはいえ、わたしはまだ腑に落ちていなかった。AIの登場と、人間の働き方の行く末に対する懸念を鑑みても、UBIを導入すれば技術的失業を回避できるというのは過大評価ではないのだろうか——もしくは、過大ではないにしても、拙速とは言えないだろうか。

テクノロジーが急速に向上し、労働者から仕事を奪うのだとすれば、それは国家統計で簡単に確認できるはずだ。「全要素生産性（TFP）」、別名「ソロー残差」とも呼ばれる数値に表れる。たとえば、小型装置を造る工場で、その装置をプレスする最新機械を購入すれば、より多くの装置を生産できる。もしくは労働者を増やし、彼らに長時間労働を強いれば、より多くの装置を生産できる。生産に対する投入量を増やさずに、つまり新たな機械を購入することなく、労働者の勤務時間を増やすことなく、結果として産出量を増やす、つまり装置を多く造れる方法が見つかれば、全要素生産性は伸びる。全要素生産性は、人間の創意工夫と人的資本について語る数値だ。経済学者によると、これが現代経済のダイナミズムを把握する最も優れた指標であるという。

無人走行車がトラックドライバーに取ってかわり、AIシステムが通訳者に入れ替わり、ロボットが医者の椅子に座るのであれば、全要素生産性は大きく伸びる——たとえその結果として就業率が急落し経済が停滞するとしても。国家は少ない投入量で多くを産出しているというわけだ。ところが実際には、2000年代半ば以降の全要素生産性の成長率は伸び悩んでいる。これは重大な問題なのだが、ほとんど議論されていない。仮に1948年から1973年までの生産性の年平均成長率がその後も維持されていたとしたら、平均世帯年収は3万ドル増えたはずだ(48)。格差レベルが1973年と同等にとどまっていたとしたら、平均世帯年収は9000ドル増だった計算になる。

いったいなぜこうなるのか。現実の暮らしを見れば、労働市場が活気を失い、ロボットが支配する未来への不安が広がる中で、テクノロジーが目覚ましく進歩していることははっきりとわかる。ところが国家統計の数値は、経済が革新性を失っていると語っている。この大きな乖離はなぜ生じているのだろう。
一説によると、統計数値は経済に対するイノベーションの効果を把握できず、技術進歩の急速なペースを計測できていないのだという。たとえば、あるテクノロジーの性能が過去18カ月で5倍高くなっていたとしても、政府の計算ではこれが2倍ということになる。こんな計算ミスが蔓延していると、国家統計は現実から大きくズレていく。同様の見解として、コンピューティング技術の進歩により、従来のような金銭をやりとりする経済の規模が縮小しており、価値の計測が困難になっているという意見もある。音楽産業を例に考えてみよう。１９９０年代後半、あなたも好きな曲を集めたお手製カセットテープをプレゼントする経験をしたかもしれないが、いわゆる楽曲の売上高はこの頃がピークで、以降は壊滅的に減少した[49]。人々が音楽を聴かなくなったわけではない——むしろその正反対だ。技術進歩が、音楽業界が長年頼ってきた金銭的収入ルートを成り立たなくしたのである。

もう少し肩透かしな分析もある。単純に、今の技術進歩が実際には言われているほどすごくはない、という見解だ。フルーツをもぐロボット、癌を検知するアプリ、ドローン、デジタルカメラ、無人走行車などは、かつて脱穀機や民間航空機や抗生剤や冷蔵庫や避妊薬が登場したときほど、経済的重要性という面で天地をひっくり返すパワーをふるってはいない。ニュースサイト「ＶＯＸ」に掲載された先日の記事で、富豪のＩＴ投資家でトランプ大統領の顧問となったピーター・ティールが、こう発言した。「ニューヨークシティで周囲を見回してみるといい。地下鉄は１００年以上前にできたものだ。飛行機に乗ったら周囲を見回してみるといい。目に入るものは40年前とさほど変わっていない——いや、空港のセキュリティチェックがローテクで使えないシロモノのせいで、もしかしたら少しのろくなっていると言ってもいいかもしれない。だが、デジタル画面だけはとにかくそこらじゅうにある。多分それがわたしたちの気を引き、周囲を見回せなくしているのだろう」（ティールの発言としては、「欲しいのは空飛ぶ車だったのに、手に入れたのは１４０字だった」というのもよく知られている[50]。

経済成長の低迷のほうがイノベーションの低迷に拍車をかけているのだ、という説もある。中道左派のシンクタンク「ルーズベルト・インスティテュート」に所属する経済学者Ｊ・Ｗ・メイソンに言わせれば、経済全般で財とサービスに対する需要が冷え込み、賃金も伸び悩んでいるせいで、企業を動かす推進力が流れ込まず、よりリーンで、より生産的で、より創造的なビジネスが生まれにくくなっている。賃金が高くなり、経済が急成長をし始めれば、企業は省力化のためのテクノロジーに積極的に投資し、生産性は大きく伸びるはずだとメイソンは主張する[51]。

もしくは、昨今の技術進歩が、まだ生産性の統計数値に反映されてこないだけなのかもしれない。グーテンベルクが発明した印刷機は人類が夢見た中でも間違いなく最大の技術の一つであり、情報の広がりと記録のあり方に革命をもたらした[52]。しかし経済学者の研究によると、15世紀と16世紀の成長加速や生産性向上にはほとんど寄与していなかったという。電力も同様だ[53]。１８９０年代と１９００年代初期に、アメリカ中の会社や店や家庭に電線が引かれ、夜間も明るく照らすようになるとともに、ドアブザーからスペースシャトルに至るまで、電気を使う消費財や産業財がめくるめく多彩さで誕生する布石となった。しかし、経済学者チャド・サイヴァーソンの指摘によると、電力の導入からおよそ四半世紀のあいだ、生産性の成長は比較的ゆるやかだった。同じことが第一次情報技術時代にも当てはまる。コンピューターが企業や家庭に浸透し始めた時期のことだ。経済学者のロバート・ソローは１９８７年に「コンピューター時代だ、とあちらこちらで目にするが、生産性の統計には見えてこない」と発言した（この発言は「ソローのパラドクス」と言われる）。つまりほとんどの場合、まったく新しい技術や事業は、適応や調整に長い長い時間がかかり、それを経て初めて生産性に成長が見え始めるのだ――今到来しているマシン・エイジにおいても同様で、イノベーションの恩恵が表れて雇用が失われるまで、しばらくのタイムラグがある。逆に言うと、やはり大量失業は遠からず起きる可能性が高い。だとすればその解決策としてＵＢＩが必要となる。

とはいえ、シリコンバレーから発せられる主張や警句はどこか表層的に聞こえてしまうことは否めない。現実味のある話として響きにくいのだ。確かにロボットカーはすごいし、いかにも未来が来たという気持ちになる。ＡＩシステムにもびっくりだし、ＳＦ小説に入り込んだ気分になる。けれど今はまだ人間がハンドルを握って、人間が自動運転サポート技術を利用している。ＡＩシステムが大勢の職と生活を消し去ったわけでもない。雇用が激減した世界のソリューションとしてＵＢＩについて語ることが悪いとは言わないが、この議論が今必要なのだ、この視点で語ることが必要なのだという強い主張には、どうにも違和感を抱く。

現代の雇用と仕事のあり方には、もっと身近に、もっと差し迫った問題が生じている。それを直視せずにＵＢＩを語ることは、果たして賢明と言えるのだろうか。

2　働くことはみじめなこと、つまらないこと——経済的不平等とＵＢＩ

ヒューストンの街からさほどはなれていない住宅街のワンルームアパートで、６人家族の朝が始まる。全員が顔を合わせるのはほんの数分で、それぞれ身支度を整えて出かけていく。子どもたちは学校へ。母親のジョセファ・オルティスはパートタイムで働くバーガーキングへ。父親のルイス・オルティスは目下のところけがの療養中だ。働かねばならない貴重な時間をつぶしてしまっている。子どもが学校から帰る頃、母親は2つめのパートタイム先であるメキシコ料理店に徒歩で向かう。長女も繁華街のファストフード店へアルバイトに行く。次女のほうは、遅れている宿題をやらなければならないので、めずらしくアルバイトは休むことにした。長女のアルバイトは夜9時に終わり、母はさらに1時間後に終わる。四六時中ずっと誰かが働いている、これがこの家の平常運転というわけだ。

わたしは2年ほど前に、オルティス一家の生活に密着取材をした。[1] ファストフードの仕事と低賃金経済全般に見られるいくつかの傾向を、彼らが体現していると思えたからだ。[2] その傾向とは、第1に、ファストフードで働く労働者の驚くほどの高齢化である。１９５０年代や６０年代なら、ハンバーガー屋のバイトと言えば、高校生の夏休みの小遣い稼ぎだった。[3] 今は30年にわたる労働所得伸び悩みのせいで、家賃や食費のやりくりに苦しむ中年がこの手の仕事を担うことが多い。２０１３年の時点で、ファストフードの店員のうち、ティーンエイジャーは3人に1人だけ。(4) 40%が25歳以上だ。25%は子持ちで、30%には大卒の学歴があった。オルティス一家の場合も、働ける年齢の家族は全員が働いていて、家族全体で一度に8種類の仕事をこなしている。

第2の傾向として、テクノロジーは仕事を減らすというよりも、むしろ仕事をみじめなもの、単純でつまらないものに変えつつある。多くの面で、今のファストフード店の厨房は宇宙船のようだ。研究に研究を重ねた高性能な機材が立ち並び、寸分たがわぬ形の強迫観念じみたバーガーやチキンやフライドポテトを、目にもとまらぬスピードで、なおかつ最低限のコストで作り出す。そのため店員が行なう仕事は単調な反復作業ばかりだ、とオルティス一家は語っていた。バーガーを裏返す作業も、正確に言えばひっくり返すのではなくボタンを押すだけ。やかましいアラームとタイマーに追われ、デジタルの業務管理にプレッシャーを受け続ける。なお悪いのは、アルゴリズムを使った「ジャスト・イン・タイム」式のスケジューリングシステムでそのときの需要に応じたシフトが組まれるせいで、勤務の時間帯と時間数が前もって見えないこと——小さな子どもがいたり、家計が逼迫していて収入の変動に耐えられない状況だったりすると、これはきわめて深刻な問題だ。多くの場合、勤務時間の直前まで、自分のシフトがわからない。そうかと思うと、「クロップン」と言って、開店《オープン》業務と閉店《クローズ》業務の両方をやらされることもある。わたしが取材したとき、一家の母親であるジョセファは、3週間ほぼ休みなく働き続けている状態だった。

さらに第3の傾向として、ファストフード労働者の多くが——そして近代経済における大勢の人々が——極貧状態に直面しており、オルティス一家はまさにその典型だった。ハンバーガー店などで働く労働者の圧倒的多数は、時給12ドル未満だ。(5) 家族の中で2人が毎日フルで働いたとしても、一家を支える充分な収入とならない。また、ファストフード労働者のほぼ全員が、雇用主から医療保険や退職手当を与えられないし、昇給の機会もかなり限られている。(6) オルティス一家も、時給10ドルの仕事と、時給7ドル75セントの仕事と、時給7ドル25セントの仕事を掛け持ちして、早朝や深夜まで働いている。アパートの家賃は月５５０ドル。いつもありったけの現金をかき集めて家賃を払い、光熱費を払い、ガソリンを入れ、食料を買う。父親のルイスがけがで働けない期間が長引いているせいで、一時期は家族で路頭に迷う寸前だった。

わたしがオルティス一家と知り合ったのは、彼らが「ファイト・フォー・フィフティーン・ダラーズ（15ドルのための闘争）」に参加していたことがきっかけだ。ファイト・フォー・フィフティーン・ダラーズは、アメリカのファストフード労働者３８０万人をはじめとして、低賃金で働く人々の時給アップと労働組合参加を要求する市民運動である。まず２０１２年の感謝祭（11月22日）が明けた数日後に、タコベル、バーガーキング、ウェンディーズなど有名ファストフード・チェーンの従業員がストライキを実施した。ニューヨークのマディソン・アベニューではマクドナルド店舗前に集結した人々が「適正賃金を要求する！」とシュプレヒコールをあげた。運動はすぐに全国に広がり、その後に世界各地にも広がって、６大陸３００都市ほどで展開された。これに対応して多くの雇用主が自主的に賃金を増額し、最終的に数十の州で最低賃金が引き上げられた。

とはいえ、それで低賃金問題が解消されたわけではない。貧困家庭の大半は失業状態にあるのだが、２０１６年の時点で９５０万人の人々が、年間に最低27週は就労しているにもかかわらず、貧困線を下回っていた[7]。それだけ働いても極貧、または極貧に限りなく近い状態にあり、中間層へと浮上する目途がつかない。これは金銭的な問題であると同時に、身体的、心理的な問題も伴う。ルイス・オルティスとジョセファ・オルティスも、毎日のスケジュールが不安定であることのプレッシャーと不安、そして子どもらが貧しい環境で育つことの辛さを語っていた。アルバイトを終えた長女にわたしが話を聞いたときも、迎えに来た父の車に疲れた様子で乗り込みながら、夕食を食べられないことも多いと語っていた。「チキンの匂いで胸焼けしちゃって」

ワーキングプア、プレカリアート、レフト・ビハインド〔社会から取り残された人々〕……。これが今のアメリカの現実だ。２００７年の金融不況開始から10年が経ち、完全雇用に近い状態まで経済が回復している今、この国はもはや雇用危機ではない。だが、よい仕事という点で言うならば、間違いなく雇用危機だ。一世代以上前に生じた問題が、以前よりも慢性的に、以前よりも悪化した状態で続いている。働くという行為は、単純に昔ほど儲からない。多くの家族が日々のやりくりに苦しみ、政府に頼ってどうにか貧困からの脱出または回避を試みながら、アメリカンドリームなど夢のまた夢だという思いを抱えている——しかも、これはまだロボットが本格的に雇用を奪いに来ていない時点の現実なのだ。

実際、今の不平等はどうだろう。著名な経済学者エマニュエル・サエズとトマ・ピケティがまとめたデータによると、１９７９年には中間層以下が総所得額の20%を稼いでいたが、その数字が２０１４年にはわずか13%になった[8]。一方で上位１%の高所得者が稼ぐ割合は11%から20%へと増えている。パイそのものは著しく拡大しているが、一番金持ちの層ばかりが、そのパイのますます大きな面積を確保しているのである。家計所得を見ても、この問題の深刻さはよくわかる。過去20〜30年で経済は大幅に成長してきたにもかかわらず、家計所得中央値はほぼ横ばいだ。別の角度から見てみても同じ傾向が浮かび上がる。中間層は縮小し、総所得に対して占める割合は急落している[9]。同時期に貧困層は増大し、基本的に所得増加がまったく見られない。労働階級と人間が報われる形ではなく、資本家階級と企業が有利になる形へ、バランスが傾いているのである。

所得分布の下４分の３に属する家族の、好転する兆しのない苦境について、わたしは何年も取材と報道を行なってきた。政策立案者たちが彼らをどう救えるか、その方法に関して何年も議論を提示してきた。たとえば民主党は、国民全員をカバーする医療保険を整え、最低賃金を上げ、大学の授業料を無料化したいと考えている。共和党は、法人税を削減して企業の投資を奨励し、規制緩和でビジネスの成長を促したいと考えている。だが、「はじめに」で紹介したサービス従業員国際労働組合（ＳＥＩＵ）の元議長アンディ・スターンなど、特に極左の人々は、もっと抜本的なソリューションが必要だと主張するようになった。一方で民主党のほうでも、より手厚い賃金補助を検討し、政府支援型の雇用保証計画も議論するようになった。こうしたアクロバティックで型破りな提案の一つが、ＵＢＩ構想というわけだ。すべてのアメリカ人に給付金を与えるという方針は、今の経済が必要としている、苦境に耐えるだけでなく押し戻す力になる。そして労働者を経済の中心的存在に引き戻す手段になる。ＵＢＩはロボットだらけの未来に備える政策ではなく、目の前の問題への緊急対策ではないだろうか。

オルティス一家のような家族は、より多くの収入を、より安定した暮らしを、しかも今すぐに必要としている。ＵＢＩは、彼らが望みを手にする道になる。

＊

過去40年間ほど、さまざまなトレンドが組み合わさり、労働者の所得が押し下げられる一方で、富裕層や投資家階級や企業が得る所得が増加するという傾向が続いてきた。

トレンドの一つはグローバリゼーションだ。グローバリゼーションの波が、ピッツバーグ、デトロイト、イリノイ州ゲーリー、オハイオ州トリード、インディアナ州サウスベンドといった地域から、多くのよい働き口を奪い去った〔いずれも鉄鋼や自動車の製造などで知られる工業都市〕。経済学者たちの見解としては、基本的に貿易というのはウィン‐ウィン win‐win になるのが当然とされる。アメリカのような裕福な高賃金国家は安い輸入品を手に入れ、より高価値の投資へと労働力や資本を使っていく。それに対してベトナムのように貧しく低賃金の国家は雇用と資本と生産性向上を確保するというわけだ。だが、近年の経緯はウィン‐ウィンというよりウィン‐ウィン‐ルーズ win‐win‐lose と表現するのが妥当かもしれない。経済学者デイビッド・オーターとデイビッド・ドーンおよびゴードン・ハンソンは共著論文において、アメリカのラストベルトに生じた経緯を「チャイナショック」と呼んだ。[10] 雇用喪失が甚大で、それに対する地元の労働市場の適応が「まったく追いついていない」状態のことだ。「輸入品との競争にさらされている国内産業の雇用が、国家的なレベルで減少している。それ自体は想定内だが、減少を埋め合わせる他産業での雇用増加がいまだに実現していない」と、彼らの論文は指摘していた。減少ではなく消滅してしまった仕事もあり、復活する気配はない。

このチャイナショックがもたらす経済的、心理的、政治的悪影響は、最近になってようやくはっきりと理解され始めたばかりだ。政治的分極化や結婚率低下など、実に多様な方向に余波がおよんでいる。学歴のない中年白人が「絶望による自殺」を選ぶ事例も増えている。経済が成長し医療が進歩しているにもかかわらず、死亡率は実のところ上昇しているのだ。[11] これを発見したプリンストン大学の経済学者アン・ケースとアンガス・ディートンは、「高卒で働き始めた労働者階級の白人が1970年代初期の好景気後に陥った凋落、それに伴って生じている社会的病理」と表現した。

製造業の雇用喪失は、民間セクター全体の組合組織率に大幅な低下を招いた――これも賃金停滞と劣悪な雇用状況の大きな要因となっている（かつてはデトロイトとピッツバーグにある工場で積極的に組合を組織する傾向があった）。1950年代には労働者の3人に1人が組合に加入して、賃金アップ、福利厚生の向上、家族休暇や病気休暇の増加、労働条件改善などについて交渉する手段を持っていた。[12] 現在、組合に加入するのは20人に1人だ。ある試算によると、仮に2013年における民間セクターの組合組織率が1979年と同等だったとしたら、労働者の年間賃金は平均2704ドル増えているはずなのだという。[13]

こうなる理由は、組合の活動が、その会社で働く組合員の賃金に対する直接的影響だけでなく、労働市場全般に間接的な影響をおよぼすことにある。たとえばA社が組合の交渉に応じて、時給15ドルと充実した福利厚生を提供したとしよう。するとB社はこれを見て、A社と同等の能力をもった労働者を集めるために、組合の有無にかかわらずＡ社に匹敵する待遇を提示する。組合の存在が他社の待遇まで左右することを踏まえると、組織率の低下は、民間セクターで組合のない環境で働く労働者にとって、年間に１０００億ドル以上の賃金の逸失に相当する。[14] 労働者における賃金格差の進行は、３割程度が、これに起因するという。中道左派のシンクタンク「経済政策研究所（ＥＰＩ）」のリサーチによれば、平均賃金を稼ぐ男性労働者にとっては、これが「賃金停滞および賃金格差に寄与する唯一最大の要因となっている可能性が」ある。もちろん女性も例外ではない。女性全体では年間に２４０億ドルの賃金を逸失しており、組合活動がなくなったことが、女性の賃金格差拡大の２割に寄与している。

もっぱら女性に影響をおよぼしているトレンドとして、最低賃金の価値の低下という要素もある。最低賃金で実際に働くのは女性であることが多いからだ。２０１７年の連邦最低賃金は時給７・２５ドルだったが、インフレを計算に入れると、これは１９６７年よりも約８％少ない。[15] 医療、育児、住宅にかかるコストが天井知らずで高騰していることも加味すると、オルティス一家の苦境からもわかるとおり、労働者の家族が貧困に陥らずに暮らしていける収入には到底届かないのだ。女性労働者所得の第50百分位層と第10百分位層の格差（つまり、１週間の賃金が７５０ドルの労働者と１８００ドルの労働者の格差）のうち、３分の２は、最低賃金の実質価値低下が原因となっている。[16] 男性を含む全労働者で考えると、格差拡大の約半分は、実質賃金低下のせいで生じたものだ。

州や都市という単位で見れば、ここ数年で多くが地域の最低賃金引き上げに取り組んでいる。前述したファイト・フォー・フィフティーン・ダラーズ運動が、労働者の賃金上昇を要求する幅広く超党派的な気運を生み出しているのも一因だ。抗議運動、決起集会、映像や文字による主張、ニュース番組での特集、そして議会公聴会などが、景気回復後も解消されずにいる本件に対する大きな関心を呼び、実際に州レベルでの対処はとられ始めている。ファイト・フォー・フィフティーン・ダラーズ運動の参加者で、テネシー州で医療従事者として働くセピア・コールマンという女性は、わたしの取材に「長時間働けばいいっていう問題じゃないんです。大事なのは時給なんです」と語った。[17] 彼女は母親の介護をしながら働いている。「週に１２０時間とか働くなんて絶対に無理。時給さえちゃんとしていれば、働ける時間が少なくても大丈夫なのに」。２０１７年には最低賃金引き上げのおかげで労働者４００万人が給料アップとなった。[18] シアトル、ロサンゼルス、サンフランシスコ、ワシントンDCはいずれも下限を15ドルに引き上げた。だが、それでもおよそ３００万人の労働者が、今も連邦政府が定める最低賃金のままだ。物価の高い大都市の多くでは生活が成り立たぬほど低い最低賃金が維持されている。

労働者が稼げない理由として、あまり認識も理解もされていない要素として、ビッグビジネスの支配が増大している点も挙げられる。売り手独占または買い手独占のパワーをもつ企業が影響力を強め、それに伴って市場競争の縮小が進んでいるのだ。20世紀前半においては、政府が独占企業のことを民主主義に対する潜在的脅威と見ていたので、ベル研究所やスタンダード・オイルのような支配的大企業を強制的に分割した。[19] フランクリン・D・ルーズベルト第32代大統領は、１９３８年に議会で次のように語った。「私的な権力が、その個人が属する民主主義国家の権力よりも強大となることを許容していると、民主主義の自由が危うくなる。[20] それはすなわちファシズムだ」。だが、あらゆる雇用が中国に外注されるようになった頃から、政府は独占の脅威に対する考え方を変え始めた。ニクソン第37代大統領のもとで法務長官を務め、のちにレーガン第40代大統領によって連邦最高裁判事に指名された（就任は実現しなかったが）法学者ロバート・ボークは、１９７８年に上梓した『反トラストの矛盾 *The Antitrust Paradox*』という有名な著書において、企業合併は価格低下につながり、ビジネスの効率も著しく高まるため、消費者に利するものであると主張している。政府が尽力すべきは消費者厚生の確保であり、競争のための競争を守ることではないとボークは考えていた。

政府の見解も同じだった。しだいに企業買収に対する規制が緩和され、垂直型合併（サプライチェーンを買収して統合する）も水平型合併（競合他社を買収して合併する）も、比較的しやすくなっていく。こうした法改正と、潤沢な資金を持ち猛然と利益を追求する金融業界が台頭してきた結果として、主要産業の多く――医療、農業、通信、トラック輸送、保険、航空、銀行、エネルギーなど――で大幅な合併統合が進んだ。[21] 宅配ピザでさえ、ピザハット、ドミノピザ、リトル・シーザーズ、パパ・ジョンズといったひと握りの大手が支配して、国内市場の3分の1以上を押さえるようになった。[22]

表面的には見えにくいが、経済学者たちは、この傾向も所得格差と賃金停滞に寄与していると考えている。会社の数が少なくなることで、労働者にとっては雇用主の数が減り、稼ぎを増やし能力を伸ばしていく機会をつかみにくくなる――ファストフードのような低賃金で単調な職でさえ、同業界内の転職を禁じる契約を結ばされることが一般的になっており、なおさら成長の機会がない。[23] それに加えて、合併統合の進んだ産業ではたいてい古い企業が支配者となり、若い会社や、革新的な競合他社を飲み込んでいく。古い企業は成長がゆっくりで、従業員を比較的長くつなぎとめる傾向があるため、人材の流動性が薄れる。[24] 賃金上昇を実現していくには、労働者が積極的に転職し交渉して自分の値段をあげていくことが必要なのだが、ビッグビジネスの存在がそうした活発な動きを阻害しているのである。

ビジネスの集中は、「利益格差」とでも呼ぶべき現象も悪化させている。[25] 過去40年のあいだ、少数の企業だけが裕福となり、それほど儲かっていない企業よりも高い増益率を謳歌してきた。つまり、ひと握りの会社で働く人々が多くを稼ぎ、ほとんどの企業で働くほとんどの人々はどれだけ働いてもそこに追いつくことがない。上場会社のトップ幹部たちはスーパースター経済の一員となり、一般の労働者からはるかに乖離したレベルで収入を増やしているが、実のところ所得格差は会社内の給与体系で生じるのではなく、儲かっている会社と儲かっていない会社の給与体系の違いによって生じている。同一企業内における幹部と事務員の給料体系の違いは、昔とさほど変わっていない。[26]

それに加えて、多くの企業が人材採用に積極的ではなくなった。利益格差が拡大してきた時期に、雇用主と従業員の関係も大きく変化し、これが平均的労働者にとっての賃金低下と福利厚生の縮小につながっている。20年ほど前から、企業は自社の「主軸的能力《コア・コンピテンシー》」とは関係ない職務を外注するようになった。[27] 給与計算、社内食堂運営、社内清掃、出張手配、法務、人事などだ。採用そのものを大幅に減らして、フランチャイズ型に切り替える例もある。そのほうが企業自身の責任は小さくなるし、利益は増えるし、金融街から高く評価されるからだ。これはつまり、企業の基幹事業を裏方として支えてきた――その企業の中心的社員ではない――人々の多くが、福利厚生のある安定した雇用を失うという意味になる。全員に年金や病気休暇や有給休暇があったのは昔のこと。今はもう雇用の保証もなく、時給扱いで、「大企業の社員」ではなくあくまで下請けとして従事するというわけだ。

こうした諸々の要素に押され、臨時雇用、契約社員、フリーランス、派遣社員といった「非正規労働」が増えるようになった（経済学者によっては、パートタイム労働者も、このカテゴリーに含める）。こうした契約形態がどれほどの数になっているのか、統計によってかなりブレがあるのだが、その理由は政府が２００５年から２０１７年にかけて非正規雇用に関する継続的調査を行なわず、単発の調査しかしなかったことが大きい。[28] とはいえ、かつてはさほど大きくなかった非正規労働者の層が過去30～40年で甚大な規模となってきたこと自体は、複数の研究で確認されている――特に過去10年間に著しく増加が進んだ。ある試算によると、「非典型就業形態」と呼ばれる労働者の割合は、２００５年が10％、２０１５年が16％。[29] 連邦準備制度理事会によると、成人の3人に1人が「従来型のフォーマルな労働契約に対する補完、または代替という位置づけで、インフォーマルな賃金労働に従事している」という。[30] インフォーマルな労働の内訳は、およそ3割がネットでの新品または中古品販売で、残りは家政婦などの家事労働、芝刈りなど屋外の清掃関連、何らかの作業の補助、あるいはクリスマス商戦の日雇いバイトのような季節労働だ。

一つ確かな点として、こうした非正規労働者の待遇はかなり悪い。一般的な雇用契約にある労働者と比べて、クビになりやすい[31]。稼ぎは時給で比べると11％少なく、年収で比べれば50％も少ない。貧困化する可能性が高く、結果的に公的扶助に頼って暮らしている場合が多い。これはつまり、企業が彼らに手厚く払わないぶんを、納税者が肩代わりしているという意味だ。労働者の権利のために活動する女性が、わたしの取材に応える中で、「こういう企業は優遇税制措置を受けるに値するのでしょうか？」と問いかけた[32]。「企業は納税者に支えられた助成金の類をたっぷり受け取っておいて、そこで働く従業員は低所得者向け住宅でフードスタンプと公的支援に頼って生きていかなきゃならないなんて、そんなことが許されるのでしょうか？」

＊

晴れやかな春の日の午後、ピッツバーグのハンバーガー店のテラス席で、フライドポテトをつまみにビールを飲みながら、数人で「ギグエコノミー」について議論をした。わたしの前に座るのはウーバーの運転業をしている人たちだ。生計を立てるために働いているのに、その仕事では生計が立たない場合も少なくないらしい。彼らはさまざまな苦労を語った。車を修理しなきゃいけない、光熱費のやりくりがつかない、医者にかからなければならないがそれもままならない、保険の支払いが回らない、貯金もできない、その日食べるものにも正直困ることがある……。

ラストベルトに含まれる多くの都市と同じく、ピッツバーグも、製造業における雇用喪失のせいで荒廃してしまった街だ。ある意味でウーバーはこの街の救世主だった。自分の車に他人を乗せるという、自由度の高い働き方ができる仕事を数千人分も創出したほか、ウーバーの技術研究所「アドバンスド・テクノロジーズ・グループ」の施設が設立され、ごく少数ながら、科学者や技術者を対象とした好待遇の雇用も生み出した。だが、救済に見えたものは幻想だったらしい。ウーバー運転手の仕事ではほとんど稼げず、ただ一般のタクシードライバーや路線バス運転手の仕事が奪われただけ。そして好待遇で雇用された人々は無人走行車の研究開発に携わるのだから、究極的には人間から運転業をそっくり奪う未来に貢献している。

特に前者のほうは差し迫った問題だ、と、彼らはわたしに訴えた。市民活動支援団体「ワン・ペンシルベニア」のエグゼクティブ・ディレクターを務めるエリン・クレイマーも、彼らと並んでビールとポテトと議論に加わっていたのだが、彼女は「心配しているのは、先のことじゃない、今のことなんです」と語った。「みんな言っています。ちゃんとした仕事をしていると認識されない、価値ある存在だと思われていない、って。この先よくなっていく見込みもありません」

実際どのように、そしてなぜそうなっているのか、ウーバー運転手たちはまざまざと語った。その一人、ヘザー・スミスという女性は、「リフトやウーバーの仕事に飛びついた人はすごく多かったのよ。特にウーバーね。だけど、ある時点からウーバーの運営側が、利用客を増やすためのあれこれをやり始めた。客の料金を割引にするとか、無料にするとか」と話した。彼女はウーバーとリフトの両方で運転手の仕事を経験している(雇用主からの報復的措置を防ぐため、苗字は仮名にしている)。「給料の内訳を見たら、ウーバーはまず自分たちの取り分をとって、それから料金を半額にして、そのうえでわたしの給料を払ってたのよ。思わず「ふざけんなウーバー、もうやめてやる」って口に出たわ」

彼女は、リフトの仕事を始めたい新人を指導する仕事もしていたが、その賃金は妥当な額だという。「営業活動にかかった経費とかは払ってもらえないけど、受講者を見つけてセッションをしたら、だいたい30分とか、長くても45分くらいなんだけど、それで1回35ドル払ってもらえたわ」

「悪くないですね」とわたしは言った。

「そうね。大勢を教えられるなら、かなりいい稼ぎになるわ」

「ピッツバーグで生活するのに充分だったんですか?」

「まさか」

ウーバーのような企業が労働者にごくわずかの支払いしかしない理由は、基本的に正規雇用ではないからだ。オンデマンドのギグエコノミーと呼ばれる形態で事業を展開する企業は、たいていの場合、運転手や、買い物代行者や、配達スタッフを雇用はしない。契約業者とみなして、彼らの働きをサービス単位で買っている。この場合は最低賃金の規則を守る必要がない。給料から天引きで失業保険や社会保障プログラムに加入させてやる必要もない。フルタイムで働いていても、医療保険を提供する義務もない。

ウーバーやリフトの運転手として働く人々の多くは、会社側にミスリードされたと感じている。確かに従来の意味での雇用ではないにせよ、何らかの権利は約束されると思わされた、というのだ。「契約書にサインの段階では、「あなたはパートナーです」っていう言い方をするんだよ」と、ウーバーの仕事をしているセス・マクグレイスという40歳の男性がぶちまけると、テーブルを囲む面々がうなずく。「パートナーなんか。単なる下働きだよ。人間扱いしてる感じがないんだよ」

昨今ではさまざまな形のギグエコノミー的労働が広がっている。過去半世紀で進行してきた働き方のトレンドが本格的に開花し始めたということらしい。近年の投資会社やベンチャーキャピタル会社が重点的に支援し多額の投資を注いできたスタートアップは、ほぼ例外なく従来のブリック&モルタル型のビジネスモデルを転覆し、労働者を守る仕組みを回避し、賃金は小遣い程度に抑え、正規雇用は限りなくゼロに近づけ、福利厚生や雇用保証は提供しないスタイルをとっている。ウーバーはその手のスタートアップで最大の、そして最も目立っている一例だ。ほかにも、フリーランスのクラウドソーシング・サービス「フィーバー Fiverr」、ライドシェア・サービスでウーバーと肩を並べる「リフト Lyft」、食料品の購入代行・配達サービス「インスタカート Instacart」、現在はイケアの傘下となった便利屋サービス「タスクラビット TaskRabbit」などがある。こうしたビジネスはあまりにも多様で、混沌としていて、しかも急速に変化しているので、実際に従事する人々の正確な規模は誰も把握していない。だが推算によると、４５００万もの人々がこの手の働き方をしていると見られている。(33)

こうしたスタートアップの基本的なビジネスモデルはみな同じだ。ウェブもしくはモバイルベースのプラットフォームがあり、運用コストが低く、サービスの規模拡大がたやすい。車で送迎する、サンドイッチを配達する、手の届かない高さの電球を替えるなど、何らかの財やサービスを提供する個人と、その財やサービスを探している個人を、プラットフォーム上で結びつける。運営側は検索機能を提供し、マッチングして、あとは本人同士で財やサービスの交換をさせる。そして利用者からの支払いを決済し、手数料を割り引いて、サービス提供者に払う。

その額は往々にしてかなり割に合わない。ウーバー運営側が示す統計によれば、ニューヨークで同社のウーバー・エックス・プログラムに登録したフルタイムドライバーの平均年収は、９万７６６ドルということになっている。(34) 公式ブログには「ウーバー・エックスのドライバー・パートナーは、スモールビジネスオーナーとして、この仕事は持続可能で利益性があると全国で証明している」と書いていた。(35) この投稿はのちに取り下げられたが、「この国のタクシードライバーが一般的に貧困線を下回っているのとは対照的だ」とも述べている。だが、実際にウーバーと契約して運転している人々は、この数字を疑っている。特に２０１６年に報酬レートが引き下げられてからの不信感は強い。彼らの一部は、ウーバー・ドライバーズ・ネットワーク・オブ・ニューヨークという団体を結成し、ウーバー運営側に公開書簡を送って、「『使い捨て運転手』という文化を生み出した」ことを糾弾した。(36)「ほぼ誰一人としてまともな所得を得られない仕組みで、自社およびタクシー業界全般を成り立たせてしまっている」。最低賃金にはるかおよばない時給３ドル程度しか稼げていない、という声もあった。

わたしが話を聞いたウーバー運転手のマクグレイスは、いつも幼い娘を寝かしつけてから、夜間の送迎を必要とする大学生を拾いに行くと話していた。「一番稼げない日でも、一晩１５０ドルにはなる」。だが税金を引かれ、ガソリン代を払い、車にかかる諸経費を払うと、せいぜい半分しか手元に残らない。

ウーバー運転手を含め、ギグエコノミーで働く人々に、まったくメリットがないわけではない。彼らの多くは、ウーバーならフレキシブルな働き方ができることを肯定的に評価している。たとえば本業の稼ぎが少ないときにウーバーの仕事を増やし、景気がいいときは減らすということができるので、所得を均せるという点も評価している。わたしはマクグレイスに、ピッツバーグで所得の不足を補う方法は他にないのだろうか、と尋ねた。フリーランスになるわけではなく、近所の店でアルバイトをするわけでもなく、ウーバーで働くことを選んだのはなぜなのか。「車を持ってるからね」と彼は答えた。「追加の保険も払える。それにうちの車はいつでもきれいなんだ。７歳児のいる家で、車をきれいにしておくのは難しいことなんだけどね。俺にとっては、時間的な融通のききやすさと、最初の始めやすさが、ウーバーを選んだ理由だったってわけだよ」

ギグエコノミーを採用する企業は、表向きには、融通性と自律性は崇高なものだと公言する。貧しい労働者を縛りつける大企業と違って、融通と自律を叶えるからこそ、自分たちはミレニアル時代の企業家として成功しているのだ、と。だが実際には、契約者が自律的な働き方をすることは推奨されていない。ウーバー運営側は契約ドライバーに対し、所有すべき自動車のタイプを指示し、給与体系を設定し、客対応について指導し、客からの評価の星が低くなればクビにし、客が車内で吐瀉物をばらまいたときの対処法も指導する。よほどの優良ドライバーは別として、細かな指示の対象となるほとんどのウーバー運転手にとって、こうした働き方は自由業のフレキシブルなギグというより、いかにも「仕事をさせられている」という状態だ。

このような形態の呼称には「ギグ（案件単位で働く）」も「ジョブ」もしっくりこない、という主張は政治家や労働専門家からも聞かれている。企業からもらう仕事に頼りつつも、企業に雇われるという形をとらない個人、すなわち「従属型請負業者」のための新たな基準を、おそらく政府が設定する必要があるのだ[37]。たとえば1099人以上のギグワーカーを使う企業には課徴金を課すというのはどうだろう[38]。失業保険、賃金補償、その他最低限の福利厚生を与える資金に充当してもいい。ギグワーカーが立て替える基本的な経費を払い戻し、仕事に従事した時間には必ず該当地域の最低賃金を払うよう、政府が企業に義務づけることもできるだろう。そうすれば企業は労働者の勤務時間をきちんと把握するようになる。もしかしたら消費者にとっては商品の値上げとなるかもしれないが、ギグエコノミーの最悪の問題、すなわち働いても働いてもはした金にしかならないという問題を、ギグエコノミーのビジネスモデルを破壊することなく改善できる。

それとは別に、より包括的な解決策として、政府が配分する基礎給付制度を作るという手が考えられる。給与額の多寡にかかわらず、労働者全員の給与における控除という形で支払うのである。病気休暇、産前・産後休暇、退職金貯蓄、失業保険、賃金補償などをこの制度に含めることもできるだろう。起業家のニック・ハノーアーと、労働組合オルガナイザーのデイビッド・ロルフは、月刊誌『デモクラシー』に寄稿した共著論文において、こうしたプランの斬新なバージョンを披露した。「シェアド・セキュリティ・システム」と呼び、それが揺籃期にある現在のシェアリング・ビジネスを破壊することなく、あるいはフレキシブルで非常勤的な働き方の台頭を排除することなく、中間層が生活していく道を保証できると主張している[39]。

労働基準の改善も一助になるはずだ。地域の組合支援団体を束ねる組織「センター・フォー・ポピュラーデモクラシー」で、週労働時間の公正化を訴える運動「フェア・ワークウィーク・イニシアチブ」を指揮するキャリー・グリーソンは、オンコール・ワーカー〔必要なときだけ呼び出されて働く労働者〕の利用やジャスト・イン・タイム式のシステムの採用をやめるよう、企業に圧力をかけ、同時にこの雇用形態を法律違反とするよう地元当局に要求する取り組みを行なっている。「より持続可能な勤務時間体系にしていかなければいけないんです」と彼女は語っていた。「それだけではありません。人は自分の働く時間について、自分で主導権をもてるようでなければならないんです」[40]

そうした改善には確かに意義があるだろう。だが、20世紀と21世紀に生じた労働力の壊滅的崩壊を解消することにはならない。大企業が独占的支配を行使する一方で、ソーシャルメディアが一般に普及し、そして労働がみじめなこととなり、ポストモダンの皮肉めいた諦念論が叫ばれる現代のことを、左派の若者層は「晩期資本主義」と呼びたがるが、それに対する根幹的解決を提供することにはならない。ラストベルトの求人・求職市場における問題も解決しない。高齢化しつつあるベビーブーム世代を支えるためには、在宅介護という、心身両方に負担の大きい仕事がますます必要となっていくが、その従事者が得る賃金のあまりの低さを解決することにもならない。全世帯の46％は緊急時に400ドルも用意できないとされているが、そうした家族を支えることにもならない[41]。オルティス一家が中間層に浮上する後押しにはならない。

だが、別の策を導入するとしたらどうだろう――オルティス一家の一人ひとりが毎月、何の条件や制約もなく、1000ドルを必ず受け取る仕組みがあったとしたら？　もっと低い金額でもいい。もちろん、それだけの給付があるとしても、家族の中で働ける年齢にある者が全員仕事を辞めることにはならないだろう。長女と次女を大学に行かせたい、離れて暮らす老いた親を支えたい、そして生活を安定させたいという希望を叶えるには、引き続き働かないわけにはいかない。だが、少なくとも今のような劣悪すぎる労働条件を拒否することはできる。そうすれば生活スケジュールが安定し、家族で一緒に過ごす時間も、日中のわずか数分だけではなくなるだろう。まだ幼い弟たちが姉たちや父母との時間を長く楽しみ、宿題や遊びの時間ももっととれるようになるだろう。貧困線ぎりぎりで生活する心理的・身体的ストレスの最悪の部分は解消されるはずだ。

＊

ピッツバーグのウーバー運転手たちの話を聞き、オルティス一家の取材をするうちに、はっきり見えてきたことがあった。彼らは——そして全国の労働者たちが直面しているのは、単に所得が少ないというだけの話ではない。そこにはもっと大きな脅威があった。お金があるかないか、それは人生のハンドルを自分で握れるかどうかという問題なのだ。ファストフードやライドシェアリングで働く人々は自尊心を傷つけられていた。自分はいいように使われるだけで、見下され、ないがしろにされる存在なのだと。

50年前なら、こうした労働者は組合に所属していたものだった。組合が代表して全体の要求を訴え、きちんとした給料や福利厚生を確保していたものだった。だがウーバー運転手はほぼ全員が組合に入っていない。オルティス一家は、組合組織化を支援する団体とつながりをもったことが理由で、いやがらせや脅しを受けたという。先ほど登場したエリン・クレイマーの団体のような、労働者の権利を主張する機関もそれぞれ最善を尽くしているが、直接的に契約を交渉したり、組合費を確保したりできる立場ではない。ファイト・フォー・フィフティーン・ダラーズ運動でも、特定のバーガーキング店舗に従業員を尊重しろと強いることはできない。「こういうのはいずれ全部なくなる仕事、ってことなのかもしれませんね」と、クレイマーは言っていた。「そもそもいい仕事じゃなかったのに、その上、会社から大事に扱われないんです」

UBIはこうした人々にただお金と所得をもたらすだけではないのだ、とわたしは実感するようになった。UBIは、いわば21世紀の労働組合のような役割を果たす。労働者の手にパワーを取り戻し、労働者を会社にとってのコストではなく投資対象として抜本的にとらえ直させる後押しになる。ベーシックインカムがあれば、労働者はあまりに賃金の安い仕事を拒否できる。ベーシックインカムがあれば、よりよい福利厚生を要求できる。ベーシックインカムがあれば、企業は人材確保のために他社に負けない待遇を用意せざるをえなくなる。元SEIUのアンディ・スターンは、「人々のための永久的なスト資金を作るようなもの」と表現していた。(42)「力関係のダイナミクスに変化が起きる。考えてみてほしい、あなたがまだ若くて、H&Mやナイキのショップで働いていて、なんとか時給８ドル欲しいと要求するのがどんなに大変か。そんな苦労をする必要がない状態を想像してみてほしい」

また、現状のシステムが低賃金を穴埋めする形になっているのとは違って、ＵＢＩは中流レベルの賃金支払いを後押しするという形の福祉対策になりうる。数年前、マクドナルドで長年働いてきたナンシー・サルガドという人物が、社内の従業員サポート部門「マックリソース」のヘルプデスクに電話をした[43]。彼女には2人の幼い子どもがいて、それまで10年間にわたり最低賃金か、それに近い金額で働いてきた。賃金アップか、もしくは何らかの手当を支給してくれないか、というのが彼女の希望だ。しかし電話に応対したスタッフは要求に応じるかわりに、フードスタンプや暖房費補助の申請方法を教え、メディケイドの説明をしたという。つまり、会社の潤沢なる儲けをほんのわずか従業員のために使うよりも、政府の補助に頼れとつっぱねたというわけだ。

こうした傾向は莫大な社会的コストとなり、結果的に納税者が大企業の収益を支える形となっている。ファストフード店員を対象とした調査では、半数以上が何らかの公的扶助を受けていることが明らかになった[44]。フ人口全体での割合と比べると2倍近い。アメリカはこうした人々のメディケイドや児童医療保険のためにおよそ40億ドルを費やしている。フードスタンプには10億ドル以上、勤労所得税額控除を通じた賃金補助には約20億ドルだ。「低賃金の高い公共コスト」について幅広く調べた研究でも、政府が毎年、年間およそ１３００億ドルを、労働者世帯に対する支給として使っていることが明らかになった[45]。

こんな仕組みでなければならないはずはない。その点でＵＢＩは、労働者をただちに経済の中心かつ必須の存在にしていく手段になる。「わたしたちの主張は筋が通っています。道徳的にも、経済的にも、間違ったことは要求していません」とクレイマーは言う。「教会も、学校も、病院も、そのことはわかっているんです。だけど結局は、わたしたちに力があるかどうか、ということになってきます。労働者を踏みつけにした進歩のための進歩、それにNOと声をあげるパワーがわたしたちにあるかどうか」

シリコンバレーは、自分たちが生み出すイノベーションが労働者から仕事を奪うかもしれないことを懸念している。彼らの懸念が悲観的すぎるとしても、また、テクノロジーが起こす変化に対する彼らの期待が楽観的すぎるとしても、いずれにせよ、今よりも技術が進歩した先の世界で、人間は価値をもつだろうか。人が果たすべき役割はあるのだろうか。ウーバーの車に乗せてもらってピッツバーグの街を走っていると、同社の無人走行車が視界に入ってきた。シリコンバレーが提唱するＵＢＩは、確かに低賃金労働者の支えになるのかもしれない――だが、仕事のない労働者はどうなるだろう？　年収６万ドルを稼ぐトラック運転の仕事、２万４０００ドルを稼ぐファストフードの仕事、もしくは夜間に大学生を乗せて１万ドルを稼ぐウーバーの仕事を失って、かわりに毎月政府から給付されるお金で満足していろと言われたら、どんな気持ちがするだろうか。新しい経済において生産性を発揮しない存在にさせられ、めくるめくテクノロジーに稼ぎの道を奪われ、暮らしを占領されながら、政府の政策にどっぷり頼り切って暮らしていくのは、どんな気持ちがするものだろう？

働くことに対するアメリカ人の感覚は、はたしてＵＢＩと共存しうるものなのだろうか。

3　働くことへの執着と思い入れ——仕事とＵＢＩ

世界的金融不況が残した労働市場への壊滅的打撃を追って、わたしはいわゆる「ナインティナインヤー99er」に数年ごしで取材し、彼らについて執筆してきた。99erとは、不況下で自分には非がない理由で失業した人々のことだ。オバマ政権が、失業率の高い地域で失業保険の支給期間を最大99週間に延長したが、その期間が切れてもなお職に就けずにいることを、このように呼ぶ。職探しが長引いているというのに、彼らにはもはやセーフティネットがない。

２０００年代後半と２０１０年代初期に、彼らを含め大勢のアメリカ人が長期失業を経験した。金融不況の最中およびその後の雇用喪失の規模は甚大で、トランプ政権初期に完全雇用が達成された状況から振り返ると、その数字は実にショッキングだ。２０１０年の調査では、回答者の４人に３人が解雇されて失業状態にある、もしくは近しい友人や家族が失業していると答えた。[1] 建設作業員ではおよそ３人に１人、製造業では４人に１人が失業した。[2] 就労人数は８００万人近く減少し、経済がこれらすべての喪失を回復するまで７年かかったというわけだ。[3] 数だけではなく深刻度もすさまじかった。平均失業期間は41週——今のところ戦後最悪の数字である。[4] 半年以上も仕事に就けていない人の割合は45％にのぼり、これも史上最悪だった。２０１１年末頃には、失業期間が99週間以上続いている人、すなわち99erの割合が15％に到達し、ここでも史上最悪を記録した[5]。

失業期間が長引けば長引くほど、仕事を見つけるのは難しくなる。サンフランシスコ連邦準備銀行が行なった調査によると、失業したばかりの人はだいたい4人に1人が、仕事を探し始めて半年以内に新たな働き口を見つける[6]。しかし半年を過ぎると、働き口が見つかるのは10人に1人になる。失業期間が長いのは採用担当者の目から見て魅力的ではないのが一因だ。技術やスキルは、使っていない期間が長ければ、衰えやすい。労働者自身も現場の勘と意欲を失いやすい。それに加えて、長く失業するというのは、そもそも必要な能力や価値あるスキルを持っていなかったからとも考えられる。だが経済学者の考察によると、ある一つの単純な差別意識も介在しているらしい[7]。企業は、ただただ、長期的に失業している人を雇うのがいやなのだ。多くのアメリカ人にとって、仕事をしていないということ自体が就職活動の足を引っ張り、負のループに陥らせるのである。

経済学者の用語で言えば、長期失業状態は「ヒステリシス（履歴効果）」を招く。「あとに引きずる」という意味のギリシャ語に由来する言葉で、失業が長く続くと、その労働者は低収入という路線に永久的にはまりこんでしまうのだ。この傾向が広がると、労働力全体が停滞し、生産性が失われ、正規雇用で働く人数がますます少なくなる。労働者個人を苦しませるだけでなく、国全体の経済を悪化させる。これが不況のあいだだけでなく何年も続く。カリフォルニア大学バークレー校の経済学者ダニー・ヤガンの研究によると、アメリカの中でも不況下で最も雇用ショックが深刻だった地域は、当時その痛手を比較的免れた地域と比べて、不況後の回復が思わしくないことが明らかになった[8]。不況中に失業率が大きく上昇した地域は、約10年経っても、就労可能年齢にある個人の就労率が低い。「人的資本全般の衰退と、継続的な労働需要低下」のせいだとヤガンは述べている。

だが、ドライな経済統計には、数百万のアメリカ人がそれぞれに陥った悲惨な状況がとらえられていない。

わたしが２０１３年秋に取材したジェンナー・バーリントン＝ワードという女性は、ボストン周辺で友人の家を転々と泊まり歩く生活をしていた。「マクドナルドの採用は断られました。はっきりものを言いすぎる、っていう理由で」と彼女は語った。(9)「トイレ清掃も受かりませんでした。わたしがスペイン語を話せないからって。コインランドリーの仕事もダメでした。「お嬢さんには無理」なんて言われて。面と向かって言われたこともありますよ、「失業者は雇わない」って。２回くらいは採用寸前まで行ったんですけど、信用調査で、速攻で却下でした」。もう5年近くまともに仕事に就けていないことを、彼女は「地獄の旅」と表現した。自立し、それなりに自己実現していた中間層の人生から、ホームレスのみじめな貧困生活へ転落している、と。

ロボットに仕事を奪われる未来と、ＵＢＩがその解決策になる可能性を考えながら、わたしは何度もこのときの取材体験を思い浮かべていた。このジェンナーという女性や、その他の99erたちは、アメリカ人がどれほど働きたがっているか、働くということにどれほどの目的意識や自尊心を感じているか、ありありと浮かび上がらせている。彼らは失業保険のおかげで何とか食いつなぎ、その支給終了に伴う金銭的プレッシャーに苦しんでいたが、彼らが何より苦にしているのは「仕事がない」という事実そのものだった。施しなど本当は欲しくはない。彼らは働くことを望んでいた。

＊

エッセイストのウィリアム・デレシーウィックツは「どんな時代にもその時代の美徳がある」(10)と書いたが、それを流用させてもらうならば、どんな文明にも、その文明で美徳とされているものがある。ギリシャ文明では勇敢であることが美徳だった。ローマ文明では義務を果たすことが美徳だった。現代のわたしたちにとっては勤勉さが美徳だ。アメリカ人は労働のことを、経済的に必要であるだけでなく、社会的義務であり、よい人生の基盤であると考えている――労働とは、誰でも無一文から働いて財産と安心を築ける、というアメリカンドリームの一部なのだ。デレシーウィックツはこの勤勉さを「国家的宗教」と表現している。

少なくとも西側の世界において、これが歴史的にはきわめて特異であることを指摘しておくべきだろう。ギリシャ人とローマ人は余暇と思索が人生の価値だと考えていた。(11) 哲学者アリストテレスに言わせれば、それこそが人として何より崇高な使命だった。その後ヨーロッパの貴族階級は、自分たちは単純労働をするような存在ではないとみなし、領土に実る果実と他者の労働によって生きていくのが当然と考えた。１５００年代にこの大陸を訪れたスペインの征服者たちは、大地がすべてを恵む土地、人間が労を割かずとも生きていける土地を求めていた。だがアメリカはプロテスタントの労働倫理のもとで築かれた国だ。怠惰は罪だと信じ、人は労働を通じて神への愛を示しみずからを浄化できると信じた清教徒とクエーカー教徒たちが、この国を作った。(12) たとえば、清教徒の牧師で、残念ながらセイラム魔女裁判では女性たちを魔女だと糾弾したコットン・マザーは、休息や気晴らしや娯楽を強く批判している。「この町では怠惰がことのほか蔓延している」と彼は書いた。(13)「怠惰から善きものは何も生まれない！　怠惰は「すべての人間の非難の的」だ」

つまり建国当初から、労働に対するアメリカの態度は、ヨーロッパ社会でのそれと大きく袂を分かっていたのである。植民地となり、ヨーロッパ本土から流された大勢の囚人と何十万人という奴隷たちの労働によってイギリスの貴族や富裕層を潤わせていた体験が、働かないことへの嫌悪感を強固なものにした。トマス・ペインは著書『コモン・センス』において、「イギリスでは国王は戦争をしたり、官職を分配したりするほかは、することがほとんどない。はっきり言えば、王がやっているのは国民を貧乏に追いやったり、仲たがいさせたりすることなのだ」と非難している。(14)「一人の人間が一年間に八〇万ポンドをもらい、おまけに崇拝されるとはなんと結構な職務ではないか」。またアメリカ人には、人は自力で家と農場を建てたり、土地を西部を開拓――長らくその地で息づいてきた文明を排除または破壊しながら――したりすることで、我がものにしていくべしという思いがあった。こうしてアメリカ人の意識の中で、働くことと、個人主義と、成功とが、分かちがたく結びついていったのである。

富める者も貧しき者も、都会人も田舎者も、上流階級も奴隷も、みなが働いた。それぞれの労働にそれぞれが励んだ。フランスの政治思想家アレクシ・ド・トクヴィルは、著書『アメリカのデモクラシー』で、アメリカ人の勤労意欲についてこう描写している。

> アメリカの使用人は自分が働いているからといって落ちぶれたとは思わない、周囲の誰もが働いているからである。給与を受け取るからといって惨めだとは感じない。合衆国大統領もまた給与のために働いているからである。人に仕えるものと同じように人の上に立つものも報酬を得ているのである。
>
> 合衆国において、職業には辛いものも楽なものもあり、儲かるものもそうでないものもある。だが決して上下の違いはない。まっとうな職業はすべて名誉あるものである。[15]

あるいは、ウィーンからニューイングランドに移り住んだジャーナリストが、トクヴィルの著書と同時期に書いた記事はこんな具合だ。

> アメリカの民と同程度に仕事に喜びを、産業に楽しみを見出している人間は、おそらくこの地球上に存在しないだろう。具体的な職に就いているかどうかというのは、彼らにとっての幸せの主たる供給源であり、国家的偉大さの基盤であるだけでなく、働いていないことがアメリカ人にとってまったくもって耐えがたいことなのだ。彼らは、「何もしない快楽 *dolce far niente*」という考え方をせず、手持ち無沙汰になるのは恐怖であると考えている。労働はアメリカ人の魂だ。自分と家族の生計を安定させるために必要な手段としてではなく、人としての

あらゆる至福の根源として、彼らは働くことを追求する［…］まるでアメリカは一つの巨大な作業場で、その入り口に掲げられた強烈な文字の看板に「働く者以外、入るべからず」と書いてあるかのようだ[16]。

このように労働を愛するアメリカは、自分の努力で大成すべしという夢を建国と同じくらい古くから信じてきた。建国の父ベンジャミン・フランクリンは、立身出世物語として広く浸透した自伝の中で、「私は貧しい賤しい家に生れ育ち、のち次第に身を起して富裕の人となり、ある程度世間に名の知られ」るようになった、と書いた[17]。アメリカ人が守るべき項目として列挙した十三徳の中にも、「時間を空費するなかれ。つねに何か益あることに従うべし。無用の行いはすべて断つべし」という項目を含めている（ちなみに十三徳の中で「謙譲」の項目は一番最後だ[18]）。

のちに第7代大統領アンドリュー・ジャクソンは、自分は「コモン・マン（庶民）」の味方であると強調し、みずからの貧しい生い立ちを語った。大統領退任の挨拶では「開拓者、農家、機械工、労働者は、成功とは自分たちの産業と経済の上に築かれることを知っている」と述べている[19]。「社会における彼らのような層が、アメリカ国民の大部分を構成している。彼らこそ、この国の屋台骨であり活力である」。近年では第37代大統領リチャード・ニクソン、39代ジミー・カーター、42代ビル・クリントン、44代バラク・オバマもつつましい生まれであることを公言したが、彼らに先立ち第16代大統領エイブラハム・リンカーンも同様のルーツを明らかにしている。「25年前の私が雇われ労働者として柵木を打ち込み、平底船に乗り込んでいたことを告白するのは、何ら恥じ入ることではない」とリンカーンは演説で語った。「貧しい家の息子は誰でもきっとそうだったのだから[20]」

勤労の美徳は「アメリカンドリーム」という表現と切っても切れない一要素となった。このフレーズ自体は1931年に歴史家のジェームズ・トラスロー・アダムズが編み出したものだ。「誰でもこの土地で人生を花開かせ、富を増やし、充実させていくことができる。能力や功績に応じて全員に機会が与えられる」と、アダムズはアメリカンドリームを解説した。[21]「単に自動車を手に入れるとか、高賃金を得るとか、そうしたことを夢見るのではなく、生まれや立場のような偶然の状況に関係なくあらゆる男女がもてる才能を発揮し、功績を周囲に認められる、そうした社会的秩序が叶うことを意味している」

不断の努力《ハードワーク》を肯定するアメリカ人の信念と、自立に対する強迫的な確信は、今も変わらず存在している。ベンジャミン・フランクリン、19世紀の政治家フレデリック・ダグラス〔奴隷から奴隷解放運動家となった〕、それからテレビ司会者のオプラ・ウィンフリー〔恵まれない家庭環境から国民的タレントになった〕といった人々に向ける崇拝ぶりにもそれが表れている。小説『華麗なるギャツビー』のジェイ・ギャツビー、犯罪ドラマ『ザ・ワイヤー』のストリンガー・ベル、ドラマにもなった実在の悪徳実業家アル・スウェアンゲン、マフィアの世界を描くドラマ『ザ・ソプラノズ』のトニー・ソプラノなど、汚い手を使ってでものしあがっていくアンチヒーローにアメリカ人が熱狂するのも、同じことだ（ドナルド・トランプが、自分は叩き上げで成功した男だと執拗に主張している点を付記しておきたい。１００万ドルの負債から１００億ドルの財産を築いたのだ、というのが本人の弁だが、これは事実ではないと指摘されている[22]）。わたしたちは勤労が正義だと信じている。必死に働けば成功し出世するのだ、不断の努力こそ富への正しい道なのだと信じている。誰でも自分で自分の成功を築かなければならないのだと確信している。

混迷を極めた金融不況でさえ、この確信を揺るがすことはなかった。ピュー慈善団体傘下の活動「エコノミック・モビリティ・プロジェクト」が、経済的状況では戦後最悪の時期と言われた２０１１年に実施した調査では、人生の成功を左右する二大要素として、アメリカ人は「不断の努力」と「野心」を挙げることがわかった。[23]「人が成功する理由は、生まれや育ち、人種、性別、経済状況よりも、個人の姿勢と性質であるとみなされている」と、調査報告書はまとめている。

事実アメリカ人は、世界中の人々とは違った形で、人の経済的運命は本人の責任だと考える。世界価値観調査によると、アメリカ人の圧倒的大多数が、貧乏人でも充分に努力すれば金持ちになれると信じていた。[24]ヨーロッパの回答者はほとんどがこの見解を否定している。ピュー研究所が2014年に実施した調査でも、「人生における成功は、自分にはコントロールできない力によっておおむね決定される」という意見をアメリカ人の大半は否定し、ヨーロッパ人の大半は肯定していた。[25]ハーバード大学の経済学者アルベルト・アレシナとMITの経済学者ジョージ＝マリオス・アンジェレトスの共著論文は、「アメリカ人は、貧困は間違った選択もしくは努力不足が原因であると信じている。ヨーロッパ人は、貧困とは回避が難しい罠であると見ている」と考察した。「アメリカ人は富と成功のことを、個人の才能、努力、起業家精神の結果だと受け止める。ヨーロッパ人は幸運か、汚職か、人脈によるところが大きいとみなす[26]」

労働が美徳なのだとすれば、わたしたちアメリカ人は有徳だ。世界の高所得国家のどこよりもよく働く。時間にして年間1783時間だ。[27]日本よりも、カナダよりも、イギリスよりも、フランスよりも多い。ドイツとは約30％も差がある。ギャラップ社の調べによると、世界中のどの地域と比べても、そして東アジアや南アジアと比べればはるかに多く、アメリカ人は仕事に身を投じる。ギャラップ社は、140カ国以上の労働者を対象とした12ポイント制の質問を行なった。その結果から、仕事に心血を注ぐ人間の特徴として、「自分の仕事にどっぷり浸かり、熱心に取り組み、心身をかけて打ち込んでいる」と考察している。[28]「自分の仕事の範囲を考え、もっと新しく、もっとよい方法で結果を出せないものかと追求する」。さらに労働は生きる意味を与える。調査回答者の半分以上が、自分の仕事に「アイデンティティを感じている」と答えた。[29]

仕事を失えば、もちろん間違いなく金銭面で影響が生じる。しかもその影響は長く続く。不況下での失業は特に悲惨であることがわかっている。[30]国際通貨基金（ＩＭＦ）の調査は、「こうした不況下の給与減少が長引く理由は、特定職の価値が低下する、すなわち産業特定的な技能が陳腐化するためであり、また、とりわけ熟練労働者ほど適した働き口の発見に時間がかかるためだ。だがそれだけではない。「周期的格下げ」という要因も介在している。不況でなかったら就けたはずの仕事よりも条件の劣る職しか、選択肢がなくなってしまうことだ」と指摘していた[31]。

だが、それよりももっと微妙で、もっと波及範囲の広い影響もある。仕事は社会との接点になるのだ。たとえば長期的に失業していると、同じような条件だが仕事をしている人と比べて、1日に他人と接する時間が2時間未満になる確率が高くなることが、ラトガース大学の研究で明らかになった[32]。失業は心理的にも痛手となる。「自分の人生は恥ずかしい」と考える確率が高くなり、家族の中で緊張関係や衝突が生じる確率も高くなる。それどころか、失業者は病気になりやすく、うつになりやすく、寿命も短くなる。こうした影響は次世代にも打撃をもたらす。親が失業していると、そうでない場合と比べて子どもは成績が悪くなり、学歴も大卒に至らない可能性が高くなる。

究極的には、失業は一種のトラウマのようなはたらきをする。多くの労働者が完全には立ち直ることのないトラウマだ。「ほとんどの人間は人生の変化に驚くほどしっかり適応する。家族の死や慢性的な病気といった悲惨な出来事にも、つねに完全に回復するとは言えないまでも、それまでの生活を取り戻していく。だが、これが当てはまらない出来事が一つある――失業だ」と、ある研究では考察していた。「他の負の体験と比較して、失業した人の人生の満足度は元のようには回復しない[33]」

1980年代初期に、著名な社会心理学者マリー・ヤホダが、ある説を打ち出した。人はもっぱら生計のために仕事をするが、その一方で、雇用されることの「潜在的機能」からも恩恵を受けるのだという[34]。生活時間の秩序、職場で他人と接する機会、安定した職に就いているというステイタスとアイデンティティ、そして集団行動への帰属意識などが、ヤホダの言う「潜在的機能」の恩恵だ。彼女は次のように主張している。「時間の使い方と見通しに構造ができること、人付き合いの範囲が広がること、周囲と共に同じ目標を追求することで自分は有用だという意識をもつこと、社会に認められた居場所があるということ、そして自分は行動しているのだと思えること、これらに対して人は根深いニーズを感じる」。仕事を失うと、こうしたニーズを満たす機能も失われ、その喪失が痛手となる。意外ではない話だが、仕事に就いていない高齢者が自分の状況を「隠退した」と言うか、「失業している」と言うか、それによって本人の幸福度は大きく変わってくる。(35)

*

UBIに対する一般的かつ直球の批判として、「UBIは人間が働かないことを許容する、もしくは、働かないことを推奨することになる」という意見がある。「お金を与える＋見返りに何も求めない＝就労し長く働くことへのインセンティブが失われる」――簡単な経済学の方程式というわけだ。そのような給付を行なう経済の行く末には、ごく現実的な懸念が生じる。働く人の人数が減ったらどうなるのか。生活保護的なものを全員が受給して、大勢が仕事は辞めると決めてしまったら、どうなるのか。倫理的な面からも懸念がある。アメリカ人は人がタダ飯を食らうことへの嫌悪感をもっているのだ。フードスタンプも、福祉給付も、障害年金さえも、その嫌悪感の対象となる。勤労が美徳であるという考えはアメリカの税法に埋め込まれ、セーフティネットに織り込まれ、そしてわたしたちの文化にもはっきりと刻み込まれているのだ。富める者も貧しき者も勤労を是としている。だとすれば国民が労働市場に加わらなくなるUBIという仕組みは、自分の払う税金が怠け者の懐に入るのをいやがる労働者にとっても、働き口ではなく施しを与えられることに傷つく受給者にとっても、きわめて不人気となるのではないか。

だが、UBIに類するさまざまなプログラムを調べたリサーチからは、無条件現金給付が、先に示した経済学の「簡単な方程式」が言うほどには、労働市場に影響しないことがうかがわれる。むしろ、給付を受けたことで働かなくなる、もしくは働く時間を減らす選択をする人々は、育児に専念する、教育を受けるなど、社会的にメリットのある理由でそうすることが多いようだ。ＵＢＩは必ずしも経済を硬直させないし、給付金を生み出す側《メーカー》と受け取る側《テイカー》を分断するわけではないし、働かずに文句ばかり垂れる層を甘やかすことにもならない。

この見解を裏付けるエビデンスは、イランのような国でも確認されている。２０１０年、イラン政府は石油や食糧といった物品に関する補助を打ち切り、かわりに市民に直接お金を送るプログラムをスタートした。[36]家計にとってパンやガソリンは一気に高い買い物となったが、それを負担もしくは相殺するお金として、平均所得の29％に相当する額を受け取るようになったのである。給付は総額で、イランの全経済産出の６・５％だ。

イラン国内の政治家からは、この計画が「物乞いを育てる」のではないか、という懸念の声もあがっていたが、２人の経済学者が納税記録などのデータを包括的に調査したところ、貧困が軽減し、不平等が緩和される一方で、労働市場から国民が大量に脱落する後押しにはなっていなかったことが確認された。現金の注入を活かして小商いの規模を広げるなど、むしろ仕事を増やした例もあった。調査にあたった経済学者は「労働市場との紐帯が弱い若年層を除いて、現金給付が労働供給量を削減したエビデンスは確認されなかった。一方でサービスセクターの労働者には労働時間の増加が見られた」と報告している。「少なくとも、立証責任の所在は移ったと言える。主張の正当性を証明すべきは、現金給付は人を怠惰にすると考える側だ。また、こうした試みに関するデータ収集とリサーチをさらに追究する必要性も示すことができた」

実際に数々のリサーチが、ＵＢＩは怠け者と放蕩者の国を生み出すわけではないと実証しており、イランよりもっと身近な土地でもこの点を確認している。ペンシルベニア大学の労働経済学者イオアナ・マリネスクは、左派系シンクタンクであるルーズベルト・インスティテュートの依頼を受け、北米で実際に行なわれている無条件現金給付プログラムのデータを分析した。[37]そして「平均的労働者が無条件現金給付を受けると労働力から離脱する、と示すエビデンスはない。給付が高額であっても同じだ」という発見に至った。調査対象になったのはチェロキー族の東部集団だ。グレートスモーキー山脈の居留地に住むネイティブアメリカンの部族で、ラスベガスのホテルで知られるハラス社が運営するカジノを二つ所有しており、これがコミュニティの資金源になっている。部族のものであるカジノの収益で、部族メンバーに年間4000ドルから6000ドルを給付しているのだ。受給しているチェロキー族の働き方に、フルタイムの場合もパートタイムの場合も、大きな影響は見られなかった。マリネスクはチェロキー族の他にアラスカの住民のデータも分析している。アラスカではイランと同じく、州の天然資源である石油の売り上げに応じた配当が市民に配られる。ここでもやはり同じ結果が確認された。労働力全体に大きな影響はなく、むしろパートタイムで働く人数は増えていた。「現金を無条件に与えられたら仕事を辞める人が大量に出るのではないか、という不安は、当を得ない見解である」とマリネスクは結論づけた。

マリネスクはさらに、アメリカ政府が1960年代後半と1970年代に実施した「負の所得税」の実験結果も分析した。リンドン・ジョンソン政権とリチャード・ニクソン政権が、深刻な貧困問題、労働意欲の欠如、家庭の崩壊といった問題へのよりよい対策を求めて実施した試みだ（世帯に対する課税を給付に置き換えるというもので、負の所得税 Negative Income Taxes の頭文字をとってNITと呼ばれる）[38]。7つの州でNITパイロットプログラムを導入したが、これはアメリカ初のランダム化比較試験だった[39]（今から振り返ると妙な話だが、ドナルド・ラムズフェルドとディック・チェイニーもこのプロジェクトにかかわっていた）[40]。7州の実験結果を見ると、ほぼすべてにおいて、就労状況に若干の減退があった。たとえばシアトルとデンバーで実施された大型実験では、就労率が4%ポイントも下がっている。現代のアメリカに置き換えるならば、働く人口が500万人少なくなったという意味だ。だが、マリネスクの指摘によると、この集計は自己申告の所得額に着目しており、納税データを分析したものではなかった。そして人々には所得額をごまかす強いインセンティブがあった。ＮＩＴの給付対象でいるためには所得が低いほうがいいからだ。所得や就労の状況にかかわらず無条件で給付するＵＢＩならば、起こらない問題である。「給与額の申告が不正確だったということは、すなわち、ＮＩＴのせいで労働時間に生じたとされる影響は誇張だという意味になる」とマリネスクは述べている。

もちろん、政府による毎月の給付がある程度以上に増えすぎれば、それは確かに勤労意欲を損なう。サウジアラビアの王族たちは小学校にあまり通わず、運動もあまりしないことで有名だ。それからミネソタのシャコピー・メデワカントン・スーというネイティブアメリカンの部族は、先に紹介したチェロキー族の東部集団よりも人数が少ないが、同じようにかなり実入りのいいカジノを運営している。ここでもカジノの利益から住民に現金が支給されており、２０１２年に報じられた時点では、その額は毎月８万４０００ドルだった。[41]部族代表者は『ニューヨーク・タイムズ』紙の取材に、「ここでは99・2％が無職です」と語った。給料をもらう仕事は、生活の必要のためではなく、「完全なる自発的活動として」行なわれているという。とはいえ、こんなに高額ではなく、もっと妥当な金額であれば、ＵＢＩのせいで大勢が一斉に仕事を投げ出す様子は前述のとおり確認されていない。

さらに指摘しておくべき点として、いくつものＵＢＩやＮＩＴの実験で見られた労働時間の減少は、もっぱら女性が育児の時間を増やし、若者が低賃金のアルバイトよりも学校に通う時間をとり、失業者が腰をすえてじっくり職探しをしたことによるものだった。[42]親の介護、ボランティア活動、芸術制作、子どもと過ごすことに時間を増やした例もあった。こうした傾向はＧＤＰの縮小や、人口に対する就労率の低下につながるかもしれないが、それは果たして悪いことだろうか。[43]経済統計は測れるものしか測らない。人の生活の充実をとらえることができないのだ。

そうした意味でのゆたかさをベーシックインカムが実現した例として、とりわけ際立っている導入実験がある。１９７０年代半ばにカナダ政府が、マニトバ州ドーフィン（通称「マニトバの庭園都市」）という小さな平原の町で、住民全員に保障所得の提供を行なった。[44] ドーフィンは主にウクライナ系の農民たちが住むコミュニティで、住民同士の絆が強い。このパイロットプログラムにより、各世帯の収入が一定レベルよりも下回らないようになり、コミュニティ内の貧困は一掃された。「収入を、本来あるべきところまで引き上げたんです」と、この町で美容院を経営するエイミー・リチャードソンという女性が、のちに実験について語った。[45]「コーヒーにクリームを入れられるくらいにね。みんな一緒なんですから、全然恥ずかしくありませんでした」。この実験でも、労働市場への影響は、アメリカで確認された傾向と同じだった。特に子を持つ女性と10代の若者では、労働時間が若干減っていた。[46] そして町の健康状態と活力にはっきりした効果が見られた。経済学者のイヴリン・フォーゲットが、入院患者や精神疾患患者の数が減少したことを発見している。[47] フォーゲットによると、コミュニティの価値観も変化したようだったという。

ＵＢＩは労働力を損ないアメリカを無職の国に変える政策と思えるかもしれないが、こうした実際のエビデンスを見る限り、そのような極端な結論はどうにも導かれないのだ。一部の例では、むしろＵＢＩが労働を後押ししている。もしくは少なくとも、勤労意欲を削ぐシステムと入れ替え可能であることを示唆している。たとえばフィンランドの失業保険制度は非常に手厚い。だが国民は、追加収入があると政府からの支給を失うかもしれないので、パートタイムなどの仕事をしたがらない傾向がある。フィンランドの社会保健相ピルッコ・マッティラは、「給付を受けて家で引きこもっているよりも仕事をするほうがいい、という状態であるべきです」と『ニューヨーク・タイムズ』紙の取材に語った。[48] 現在のフィンランドでは失職中の個人に無条件で毎月５６０ユーロ（およそ６８０ドル）を支給し、彼らが労働市場に復帰するかどうか見守っている。

しかし、もっと大きく、もっと幅広く、もっと深く掘り下げた視点として、ＵＢＩは仕事と人との関係をどう変えるのか、という疑問がある――そもそも仕事とは何なのか。給付を得ることにより、生活のために働いて稼ぐ必要がなくなったとしたら、仕事というものの位置づけはどうなるのか。２０１６年春、スイスでベーシックインカムに関する国民投票が実施されるに先立ち、推進派のグループが、ジュネーブの繁華街にある遊歩道に巨大なポスターを設置した。世界最大のポスターとしてギネスに認定されたほどの大きさで、一つの質問を投げかけていた。「もしもあなたの収入が確保されているなら、あなたはどんなことをしてみますか？」

おそらく世界で最も熱心なベーシックインカム推進論者であるスコット・サンテンスは、その問いに対する答えを持っている。彼はＵＢＩを支持するシンクタンク「エコノミック・セキュリティ・プロジェクト」のメンバーであり、ニュースサイト「レディット」のベーシックインカム・コミュニティの管理人でもあり、ネットで熱心にベーシックインカム推進の発言をしている。本人の表現によれば、彼の肩書は「人類の文明が21世紀にしっかりと生き抜いていくにはどうしたらいいか、その可能性を追究する物書き」だ。そして彼自身が今まさにベーシックインカムの受給者であることも、ぜひ付け加えておくべきだろう。アーティストを支援するクラウドファンディングサイト「パトレオン」を利用して、毎月およそ１５００ドルを受け取っている。ちょうど貧困線を上回っていられるだけの金額だ。本人いわく、ニューオーリンズで不自由なく暮らしていける額ではない。しかし、自分のワークライフのハンドルを自分で握るには充分な額だという。「ベーシックインカムがなかった頃のぼくは、50ドルの原稿料のためにまる1週間つぶして調査と執筆をするような仕事も引き受けていたものだった。割に合わない50ドルでも、ゼロよりはマシだという理由で」とサンテンスは語る。[49]「ベーシックインカムがある今は、自分の仕事には価値があると思っていられる。自分の時間には価値がある、自分には価値がある、と感じている」

サンテンスの考えでは、ＵＢＩは技術的失業への対策ではない。貧困撲滅の強力な手段でもない。社会的給付の一形式でもない。ワーキングプアの収入を増やす方法でもない。むしろＵＢＩは、これらすべてを兼ね備え、そしてそれ以上の意味をもつ。サンテンスが考えるＵＢＩとは、人はしたくない仕事でもしなければならない、という固定観念から人間を解放するパラダイムシフトだ。心理学者のアブラハム・マズローの「欲求階層説」では、空気、食べ物、水、住居に対するニーズがピラミッドの基盤にあり、自己実現に対するニーズが頂点にあるとされているが、ＵＢＩが導入される世界では、この底辺部分の確保に身をすり減らす必要がなくなる。人生において成し遂げたいことを追いかけていく経済的余裕ができる、とサンテンスは言う。雑用はロボットに任せればいい。人間は人間がしたい仕事をするべきだ。

「目の前に迫りつつあるのは、仕事がない未来じゃない。雇用のない未来だ」とサンテンスは主張する。[50]「そもそもぼくたちは、仕事はお金を生み出すもの、という保守的な考えに縛られている。だからお金が伴わなければ仕事ではないことになる。金融制度がある限り、いつでもお金が優先だ。でも、誰もが毎月お金を受け取る仕組みがあれば、自発的に意欲を感じる仕事に専念できるはずじゃないか。モノポリーだって手持ちのお金がゼロじゃ始められないのに、どうして経済はゼロから始めなければならないんだろう？　全員一律のベーシックインカムなら、まったく新しいシステムへと移行できる」

この新しいパラダイムにおけるＵＢＩとは、破綻した経済に対する進歩的な修復策ではなく、賃金労働の資本主義体制から抜け出す架け橋なのだ。社会が全員の基礎的ニーズを満たすので、医療保険、住宅、食費にかかわる問題が市場の足を引っ張らない。労働者本人にとっても、これらのニーズが満たされていれば、したいことをしていく自由が生じる。自分がやりたい仕事では食えないからという理由であきらめる必要はない。起業するのも、育児に専念するのも、芸術活動を始めるのも自由だ。最近では、イギリスのジャーナリストのポール・メイソンや、デジタル経済専門家ニック・スルニチェク、未来派のアレックス・ウィリアムズといった思想家たちが、その架け橋を各国経済が渡るための道筋として、まずオートメーション化を利用して人間を苦しいだけの仕事からできる限り解放し、それからＵＢＩに加えて国民皆保険と、インターネットへの無料アクセスと、国家による住宅提供を通じて家計を補助していくべきだと打ち出している。スルニチェクとウィリアムズは、『未来の発明——ポスト資本主義と、仕事のない世界 *Inventing the Future: Postcapitalism and a World Without Work*』と題したラディカルな共著書において、「この先に採るべき一番有望な道は、近代化のあり方を見直し、最も難解な政治議論から最も赤裸々な発言まで、あらゆる議論を方向づけている新自由主義的常識を打破していくことにある」と書いた。[51]「この反覇権的試みを叶えるためには、よりよい世界を思い描いていかなくてはならない——身を守るだけの戦いをやめ、その先へ踏み込んでいかなければならない。ぼくたちが考えるプロジェクトは、人が自分たちの手で生活とコミュニティを作っていく自由を生み出そうとするものだ。「仕事ありき」ではない政策を考えたいのだ」。彼らが掲げるビジョンがどれほどラディカルであるか、ぜひ強調しておきたい。経済成長も、世帯所得も、富の不平等すらも、指標として重要ではないと言っているのだ。健康、寿命、繁栄のほうが指標として意味があると想定している。実際、人間の幸せを質的に測る指標が伸びるとき、ＧＤＰはおそらく下がる。この考え方において、世界は欠乏によって定義されるものではなく、豊潤さによって測られ定義されるものになる。

当然ながら、このようなユートピア的ビジョンは、仕事に就けず友人の家を泊まり歩くジェンナー・バーリントン＝ワードのような人々が抱える根深い精神的、感情的、金銭的苦しみを必ず、もしくはすぐさま解決するものではない。彼女たちはとにかく今、収入になる仕事がしたいのだ。また、何百万人という低所得層のアメリカ人が欲しているのは働くこと、そして自分の子どもも仕事に就けることであって、仕事に対する人間の思い入れを数十年さかのぼって調べる経済学や心理学や医学の研究ではない。働けない、稼げないという事実に対して、このユートピア的ビジョンが解決の手を差し出すわけではない。人が働かないことを許容する再分配システムは支持されない可能性がある点も、価値や労働に対する社会の認識を変えるには数十年かかるであろうことも、このビジョンの計算には入っていない。たとえばマーガレット・サッチャー政権になる前のイギリスには、「失業手当で暮らしていくことが事実上可能な福祉制度があった。「ＵＢ40を手に、リバプールでのんびりする」という歌もあったほどだ」と、ノーベル賞を受賞したリベラル派経済学者のポール・クルーグマンが最近の記事で指摘していた[52]〔アメリカの女性バンド「バングルス」の「ゴーイング・ダウン・トゥ・リバプール」という曲。ＵＢ40とはイギリスで失業保険の給付を申請する書類のこと〕。「イギリスはアメリカと比べれば政治が人種的に偏極化していない国だが、そのイギリスでさえ、この制度は結局のところ非常に不人気だった。ただ働かない、ということを選択できる制度があってもかまわないのだ、とアメリカ人有権者の大多数に納得させるには、かなり長い年月がかかることだろう」

働くことと人との関係が変わるときが来るのだとすれば、そのときにはきっとＵＢＩも導入されているだろう。だがそうこうしている今現在にも、アメリカで、そしてアメリカよりもはるかに逼迫している低所得・中所得の国家で、何百万という人々がマズローのピラミッドの底辺を確保するにも苦しむ生活を続けている。ＵＢＩに関する議論の拡大と拡散は、労働運動や進歩派の活動、あるいはシリコンバレーだけで生じているわけではない。裕福な国家の裕福な層だけで広がっているわけでもない。世界でも最底辺の過酷な貧困を緩和する策として、開発経済学者や貧困問題専門家も、ＵＢＩは効率的かつ効果的だと考えている。

世界でも最も貧しい地域で、ＵＢＩはなぜ、そして具体的にどういう効果を期待できるのか。わたしは自分の目で確認しにいくことにした。

4　貧困をテクノロジーでハックする――世界的貧困とUBI

ケニア西部のビクトリア湖近く、オバマ元大統領の先祖の家からさほど遠くない距離に、その村はある。村にたどりつくためには、ところどころ土を盛り上げてスピード超過防止帯にした主要道路を離れ、道なき道を走っていかなくてはならない。頭上の電線を頼りに、何の目印もない赤土のわだちを進むと、最終的に電線が村の中心の小学校に行きつく。この村で電気が通っている唯一の建物だ。小高いイバラの丘に民家が点在し、そのあいだを家畜を連れて歩くくらいの小道がつないでいる。

ケニア農村部の基準に照らしてすら、この村は貧しい（盗賊団に狙われるのを避けるため、村の実名は挙げないよう頼まれた）。とても貧しいので、公共の場でものを食べるのは無作法とみなされる。食べ物があることをひけらかす意味になるからだ。使える給水栓は一つだけで、村の女性たちの多くは湖まで歩くか、地面に穴を掘って雨水を貯めた場所に行き、巨大な缶に水を汲んでこなければならない。屋内配管のついた家は一軒もない。トイレを掘る手立てがなく、いまだに野外で用を足している家もある。バイクや自動車もほぼゼロなので、誰かが急病や大けがに遭っても対処できない。灌漑や農機具もそろわないどころか、鋤を引ける強い雄牛もいないので、農作業はほとんど手作業で行なわれている。

正式に雇用状態にある村人はひと握りだが、誰もがつねに働いている。木を燃やして木炭を作ったり、家畜を飼育したり、単発の仕事をしたりしながら何とか食いつないでいる。事実上、村人全員が、1日2ドルという世界銀行が定めた貧困線を下回る暮らしだ。(1) むしろ多くがその半分か、4分の1程度で、一部はそれよりさらに少ない金額で暮らしている。

からりと晴れた秋の日に、わたしはこの村の村長ケネディ・アスワン・アバギの家を訪ねた。室内にはオサマ・ビン・ラディンの死を記念したポスターと、バラク・オバマ――このあたりでは、オバマは「コゲロ〔ケニア西部の村の名前〕の男」という意味の「ジャコゲロ」という名前で知られている――の人生を描いたポスターが飾られている。アバギはわたしに、数カ月前の出来事を語った。ある朝を境に、村の運命が変わることになったらしい。初夏のことだった。ギブ・ダイレクトリーという非営利団体の現地調査員を名乗る人々が、アバギに会いにやってきた。そして、無条件に現金の支給を行なう団体です、と説明をした。「「どうしてうちの村が?」と聞きました」。はっきりした答えはなかった。ただ村人にお金を渡したい、と訪問者は言った。金額も、期間も、特に説明されなかった。

村の住民たちは不審に思った。支援団体なら以前にも来たことがある。ほぼ例外なく、お金ではなく物資を運んできたし、その団体特有の倫理観の押しつけもあった。10代が妊娠したら奨学金を受給すべきではないとか、なんとか。今回はいったい誰が、誰から、何を、どのように、なぜ支給されるのか見当がつかず、村にはさまざまな噂が広まった。「子どもを誘拐する気だって聞きました」と、村で一番大きな農場主の妻(正確には、妻の一人)で、もう孫も曾孫もいるジェニファ・オウウォ・オゴラという女性は言っていた。イルミナティの関連団体だという意見もあった。巨大な蛇に村を襲わせる気だろう、とか、人の血液を使った奇術をやる気だろう、という声もあった(もう少し温厚な推理としては、「ジャコゲロ」のお金に違いない、とか)。

だが、赤の他人が贈り物を恵むことへの当惑は、初夏にしては肌寒い朝に、一気にかき消えることとなった。ギブ・ダイレクトリーのチームが到着し、村人を集めて説明会を開いたのだ。電線が終着する小学校そばに建てられた青と白のテントに、村の大人ほぼ全員が詰め寄せた。不安と緊張と期待と遠慮のこもった顔で、この訪問者一同の様子をうかがう。チームのうち何人かは白人の外国人《ムズング》だ。村人と対面する形でプラスチックの椅子に腰を下ろしている。

説明会は伝道集会に似たスタイルで始まった。まず、交代で歌いつなぐ歌唱があり、祈りがあり、それから出席した長老を紹介する。その後にギブ・ダイレクトリー現地調査員のリディア・タラという人物が立ち上がり、村の母語であるルオ語で説明を始めた。ゆっくりと、重々しい口調で、いちいち聴衆の感嘆やあいづちを待ちながら話し進める。この一行はギブ・ダイレクトリーという団体のメンバーであること。ギブ・ダイレクトリーは非政府系組織（ＮＧＯ）であり、ケニアを含むいかなる地域の政治団体ともつながっていないこと。拠点はアメリカにあること。ギブ・ダイレクトリーの活動には1人1台の携帯電話で参加すること、それを他人に譲渡したり使わせたりしてはならないこと。犯罪やテロにかかわってはならないこと。こうした説明が2時間ほど続き、大人たちの困惑が深まる一方で、子どもらは飽きて騒ぎ始めた。「話を続けてもいいですか？　それとも、居眠りしてる人もいますか？」と、途中でタラは呼びかけた。「そこのあなた、寝ちゃってますか？」

仕方なく、タラはマイクを別のメンバーに渡す。このブライアン・オウマというメンバーは、オプラ・ウィンフリーばりの名司会者だった。「村の皆さん、お元気ですか！」

「元気です！」と村人たちは口をそろえた。

オウマは村人たちに讃美歌を歌わせ、「わたしたちに教えてください」と求めた。「この村の人たちは本当に歌がうまいのですね！　教会はお好きですか。素晴らしい。わたしも歌は大好きなんです。前にここで歌ったこともあったんですよ」。オウマはそんなふうに盛り上げて、「皆さん楽しいですか？」と問いかけた。

「楽しいです」と聴衆。

「なるほど、もうお腹いっぱいです」とオウマはおどけた。そして「さっきの話に、わたしからいくつか付け加えます」と、笑顔で説明を始めた。この村の成人一人ひとりが、地球の裏側にいる匿名の人々からの寄付を受けることになったのだという。「今日ここで登録して、全員が２２８０シリング（およそ22ドル）を毎月受け取ります」。驚きの声と拍手を制しながら、さらに盛り上げる。「全員です。２２８０シリングです。毎月です。この先12年間、皆さんはこのお金をもらい続けます。何年もらうんでしたっけ？」

「12年！」

こんな経緯で、村全体が貧困を抜け出すことが決まった。村人たちは、世界的な所得格差という梯子の底辺にいる数千人を――ゆくゆくは数百万人を――引き上げようという、大胆無謀な実験の最初の受益者に選ばれたのだ。同時にこれは、ＩＴ系スタートアップ風の発想で人道支援業界に風穴を開けようとするテストケースであり、また、「あらゆる場所に住むすべての人が、生きて呼吸をしているだけで、毎月いくらかのお金を受け取るべきである」というユートピア的発想の大胆な実証実験でもあった。ニューヨークに拠点を置き、シリコンバレーから広く資金を調達しているギブ・ダイレクトリーは、ここケニアで、世界初の本格的なユニバーサル・ベーシックインカム導入実験を立ち上げたのである。コミュニティの全員に、無条件で、しかも長期にわたって保証される形で、現金を支給する試みだ。

ギブ・ダイレクトリーがＵＢＩを追求する理由は、勤労とは関係がなかった。ロボット、労働組合、あるいは労働者階級と資本家階級の闘争とも関係がなかった。念頭にあるのは、「どうすれば最善のことができるか」というコンセプトだ。飢えて食糧を必要としているなら、食べ物を与えるのが最善ではないのか？いや違う。みんなにお金を渡そう。収入がなくて仕事を必要としているなら、職業訓練をするべきではないのか？　それも違う。お金を渡そう。貧しい地域の子どもには教育が必要なのだから、小学校や奨学金を提供するべきでは？　それは間違ってはいないが、もっといい方法がある。子どもらの親にお金を渡そう。物資を与えたり、サービスを与えたりして、見返りに〝上から目線〟の要求に縛りつけるのではなく、ただただ現金を支給したほうが効果がある。それがギブ・ダイレクトリーの信念というわけだった。

ＵＢＩは貧しい人々へのエンパワメントになる――現金は、困窮した人間が自分の足で立ち上がる後押しになる。モノを与えるやり方と比べて、この発想にはどんなコストと利点があるのか。ケニアで得る学びはアメリカにも当てはまるのか。それを探ってみるために、わたしはケニアを訪れてみることにした。

＊

貧しい人々に現金を渡すとなれば、当然、いくつかの疑問が生じる。ケニアの村にも、サンフランシスコにあるビクトリア様式の住宅にも、スイスの州にも、アラスカの油田にも、ネイティブアメリカン居留地の町にも、インド郊外の農園にも、すべての地域に共通して関連してくる疑問だ。

第1に、お金を渡すと人々は仕事を辞めてしまい、怠惰な暮らしをするのではないか。共和党が好んで使う表現のように、セーフティネットがネットどころか呑気なハンモックに様変わりするのではないか。これらの疑問に対しては、前章までに述べてきたとおり、高所得の国々では否であるという結論が出ている。発展途上国でも、世界で最も貧しい地域であっても、やはり同様であることがわかっている。最近、著名な経済学者グループが、ホンジュラス、インドネシア、モロッコ、メキシコ、ニカラグア、フィリピンで実施された政府による現金給付プログラムのランダム化比較試験を広く調査した。[2]すると、現金を受け取ったことで、男女ともに労働時間数や労働傾向に影響は生じていないことがわかった。むしろ一部では男性の労働量が大きく増えていた。別の広範囲な調査で、現金受給者における労働量の減少が見られる場合もあったが、主に高齢者や、家族などの面倒を見る立場にある人々が、無理して稼ぎに出る必要がなくなったことによるものだった――つまりは喜ぶべき成果だったというわけだ。[3]

なるほど、お金をもらっても人は仕事を続けるのかもしれない。だとしても第2の疑問として、浪費傾向が生じる可能性はないだろうか。酒、ドラッグ、煙草につぎこんで、現金給付で目指したはずの貧困撲滅効果を台無しにするのではないか。医療用麻薬の乱用が蔓延するアメリカのような国にとっては、まさに懸念すべき事態と感じられる。いや、アメリカだけではない、これは文化をまたぐ懸念だ。ニカラグアでも政府高官が、現金が入ることで「夫は自宅で妻の帰りを待ち、妻の分のお金を奪って、それを酒に使う」のでは、と不安を提示していた。(4)

しかしこうした懸念も、多数のエビデンスによって、事実は正反対だと明らかになっている。世界銀行の研究者2名が先日行なった研究で、世界各地の現金給付プログラム19件を調査したところ、お金を受け取った人々が非道徳的な消費を増やしたという証拠は見られなかった(5)(ある調査では、ペルーの現金給付プログラムで「キャンディ、チョコレート、ソフトドリンク、レストランでの食事」の消費が若干ながら増えたことが確認されている。だが、世界で最も貧しい人々がそんなささやかな楽しみに浸ることを、いったい誰がとがめられるだろう？　ちなみに同調査ではアルコール消費に大きな変化は見られなかったことを付け加えておく)。

酒や煙草以外でも、お金をドブに捨てる方法はいろいろとある。第3の疑問として、どうすれば無駄遣いを防げるのか。現金給付プログラムを検証する経済学者、政府、非営利団体の寄付者の多くが同じ疑問を考えるし、実際、ケニアの実験でもこの点が大きな懸念だった。村の集会で現金給付の決定をにぎにぎしく発表した際も、間髪入れず、厳しい警告があったという。このお金はヤギや牛やバイクや網など、生産的な投資に使うものであって、くだらないことにつぎ込んではならない、と。村の学校理事を務めるリチャード・オルロという男性が、村人たちに、「人はお金を作ったが、お金は人を狂わせた」という言葉を紹介した。

この点でも心強いエビデンスが確認されている。イギリスのシンクタンク「海外開発研究所（ＯＤＩ）」が現金給付プログラムに関する資料を包括的にレビューし、世界各地の受給者数百万人のデータを集めて調べたところ、結果は明白だった。[6] 就学率は向上し、牛や農機具など生産にかかわる資産の所有も大幅に増えていた。栄養失調症の数は減少し、貯金は増えていた。児童労働は減り、肥料や種などの利用が拡大していた。「エビデンスには、政策手段としての現金給付が導くパワフルな効果が反映されているとともに、受益者にとっての潜在的利点の幅広さが表れている」と、報告書は結論づけた。言葉で言えば当たり前のようだが、お金は貧しさの解決になるのだ。

しかもギブ・ダイレクトリーの見解では、食べ物や蚊帳やスポーツ用具のような現物支給よりも、現金のほうが受給者にとって価値が高い。腹を空かせたときに蚊帳があっても食べられない。下痢が流行しているときにサッカーボールでは意味がない。「現地に行ってみれば、現金以外では何も役に立たないと実感する」と、ギブ・ダイレクトリー創設者の一人マイケル・フェイは語っていた。「現金が欲しいか、ほかのものが欲しいのか、と人に尋ねるのはひどく気まずいものだ。[7]「その質問は何か裏があるのか」という目で見られる」

答えはわかりきっている。欲しいのは、現金だ。

＊

世界で最も貧しい人たちに現金を配る非営利団体を作ろう――このアイデアを最初に思いついたのは、2000年代後半、ギブ・ダイレクトリー創設者のマイケル・フェイとポール・ニーハウス、ロヒト・ワンチョー、ジェレミー・シャピロがＭＩＴとハーバードの大学院生だった頃のことだ。マーク・ザッカーバーグが学生寮の仲間とともにフェイスブックを創業してまもない頃である（ケンブリッジで運命の出会いをしたわけですね、というわたしの問いかけに、フェイは「ぼくたちは寮の一部屋にたむろすることはなかったけどね」と答えている）。

都市を離れれば銀行インフラも整っていない、そんな貧しい国家で現金配布による支援を行なうなど、当時はまったく不可能なことに思えた。何しろケニアの遠隔地では郵便すら配達されていないのだ。手渡しとなれば膨大な人手が要るし、当然ながら詐欺や強奪に遭う可能性も生じる。だがテクノロジーが道を切り開いた。2000年代から、通話時間分だけ課金する格安の量産型携帯電話が、サブサハラ市場で大量に出回るようになったのだ。[8] 進取の気性に富んだケニア人やナイジェリア人やガーナ人たちは、すぐに通話時間を通貨として扱うようになった。通話時間で家族に仕送りし、近所の店に支払いをし、海外から送金を受けるのだ。そこでイギリスの通信事業者大手ボーダフォンと国際開発省の協力により、携帯電話間で簡単に送金できるモバイルマネーサービス「エムペサ M-Pesa」が誕生した。ケニアではサファリコムという通信事業者が広域にわたって携帯電話サービスを展開していたので、緑をテーマカラーにしたサファリコムの携帯ショップが、各地で小さな銀行の役割を果たすようになった。ここで携帯電話にチャージをして、お金として送りあうのである。

フェイら4人は、何十本ものメールのやりとりと、学生寮の食堂での会話と、それぞれの研究室での議論を重ねて、一つのウェブサイトを立ち上げた。ウェブサイトでアメリカ国内から寄付を募り、エムペサ経由でケニアの貧しい人たちに送るのだ。一般的な支援団体の施しとは異なり、お金は受け取った人が自分で必要と思うものに使ってかまわない。フェイはこのアイデアを試すため、みずからケニアに飛んだ。選挙後の暴動で国内難民となった人々のキャンプを回り、おんぼろバスに乗って村から村をめぐり、SIMカードや現金を配った。そして実行は可能だと確信し、プロジェクトの修正や改善を進めた。2年ほどした頃、グーグルの慈善事業部門グーグル・ドット・オーグの担当者と会合するチャンスがあり、240万ドルの寄付を受ける。こうしてケニア、のちにウガンダとルワンダに住む数千人が、シリコンバレーからもたらされたお金を受け取ることになったのである。

団体としてのギブ・ダイレクトリーは経費を極力抑え、エクセルのマクロスクリプトやグーグルアースの画像を駆使して、デジタルをフル活用した運営をしている。インスタグラム創業者で、このプロジェクトの寄付者でもあるマイク・クリーガーは、「ギブ・ダイレクトリーについてぼくが最初に知った情報といえば、彼らが衛星画像を利用して住宅の状況を確認してる、ということだったよ」と語っていた。(9) 村の経済状態を知る基準として、屋根や設備の新しさを見ているのだ。「テック企業は貧困問題にこんなふうにアプローチできるのか、と実感するね」

創設者のフェイは「ぼくたちは、ギブ・ダイレクトリーのことを、寄付者と個人をつなぐプラットフォームだと考えている」と話した。プラットフォームという点ではウーバーに近いが、提供するのは配車ではなく現金。エアビーアンドビー Airbnb にも近いが、内容は宿泊ではなく人道支援というわけだ。

＊

ケニアに赴いたわたしは、このギブ・ダイトレクトリーのＵＢＩ導入プロセスを、実際に立ち会う形で取材することができた。彼らはまず、金属ではなくわらぶきの屋根を使った住居の数など、いくつかの判断基準で貧困率の高い村を特定する。現地調査員——先ほど登場したタラやオウマのように現地語を話す人々——が村のリーダーのもとに足を運び、非営利団体の意向を伝え、次に集会を開いて住民全員に説明をする。導入する村の住民数人にサポートスタッフとなってもらい、彼らの手を借りながら審査を実施し、受給対象となる家族を把握し、登録し、生年月日や職業など基本情報を収集する。それから受給者一人ひとりに対し、給付の受け取り手段を整える。

わたしが見学したときは、過酷な暑さの中、リンダ・オルワとベスウェル・オンヤンドという２人のギブ・ダイレクトリー現地調査員が、受給者の一人であるチャールズ・オマリ・アガーという高齢男性と面談していた。アガーのあだ名は「ハウスボーイ（雑役夫）」。ラスベガスのエル・コルテス・カジノホテルのロゴがついたTシャツを着て、ピンクのデジタルウォッチをつけている。渡された真新しいノキア製スマートフォンを、彼は疑わしげにためつすがめつした。本人の説明によると、ある姉妹（ともに未亡人）に雇われて家畜の世話をする仕事で収入を得ており、他人のエムペサ口座を借りて別の村に住む妻に仕送りをしているという。彼自身は携帯電話の使い方を何も知らなかった。

オルワが、小さな画面をスクロールするやり方や、テキストメッセージの確認方法をアガーに教えた。そしてわたしのほうへ顔を寄せて「誰かが彼のかわりにお金を確認することのないようにしたいんです」とささやく。「人にやらせて、何らかの被害に遭ったらいけませんからね」

オルワはルオ語でアガーに説明した。「お金はこれから先、長いこと入ってきます。ですから送金や引き出しは自分でできるようにしなければなりませんよ。しっかりわかるまで毎日練習してください。送金が始まるまでに覚えてくださいね」。練習するとアガーは約束した。

送金後は、ギブ・ダイレクトリーからテキストメッセージや電話でフォローを入れることになっている。地元のサポートスタッフが受給者に確認してまわったり、ギブ・ダイレクトリー現地調査員が村に足を運んだりもする。受給者がきちんと受け取っているかどうか、誰かに使い道を強制されていないかどうか確かめるためだ。技術的な質問をしたり、不正や泥棒を通報したりするためのホットラインもある。だが、かかってくる電話の多くは「受け取りました」「使います」という連絡だという。「送金日の翌日は、いつもホットラインが混雑するんです。みんな喜んで電話をかけてくるので」と、現在はギブ・ダイレクトリーのCFOを務めるジョー・ヒューストンは話していた。

ヒューストンは、ケニア西部の都市キスムにあるギブ・ダイレクトリーのオフィスで、クラウドベースの管理システムについてわたしに説明した。受給者数千人の様子を把握し、寄付者から村人へのお金の流れを追跡しているのだという。「お金がスマホから引き出されたことも確認できます」と、大勢のケニア人の名前が表示される画面をスクロールしながら、ヒューストンが言った。あとから聞いたところによると、２０１７年末の時点で受給者は８万５１４８人、ギブ・ダイレクトリーのスタッフ数は２３７人。[10] 寄付１ドルあたり90セント以上を、そのままケニアやウガンダやルワンダの低所得層に送っている。

創設者のフェイは「コストを抑えつつスケールを拡大できるモデルを目指して開発した」と語っていた。「来年には1億５０００万ドル近くでも動かせる。寄付が集まりさえすれば、1億５０００万どころか、３億だって達成できる」

＊

このＵＢＩ式プログラムを始める前に、ギブ・ダイレクトリーは別のやり方も試している。全員に長期的に少額ずつ給付するのではなく、村で一番貧しい層だけに高額の一括給付を行なうというやり方だ。ランダム化比較試験でも、経済学をはじめとするさまざまな学問の代表的な研究でも、そうした給付の効果は確認されている。[11] 条件に合わせて４０４ドルまたは１５２５ドルのいずれかを給付した実験では、受給対象の家計資産は58％増えた。事業所得と農業所得が38％伸び、年間収益率は理論値で28％になった。まる一日何も食べずに過ごす子どもの数は42％減った。ＤＶも減少した。さらに、受給者の身体でストレスホルモンと呼ばれるコルチゾールの分泌量も減ったことが確認されている。

質的な効果はどうだろう。朝からケニアならではの厳しい日差しが照りつける中、わたしはギブ・ダイレクトリーの幹部２人とともに、前回の対象地域へ見学に赴いた。今回ＵＢＩを導入する村から2時間ほど内陸に走った先のにぎやかな町だ（ポストモダンを象徴する場面としてとりわけ印象的だったのは、道に迷ったわたしたちに方向を教えてくれた男性が、ボーイスカウトのシャツを着ていたことだ）。

率直に言って、ここでの成果はまんべんなく良好《ユニバーサルに》とは言いがたかった。わたしたちが訪ねたアンジェリーナ・アコス・ンガロという高齢の女性は、マラリアが進行し関節が腫れ上がり痛みを抱えていた。彼女はわらぶき屋根の小屋にわたしたちを招き入れ、給付は1回きりだったと語った。約束では3回だったにもかかわらず、である。近くの村に住む女性に携帯電話を預けたところ、その女性がお金を勝手に送金してしまった。「盗んだんだよ」。村の長老を訪ねてお金を取り戻そうとしたが、成果はなかった。今のンガロは週およそ500シリングの苦しい生活をしている。本人の記憶によれば前日から何も食べていないし、マラリアの治療薬も尽きてしまった。子どもは9人いたが、無事に育ったのは一人だけ。それでも、彼女はこう言い添えた。「ギブ・ダイレクトリーが来てくれたのはよかったよ」（わたしが同行した幹部の一人は、ンガロには現地調査員がフォローアップの訪問をすべきだった、盗みに対して調査チームを派遣するべきだった、と語っていた）。

給付が全員一律ではなかったことも、現地調査員と受給者の双方にとって大きなストレスとなっていた。わたしたちが面会した受給者の一人、ニコラス・オウウアー・オティンは、コミュニティと現地調査員の橋渡し役として、調査員に町の家族を紹介した。ところが彼が受給者を選別していると考えた他の村の住民たちに、住んでいる小屋を焼き払われそうになったという。

だが、この受給をきっかけに多くの人々の人生が変わったことも事実であり、受給に伴うリスクが格段に高かったわけでもない。たとえばフレデリック・オモンディ・アウマという男性は、最初にギブ・ダイレクトリー調査員の訪問を受けたとき、かなり荒れた生活をしていた。わらぶき屋根と泥壁の小屋に住み、貧しく、酒におぼれていた。妻にも逃げられた。しかし、まるで天恵のようなお金が入ったことで、彼は生活を立て直し、経済学者が使いそうな表現で言えば、労働者階級から資産家階級へと一気にかけのぼったのである。かつては他人のバイクを借りてタクシーとして運転する仕事をしていたが、給付金を使って自分のバイクを購入した。それから地元のタウンセンターで石鹼、塩、石蠟を売る小商いも始めた。牛を2頭買い、うち1頭が仔牛を出産した。ケニアの沿岸都市モンバサで理髪店も開いた。

週に６００シリングだった収入は２５００シリングとなった。去っていた妻も戻ってきた。深酒もしなくなった。「昔は１０００シリング持って飲みに行って、目が覚めたら居酒屋で手持ちは１００シリングだけ、なんてことも多かった」と、本人は語っている。「今じゃ、１０００シリング持って飲みに出かけても、使うのが１００シリングで、ちゃんと家に帰って寝ているよ」

家の屋根については、「鉄板の家に住むなんて、想像したこともなかった」と話す。最近買ったというピカピカのハイキングブーツについても、「俺がいい靴を履けるなんて、想像もしなかった」という。「事業を持って、それで稼ぎを得られるなんて、考えたこともなかった。まさかこの俺が、牛を所有する男になるとはね」

ギブ・ダイレクトリーの考えでは、新たに導入する少額・長期制のＵＢＩ式プログラムでも、こうしたプラスの効果が期待できる。だが、この章の冒頭で紹介した村にわたしが赴いた時点で、これから始まる毎月２２８０シリングの支給対象になった人々の多くは、今の貧困生活をこの先12年間は体験しないという話を実感しきれずにいた。長期的な見通しなどできていなかった。彼らはずっと生活の苦しさで頭がいっぱいだったからだ。食べ物をどこで手に入れればいいのか、調理しようにも食用油はあるのか、水を汲みに行く体力はあるのか……つねに何かしら悩まなければならない困窮生活が続いたことで、目先のこと以外はよく考えられなくなっていたのだ。

経済学の研究では、これは決してめずらしくない現象であることがわかっている。貧困は、精神的余裕に対する重石のような働きをするのだ。健康を含めた心身の安定《ウェルネス》にずっしりとのしかかる。貧困の定着による混乱や疲弊について調べた著名な研究は、「貧しい暮らしでは、散発的な収入、自転車操業のような支払い、妥協や代償の苦しい判断に対処していかなければならない」と考察している。[12]「金銭にかかわる判断をする場面に限らず、つねにこうした悩みが頭を占めているせいで、将来をじっくり考えることができない。人間の認知システムは有限だ。他の悩みが脳を支配していると、選択や行動に使うための認知リソースが不足する。航空管制官が衝突の可能性で頭をいっぱいにしていると、他の航空機を見逃しやすくなるのと同じで、金銭的不安をつねに感じている人は、他の問題を充分に検討するキャパシティがなくなってしまう」。この研究によると、金銭的不安による思考力低下は、徹夜をした場合や、IQが13ポイント下がった場合に相当するという。

わたしは、村で学校理事を務めるオルロとその妻メアリーに、給付金の使い道を聞いてみた。夫妻は、娘の部屋の屋根がわらぶきなので、それをなんとかしてやりたいと話した。5年後も給付が続いていたら何に使うか、という質問には、メアリーが「屋根を修繕します」と答えた。それ以上の見通しは何も出てこなかった。

その一方で、給付金がもたらす効果を口に入るものとして、手で触れるものとして、心のありようが変わるものとして、はっきり体感的に想定できていた村人もいた。オルロ夫妻の近所に住むパメラ・アオコ・オデロという高齢女性もその一人だ。わたしが訪ねたとき、彼女は腹痛に苦しんでいた。小屋に冷蔵庫はなく、薬もなく、足以外に移動手段もなく、電球すらもない。週500シリングから1000シリング程度、一日一人当たりに換算すれば本当に小銭にしかならない額で、子どもと孫を含む8人家族を養っている。飢えと病気と搾取と栄養失調のリスクが高い暮らしだ。

オデロの説明によると、この家族の平均的な一日は、お粥一杯と紅茶で始まる。紅茶に入れるミルクや砂糖を買う余裕はない。「孫息子に学校に行くしたくをさせて、家の掃除もする」。その後、老体にムチ打って、薪にして売るための材木を入手しに森に行く。「切り落とした枝を背中にかつぐのよ。ゆわえつけて、森からここまで背負ってくるの。お昼は、何かあれば食べるし、なければ、朝の残りものを口に入れる程度だわね」。午後も同様に働いて、夕方になったら缶を持って学校まで行き、水を汲んでくる。家畜の面倒も見る。「それから夕食の準備。あたしと家族みんなの」。たいていは、コーンと豆を茹でた「ニョヨ」という料理か、コーンを粉末にして粥にするイタリア料理「ポレンタ」に近い「ウガリ」に野菜を添えて食べる。あまり満腹にはならない。「寝床に行って、小さなトランジスタラジオで世界の出来事を聴いて、それで寝ちゃう。くたくたの一日のおしまいってわけ」。現金が支給されると知った彼女は、まずは何を置いても家族がとる食事の量と質をあげようと考えた。「きっと全然違うんでしょうね！　施しを乞わなくてもよくなるのね！」

もう少し先の将来まで考える村人もいた。通称「ハウスボーイ（雑役夫）」の雇い主である未亡人姉妹、マーガレットとメアリーは、2人の給付金を合わせて貯めて、友人と一緒に銀行を始める予定だと語った。女性のほうが信頼できるので、女性にだけお金を貸す銀行にしたいのだという。美容師になりたいと語った女性もいた。それ以外では、もっぱら夫と一緒に貯めて家を修繕したり、畑の作物を増やしたり、ヤギなど収入につながる資産を買いたいと話す女性が多かった。

プリスター・アロオ・ラウドという、夫を亡くした女性は、ルオ語でこう話した。「取り急ぎ三つのことをしたいです。トイレを作ること。シロアリに食われた家を修繕すること。家畜小屋を頑丈にして、ハイエナに家畜を盗まれないようにすること。いつだったか、ハイエナが来て、うちの大事な雌ヤギの脚に嚙みついて、引きずっていってしまったの。赤ちゃんを産んだばかりだったのに！　子ヤギがなすすべもなく弱っていくのは、すごく悲しかった。だから、近所の人に頼んで、うちの子ヤギを引き取ってもらったの。その家のヤギも最近出産してたから。お乳があれば、少なくとも生き延びるチャンスはあるでしょ」

2016年10月24日、午前10時43分、エムペサ経由で第1回の給付が村人たちに届いた。その時間、キャロライン・アキニ・オディアンボという女性は、泥壁の小屋で椅子に座って、生まれてまもない娘をあやしていた。足元では痩せたニワトリたちが虫を探してうろうろしている。すると、建設現場で働く夫のジャックから電話がかかってきて、この前もらった携帯電話を確認してみろと言う。見ると、テキストメッセージが届いていて、２２８０ケニア・シリングが送金されたと告げていた。人生で一度もこんな大金を得たことのなかった彼女は、戸惑いながらも思わず笑顔になった。

未亡人姉妹のもとで「ハウスボーイ」をしているアガーは、その日は携帯電話の電源を切ってビニール袋に入れ、ポケットにしまいこんでいた。未亡人姉妹のヤギと牛を車で追い立てて、乾燥したイバラばかりの牧草地から別の牧草地に移動させていたとき、ギブ・ダイレクトリーのサポートスタッフと偶然出くわした。携帯電話を見るよう言われて、電源を入れてみる。テキストメッセージは来ていた。お金もだ。「やった！　万歳！　最高だ！」とアガーは叫び、飛び上がってめちゃめちゃに踊りまわった。そして当日中に自分のヤギを1頭買いに行った。

エリック・オッドヒアンボ・マドホも喜んでいた。彼はその日のうちに、村から一番近い地方道路まで徒歩で行き、20人の乗客で混み合う乗り合いバス「マタツ」をつかまえて、ビクトリア湖まで行った。そこにエムペサ・スタンドがあるので、自分の携帯電話に送られた給付金を現金に換え、細い釣り糸を買い求めた。湖のティラピア〔アフリカ原産の魚。イズミダイ〕をつかまえる網を作るのだ。網を作るには糸が3巻は必要だが、まずは1巻を手に入れたというわけだった。

3カ月かけて3巻買いそろえて網ができたら、次はボートを借りるつもりだ、とマドホはミニバスに揺られながら語っていた。それから手伝いを雇って湖でティラピアを獲る。かかる経費を差し引いても、調子のいい日なら２０００シリングは稼げると期待できる。そんなに儲かる仕事なら、もっと前からお金を貯めて網を作ればよかったのではないですか、とわたしは尋ねた。

「それができなかったんだよ」と、マドホは肩をすくめて笑った。

無駄遣いしようとか、お金を得たことで人を疑うとか、そうした発想はこの村には無縁だったらしい。村人たちは浪費する気も仕事を辞める気もさらさらないように見えたし、くだらない用途にも興味がないようだった。それどころか、資本を手にした彼らの喜びと、その創意あふれる活用方法は、わたしの想像をはるかに上回るものだった。村にいたのは施しを待つ貧乏人ではなかった。長年事業のアイデアを温めていた人々、努力して財をなしたいという夢をもつ人々、よりよい暮らしを目指す家族……彼らはただ、現金が足りていないだけだったのだ。

＊

ＵＢＩ導入実験の対象となったこの村は、ギブ・ダイレクトリーの前にも、いくつかの慈善団体の訪問を受けている。イバラの道をぬけ、畑と家々のあいだを歩きながら、どこかから寄付された水甕が使われずに余っているのをわたしはいくつも目にした。「あとからあとから持ってくるのよ」と、村人の一人は言っていた。トムスというアメリカのシューズブランドは自社商品の寄付活動を積極的に行なっているが、このトムスのキャンバス地スリッポンが村に大盤振る舞いされたらしく、わたしが訪ねた家の数軒で、天井の梁のところに履かないシューズが何足も引っかけてあった。貧しい家庭に学費を支援する某ＮＧＯも来たが、彼らの援助対象となったのは、そこそこ裕福な暮らしをしていたひと握りの住民だけ。もちろんこうした団体が善意で活動していたのは間違いないが、彼らの努力はたいして実を結ばず、むしろ無駄になっている場合も少なくなかったのだ。これ以上の水甕など誰も欲していない。トムスのシューズもいらない。学費は確かに大勢の住民が欲していたし、特に村で最も貧しい家庭にとっては切実な問題だったが、支援はそうした層には届かなかった。

もちろん、現金だけが唯一効果的な支援の介入方法というわけではない——長期的に見て他にも優れた方法がある。経済学者の研究では、マイクロ貯蓄プログラムは効果があることが確認されている。[13] 農家の肥料代を補助する、害虫駆除を支援する、飲料水の衛生状況改善のため塩素ディスペンサーを提供する、学力を補う補習プログラムを導入するといった試みも、長期的な効果が期待できる。たとえばバングラデシュに拠点を置く慈善団体大手ＢＲＡＣは、コミュニティ内で最も貧しい住民を特定して、彼らが牛など生産的資産を購入するための補助金を与え、コーチングとトレーニングとサポートを提供し、一時的な資金も援助し、さらに金融商品や健康サービスも提供するという活動を展開している。[14] このプログラムは大きく効果を出しており、消費、貯金、食の安全性の向上につながっている。

だが、現金は確実性の高い支援介入となるのに対し、モノやサービスの多くは必ずしもそうではない。ときには慈善団体の介入が裏目に出て、支援対象であった人々を傷つける。トムスの例で考えてみたい。同社は「一足買えば、一足を寄付」と銘打って、先進国の消費者が人気のスリッポンを購入するたびに貧困地域に一足ずつプレゼントするという心温まる取り組みを実施している。しかし、現地で増えすぎたトムス・シューズは、地域の靴メーカーや靴販売店のビジネスを破壊する。[15] 多くのアフリカ市場で、アメリカから寄付される衣服が地元の小売取引にダメージをもたらしたのと同じだ。スリッポンが履物として適さない地形や気候の場所も多い。それに、わたしがケニアで見たように、電気もない、衛生的な水もない、けれど靴ならもう持っているという人の手に、さらに靴ばかり渡ることになりやすい。

食糧、衣服、学校で使う本、水甕、衛生用品、そして牛など生産性向上に役立つ財を含め、ほぼあらゆる形の現物支給に同じ指摘が当てはまる。[16] 学校を建てる、送水ポンプを配備する、作物の種を配るといった慈善活動も同様だ。意図は悪くない――まぎれもない善意にほかならない。しかし実際の効果はどうだろう。「本当は「この品物にかかったお金をそのまま現金として渡すほうがよいのではないか」[17] という視点から考えるべきなんだ」とフェイは言っていた。「だけど、その問いに対する答えを出す方法はないことが多い」。

計測されていないからだ。トムスのシューズは、たとえば子どもが足の裏のけがから鉤虫症に感染する確率を減らすのかもしれないが、シューズの値段と配布のコストをかけず、そのぶんでワクチンを受けるお金を提供したほうが、はるかにコスト効率がよく、しかも生活と人生を変える効果があるのではないか。

支援の専門家は、こうした現金効果を認識し、支援団体への寄付はモノではなくお金を送るよう呼びかけている。アメリカ合衆国国際開発庁も、天災後に支援への関心を高める国民に向けて、こう訴えた。「このハリケーンシーズンに誰かの生活を少しでも支えてあげたいなら、あなたにできることがあります。びっくりするくらい単純なことです。被災者を救済しに行く団体に現金を送りましょう」。開発庁は支援団体に対しても、物資ではなく現金を提供するよう求めている。台風や洪水のような惨事が起きたあと、現地の欲しいものや必要なものと供給とのマッチング作業に取り組むのではなく、現金やプリペイド式デビットカードの配布を行なう慈善団体も増えてきている。２０１７年８月のハリケーン・ハービーによって甚大な痛手を被ったテキサス州ヒューストンでは、赤十字が39郡の約50万世帯に４００ドルずつ配布した。ギブ・ダイレクトリーも、通常の寄付者から臨時寄付を集めて、洪水の被害がおよんだテキサス低所得地域で現金支給を行なっている。

難民支援活動でも、難民たちが必要とする物資を考えるかわりに、現金を支給するようになった。ミャンマーからシリアまで幅広く活動する非営利団体、国際救済委員会は、現金は最も効率的な支援形式の一つだと明言している。「紛争や災害から避難する人々は荷物や現金をほとんど持ち出すことができない。現金による支援があれば基本的な必要品を購入し、自分の生活の主導権を自分の手に取り戻すことができる。世界の難民の60％が難民キャンプではなく都市部で居住している点を鑑みても、現金は、彼らに迅速かつ低コストで支援を届ける方法である」というのが同委員会の考えだ。(18)「選択肢があるということの意味は大きい。難民の人々が、家族に必要なものは何か自分たちで判断できる。地元経済にお金を落とす存在にもなれる」。

たとえば、同委員会が実施した調査の一つでは、レバノンにいるシリア難民に与えられた現金1ドルにつき、2ドル以上の経済効果が彼らの居住地域で発生したことがわかっている[19]。イギリスのシンクタンク海外開発研究所も、世界銀行も、国連も、人道支援は現金で行なうよう推奨している。

それでも、支援の圧倒的大多数——推定94%——は、現金ではない[20]。わたしは多数の人道支援専門家に理由を尋ねた。彼らの説明によると、寄付者側の抵抗感が一因だという。特に、お金を渡すと貧乏人は不適切な使い方をするだろうから、という根深い確信があるのだ。アメリカの実業家、イギリスの伝統ある名家、日本の産業界重鎮などに、極貧層にお金をあげて好きに使わせろという理屈を納得させるのは容易ではない。ワシントンのシンクタンク「世界開発センター」の公衆衛生および開発専門家アマンダ・グラスマンは「福祉依存が生じることへの懸念があるんです。「魚を与える」ことになるのでは、と二の足を踏んでしまいます」と説明していた〔「魚を与えるのではなく、魚の釣り方を教えよ」という諺のこと。魚を与えるのは目先の解決にしかならない、という意味〕。「その先入観が根深いのです。支援業界全体の基本的心理特性と言えます[21]」

それに、現金を配るという案は売り込みにくい。アメリカの納税者は、若い女性の教育資金や児童の予防接種のためであれば、喜んで財布を開くだろう。女の子がちゃんと小学校を卒業し、小さな子がはしかやジフテリアになるのを防げるというのなら、支援したくなるのが当然だ。だが、貧しく不安定な地域や人々にヘリコプターからお金をばらまくような発想に対して、彼らは眉をひそめる。それより子どもの口に錠剤をつっこんでやるほうが支援として気持ちがいいのだ、とグラスマンは話していた。

制度的に現金給付がしにくいという問題もある。支援団体はそれぞれ設立の経緯があり、設立にあたって定めた義務があり、勝手知ったる商品分野がある。「たくさんの善人が、そうしたシステムの中で活動している」と、ギブ・ダイレクトリー創設者の一人でカリフォルニア大学サンディエゴ校の経済学者ポール・ニーハウスは話していた[22]。現金給付をしたいと考える支援団体も少なくないが、組織としてそうした活動ができる構造になっていないのだ。現金なら受給者自身に選択する自由を与えられるのに、そもそもの支援団体の成り立ちとして、特定の狙いに沿った寄付しかできないのである。

それに現金のほうがいいとなると、支援者やＮＧＯにとっては、自分たちの活動は間違っているのではないか、しないほうがいいのではないか、という問いにぶつかることになってしまう。世界開発センターの経済学者ジャスティン・サンデファーは「現金給付支持派が「クーポン配布ではなく現金に変更すべきだ」と批判するのは簡単だし、肥料ではなく現金を渡すほうが正しいというエビデンスを集めるのも簡単だ。難しいのはそこではない」と述べている。[23]「現状のアメリカ国際開発局のプログラムはリベリアの教育予算よりも莫大な金額がかかっているからといって、だったらプログラムなどやめてしまえ、予算をそのままリベリア人に渡せばいい――というわけにはいかない」

だが、感覚的または心理的に肯定しづらいとはいえ、現金給付がたいてい効率的であることは確かだ。そして状況によっては、感覚や心理のような悠長な要素を検討している余裕はない。子どもが腹を空かせているとか、成人でも死亡率が高いとか、充分な食糧がないとか、病気が蔓延しているとか、学費が払えず学校をやめてしまう子どもが多いといった状況で、効率的かどうかは倫理的な是非の問題だ。非効率な支援は完全な無駄になる。貧困撲滅につながったかもしれない援助をドブに捨てるという意味だ。アメリカのシンクタンク「ブルッキングス研究所」のローレンス・シャンディとブライナ・シーデルの計算によると、現状の貧困ギャップ――世界銀行が規定した貧困線を下回る男女および子ども全員に貧困線を上回らせるために必要な費用――はおよそ６６０億ドル。[24]アメリカ人が毎年宝くじに使っている金額とほぼ同じだ。その倍の金額が、世界で人道支援に投じられている。[25]

ギブ・ダイレクトリーのＵＢＩ導入実験は、現金給付をめぐる議論に対し、これからどんな一石を投じていくことになるのか……取材を終えてケニアを離れながら、わたしは思いをめぐらせた。ケニアの村人たちの暮らしと、たとえばフィンランドやアメリカでバス運転手が失業するのとでは、状況がまるで異なる。それでもUBIをマイナーではなくメジャーな課題にしていくためには、とにかく多くのエビデンスを集めなければならない。ギブ・ダイレクトリーに対するシリコンバレーの寄付者たちも、その必要性を認識している。「星の数ほど意見は交わされているが、基盤となる事実がほとんどそろっていない」と、オミダイア・ネットワークの幹部マイク・カブザンスキーは指摘していた。[26]「われわれの観点から言うと、2種類の事実基盤が必要だ。アメリカのような裕福なOECD加盟国にとっての事実基盤と、新興市場国家にとっての事実基盤と」

アメリカでUBI導入を訴える人々も、UBIは可能だと世界に示せる有効な例が必要だと話していた。具体例が多ければ、アメリカで実際に導入されるまでに、広く検証ができる。エコノミック・セキュリティ・プロジェクトのクリス・ヒューズは、世界のUBI導入実験は一種の「デモンストレーション効果」[27]があるかもしれない、と語っていた。「心に響くストーリーを聞いていれば、抵抗感を抱きにくくなるだろう」。確かに、わたしの脳裏にも、もらった現金をうまく使おうとしていたケニアの人々の顔が思い浮かぶ。釣り糸を買って網を作るのだと言っていたエリック・オッドヒアンボ・マドホ。自分のヤギを買った「ハウスボーイ」のチャールズ・オマリ・アガー。

無条件の現金給付がもたらす人生の主導権と安心感。一方で、貧しい人々に好きなように意思決定させることに対する、わたしたちのなんとなく腑に落ちない感覚。ここを掘り下げていくと、もしかしたら、もっと根幹的な問題に行き着くのではないか、という気がしてくる。ギブ・ダイレクトリーは、世界で最も貧しい人々も自分のお金の最善の使い道を判断できる、と信じている。わたしたちアメリカ人は、そのことを認めたがらない。

5

ツギ当ての貧困対策――インドのＵＢＩ

数日も経てば、このインド東部の片田舎に季節風《モンスーン》が来る。村を包み込み、覆いつくし、かき回し、すべてをびしょぬれにして、むせ返る暑さを鎮火する雨季が来る。畑では子どもたちが雨に備えた作業をしていた。一方で、沿道のあちらこちらにテントとディーゼルエンジンが出ている。まもなく始まる結婚式の準備だ。家畜たちはやっとのことで見つけた日陰に集まっている。

このバンニという村の主要道路のそばに、マハト一家6人が住む泥とコンクリートの住居がある。戸口をくぐったすぐ先に6人がぎゅうぎゅうになっているのは、この家の間取りが居間兼寝室の一部屋と台所のみだからだ。他にはバッファローを飼う小屋が一つ。バンニ村はインドでもかなり貧しいジャールカンド州にあり、住民も3000人ほどしかいない。(1)鉱物が豊富にとれるので、国内の財閥がいくつか採掘事業を展開しているが、地元の農業開発や収入やインフラはきわめて貧弱な状態だ。州の労働人口の4分の3が今も農業に従事しているというのに、農業は州の総経済産出に対して5分の1にも相当していない。(2)

ケニアとは対照的に、ここインドでは政府による貧困撲滅プログラムが数多く実施されていた。マハト家のような家族に貧困線を上回る暮らしを確保するための対策だ。一家は確かにその恩恵を受けているという。マハト家の主人が、わたしの取材に「Ｒ・マハト」とだけ名前を明かして説明したところによると、彼の子どものうち、就学年齢にある子は政府の給食費無料プログラムの対象だ。このプログラムはカロリー摂取量を増やすと同時に、毎年1億2000万人ほどの児童が学校に通い続ける後押しになっている。それから米、小麦、塩、砂糖といった生活必需品の配給もあり、特定の店でそうした品を格安で購入できる。インド政府はこの「公的配給制度（PDS）」を各地で幅広く展開している。

だが、家族一人ずつ、計6人分与えられるはずの配給は、現実には2人分しかない。「米10キロしか手に入らない」とR・マハトはこぼした。彼は農業やその他の労働で働いているが、家族が腹を空かせる日も多いという。「うちは2人じゃなくて6人だ、と10回は訂正したのに」。ほかにも、「マハトマ・ガンディー全国農村雇用保障計画」という名の大型イニシアチブにより、公共事業建設計画を通じて地域住民の賃金労働を確保する試みが進行しているのだが、マハト夫妻には縁がない。妊娠中または出産直後で困窮している女性を対象とした現金給付もあるが、赤ん坊をあやしながらわたしの質問に答えたR・マハトの妻は、そんな話は聞いたこともないと言った。

マハト家のような貧しい家族にとって現金給付の恩恵は大きいはずだし、インド政府にとってもメリットは大きいはずだ。その点に疑問の余地はないと言ってもいい。ところが、この国の貧困撲滅プログラムの多くは、対象である何百万という国民にうまく行き渡っていないのである。[3] 仕組みもたいてい逆進的で、最底辺の貧困層ではなく中間層の家族ばかりを支えている。政府はPDSの配給品である米を公正価格店《フェアプライス・ショップ》に卸しているが、この米が途中で横流しされることも多い。公共事業計画で雇用された労働者に正当な賃金が支払われなかったり、地元職員が各種給付金に勝手な手数料を課したり、実際にはしていない仕事を「した」と記録させたり、とにかく無駄と不正と乱用と汚職で莫大な金額が失われている。経費ばかりを莫大に発生させ、貧困層の犠牲のもとで役人がおいしい汁を吸っている場合もある。インド政府による貧困対策は、役所の連携がまったくとれておらず、ジョンズ・ホプキンス大学の政治科学者スティーブン・テレズによる絶妙な造語で言うところの「ツギ当て行政 kludgeocracy」にすぎないのだ。[4]

こうした状況を鑑み、インドの経済学者や政治家や官僚は数十年前から、こまごまとした補助プログラムの乱造をやめて現金を支給するか、その他のもっとシンプルな給付制度を設けるべきだと国に訴え続けてきた。[5] そうして実際に導入された制度の一つが「アーダール Aadhaar」だ。生体認証付き個人識別番号をクラウドベースで管理するシステムで、５年ほど前から都市デリーで国内の成人および子どものほぼ全員の登録を進めている。アーダールはヒンディ語で「基盤」という意味だ。この個人識別番号制度と貧困撲滅プログラムの紐づけはすでに始まっている。乱用や不正を防ぎ、貧困層を的確に特定して支援を届けるのが狙いだ。また、品物を格安購入する権利を割り当てるのではなく、アーダールを通じて貧困層の個人に現金を給付する試みも始まっている。

インド政府の経済主任顧問アルビンド・スブラマニアンは、こうした試みの自然な到着点はＵＢＩだと考えている。ＵＢＩは包括的かつ理想的なシステムになるという見解だ。[6] スブラマニアンの考えによると、政府がＵＢＩを導入して仮に年間７６２０ルピー（およそ１００ドル）を給付するとしたら、この国の絶対的貧困率が現状の22％から１％未満へと下がる。世界の最も苦しい貧困層の３人に１人が自国民で、スラムと農家の生活状況の劣悪さが世界に知られ、政策の非効率と汚職でも際立つと評価されている国家が、希望の星としてのＵＢＩを導入すれば、貧困一掃が実現することになる。ツギ当て行政がテクノロジー主導型の政治（テクノクラシー）となり、貧困問題は解消される。シリコンバレーのＩＴ企業家、ワシントンの進歩主義者、ヨーロッパの緑の党などがＵＢＩを熱狂的に支持しているが、このインドでの可能性のほうがはるかに革新的な応用であるようにわたしには思えた。効率がよく、効果が大きく、人々にとってのエンパワメントになり、しかも選別や判定を伴わない現金給付プログラムを、一介の慈善団体ではなく国家全体の貧困対策として実施することになるからだ。

猛烈な世界的経済成長のおかげで、インドでも、世界各国でも、貧困撲滅は実のところ目覚ましく進行している。世界銀行のレポートによると、極貧生活をする人の割合は２０１６年の時点で約10人に１人になっていた。[7] １９９０年は３人に１人だったので、10億人以上が極度の貧困線から浮上したという意味だ。国連が採択した「ミレニアム開発目標」の一つとして極貧層の半減が掲げられていたが、その野心的な目標を想定より５年前倒しで達成したことになる。世界銀行の予測では、極度の貧困は２０３０年までに事実上根絶される。グローバリゼーション、工業化、貿易、平和、外国投資、技術進歩、国際協力、そして経済成長を推進する政府政策が実を結んでいくと考えられている。

だが、世界銀行の尺度で測る極度の貧困が終わりを迎えたとしても、それで世界の貧困が根絶されるわけではないし、貧しさのせいで選択肢や自由や自己決定権や健康や社会的インクルージョンが欠如する状況が消えるわけでもない。そもそも「極度の貧困線」とは、本当に著しく低いラインのことを言っているのだ。わずかなコーンミール粥や米、数個の果物や野菜、数さじの油や砂糖、多少の蛋白源、ひとつかみのナッツを日常的に入手する余裕がなく、交通、住居、教育、医療などに払うお金にも事欠く……それほどの生活水準を下回る場合を指して「極度の貧困」と研究者らは位置づけている。[8] 極度の貧困生活にある人は、収入増加の努力を支える資産、たとえば自転車の一台も持たない場合が多く、わずかな収入のうち半分から４分の３程度が食費で消えている。貧困線の基準は開発機構によっても違うし、時代によっても違うし、各国政府も独自の基準を使うことが多いのだが、少なくとも世界銀行が定めた「１日２ドルで暮らす」という線引きはほとんど意味をもたないのだ。１日２ドルに近い生活も、１日２ドル以下の貧困も、実質的にはほぼ変わらない。

さらに言うと、インドの例でもわかるように、世界経済の堅調な成長と、極度の貧困率の改善は、必ずしも人々にとっての生活水準向上とイコールではない。開発経済学者のジャン・ドレーズとアマルティア・センは、共著書『開発なき成長の限界』において、インドとバングラデシュの比較でこの点を指摘した。それによると、インドの一人当たりの実質所得は１９９０年の時点でバングラデシュより60％高く、２０１１年の時点では2倍も差をつけていた。しかし、同時期にバングラデシュは、出生率、学業に関する指標、小児死亡率、平均寿命など、さまざまな開発指標においてインドを追い越している。「インドは他の南アジア諸国に比べて一人あたり所得の伸びが著しいのに、（パキスタンを除く）すべての南アジアの国々に対して社会指標の多くで後れを取っている」と、2人の著書では述べている。[9] つまりＧＤＰや平均所得がすべてではないということだ。

貧困を撲滅し、手ごたえのある発展を実現していくために――言い換えれば、世界的な経済成長の恩恵が世界の最も貧しい人々に確実に届くようにするために、ＵＢＩは幅広い切り札として機能するのではないか。インドの例が答えになるとは断言できないが、インドという国がその可能性を追求しうる絶好の土地であることは間違いないし、ＵＢＩが貧困対策としてシンプルであり、それゆえに自然と効果も高くなるのだという主張の裏付けを探すにあたり、やはりインドほど適した土地はない。福祉の仕組みをシンプルで効果的にしようとするインドの取り組みを観察し、アーダールと現金給付制度がＵＢＩに相当するものとして機能しているかどうか見極めるべく、わたしはこの地に足を運んだ。西端のグジャラート州では地元官僚の視察旅行に参加し、東端のジャールカンド州では開発経済学者ジャン・ドレーズの調査団に加わった。ドレーズの調査団は、インド政府の大きすぎる野望や、ＵＢＩというとても古く、とても新しい構想のもっともらしい約束に懐疑心を抱きつつ、フィールドワークを実施していた。

＊

支援グループやＮＧＯによる現金給付プログラムの実施・拡大が迅速には進まない一方で、世界の低所得・中所得国家では、むしろ急速に国家対策が進んでいる。現在では推定130カ国が何らかの形で国民に現金を給付している。[10] 条件付きまたは無条件の給付制度、年金制度、その他のスキームなど、バラエティの幅広さは目が回るほどだ。

社会科学者のジョセフ・ハンロンらは、貧困対策としての現金給付プログラムを考察した共著書に『南半球の発展途上国からの革命』という副題を掲げたが、もはや革命と呼ぶにはふさわしくないほどの広がりだ。[11] 皮切りは1990年代にブラジルとメキシコが始めた試験的スキームだった。いくつかの条件で選別した低所得世帯に現金を支給する試みである。期待できる成果が見られたため、2国はすぐにパイロット版を大規模に拡大した。このモデルがラテンアメリカ、アジア、アフリカの諸国で採用され始めたというわけだ。ブラジルのプログラム「ボルサ・ファミリア」は、子どもを通学させ定期的に健康診断を受けさせることを条件として、今では数百万人に給付を行なっている。メキシコでは「プロスペラ」という名称で、教育と公共衛生に関する同様の努力を求めるのと引き換えに、4世帯に1つに現金を支給している。

もちろん現金が万能薬ではない――慈善団体でも政府でも、現金だけですべてを解決できるわけではない。学校、裁判所、高速道路、電力網、清潔な飲用水、医療施設といった公共財の開発と置き換えられるものでもない。予防接種の徹底、女性に対する暴力の根絶など、開発における優先事項と入れ替わるものでもない。現金給付の効果は受給期間終了後も長期的に続く――と一部のプログラムの調査が示唆しているが、それが明確に確認されているわけでもない。[12] また、貧困撲滅だけでなく、国家の人的資源向上や経済成長活性化も含めた幅広い開発目標の中で、こうした反貧困プログラムがどれだけの貢献となるかも定かではない。用意された金額が満額で行くのであれば、貧困世帯の住居を修繕するボランティアに送金するより家族に直接お金を渡したほうがいいし、衣服や本を届けるより現金を渡したほうがいいのは明らかだ。一方で、政府が水力発電用ダムの建設にお金をかけたほうが効果が高い状況もあるのかもしれないが、その是非や時期の見極めは容易ではない。

それでも中所得国においては、政府の現金給付プログラムは確かに貧困対策として目覚ましい効果を出している。それが現在の議論でＵＢＩ推進の根拠となっていることも確かだ。メキシコはプロスペラ導入により乳幼児の貧血症発症率が激減し、貧困世帯の子どもの就学状況が改善し、数百万世帯が貧困線を脱することができた[13]。ブラジルのボルサ・ファミリアも同様で、世界銀行の経済学者によると、このプログラムのおかげでブラジルの極度の貧困率は半減し、天と地ほどにも広がっていた所得格差も縮小している[14]。適切に行なえば、現金は確かに効果を示すというわけだ。

その点インドはどうだろうか。現在、インドはＧＤＰのうち少なからぬ額を貧困対策に投じているが、現金給付のプログラムはごくわずかで、高い効果が出ている例も皆無に等しい。たとえばＰＤＳには毎年ＧＤＰのおよそ１％に相当するコストがかかっている。しかしインド政府がデリーで実施した広範囲な経済調査[15]によると、そのコストのうち国内で最も貧しい人々の生活支援に充当されているのは28％で、しかも貧困層の40％にしか行き渡っていないことが確認された。政府が貧困層のために分配する穀物は、毎年最大半分が行方不明になる。数十億ドルを投じているにもかかわらず、困窮した農村部の人々が政府のカロリー摂取目標を満たす結果にはつながっていないのだ[16]。

農村部雇用保障計画も各地で展開されているが、こちらの成果も似たり寄ったりである。同プログラムは開発経済学者ジャン・ドレーズの知的貢献もあって10年前に成立したもので、貧しい暮らしをする人々が少なくとも年に１００日間、高度な技能を要さない労働に従事できることを狙いとしている。近年でおよそ５０００万世帯を支援してきた。しかし、この支援の恩恵にあずかる世帯のうち40％は、最も貧しいとは言えない層だ[17]。また、プログラムの資金のうち20％がシステムから「漏れる」、要するにピンハネをされている。最近の調査で、雇用保障計画を活用する１４９９世帯を調べたところ、実際に存在し本当に当該の仕事に従ことがある。サルパンチの気分しだいだ[19]」

事している世帯は、たった半分だった。[18] 何らかの仕事に就けた人も、大半は、約束された給料よりも少ない額しか受け取っていなかった。MITの開発経済学者アビジット・バナジーは、インドのコミュニティリーダーを示す言葉「サルパンチ」を使って、「プログラムを担当するサルパンチが自分の村にいるかどうかで、恩恵を得られるかどうかが決まる」と述べた。「仕事は一時的だったり、給料が支払われなかったりすることもある。サルパンチの気分しだいだ[19]」

さらに大きな問題として、インド政府は貧しい人々とそうでない人々を的確に区別できておらず、それが貧困層に対する支援能力の足を引っ張る形となっている。カリフォルニア大学バークレー校の経済学者プラナブ・バルダンは、「確定申告などのメカニズムを通じて貧困層を特定できる国家ならば、現金給付を条件付きで行なったほうがよいのか、無条件で行なったほうがよいのか検討できる」と指摘した。[20]「しかしインドの場合、貧困層の特定方法そのものに批判もあり、不正や複雑さの問題が指摘されている」。バルダンの説明によると、ある調査では貧困層の半分を特定できておらず、反対に貧困層でない人々の3割近くを貧困層と分類していた。「13億の人口を有する国で、このズレは実に大きい」とバルダンは言う。「政治的腐敗のせいでプロセスが破綻しているのだ」

驚いたことに、インド政府経済主任顧問のスブラマニアンも、この見解におおむね同意していた。彼は現状の福祉制度を善意ではあるものの多くの面で非効率的だと語った。UBIのような仕組みなら、こうした問題の多くが解消されるだろう、とスブラマニアンは考えている。より多くの貧困層に到達し、配分を標準化して、29の州と7つの連邦直轄領に見られる能力や腐敗の差を均すことができるだろう。不正も減少し、より低コストかつ容易に運営できるだろう。仲介者の数も少なくなるし、累進的な制度にすることができる。「たとえば、おそらくインドで2番目に貧しいビハール州では、雇用保障計画は事実上機能していない」とスブラマニアンは説明した。「UBIの長所は、銀行口座に振り込むだけなので、あいだの厄介な役所手続きを回避できることだ。ピンハネや汚職はそうした場面で発生している」

さらに、この国が貧困対策に現状でどれだけの金額を注いでいるか――そしてこの国における貧しさの程度はどれくらいであるか――を鑑みると、ＵＢＩに対する拠出を確保するのは決して無謀な壁ではないと考えられる。食糧、肥料、燃料、列車や飛行機を使う移動の費用補助、家庭で料理に使う燃料としてのガスボンベの支給、その他の公的融資など、ちりぢりになっている現在の補助制度を撤廃または削減し、農村部雇用保障計画も打ち切りにすれば、それだけで年間に数十億ドルが浮く。車やエアコンを所有する国民、銀行の預金高が多い国民を給付対象から除外すれば、さらにコストを下げられるだろう。それでも足りない分は、増税と、税法改正によって工面できそうだ。経済学者のバルダンが断言している。「インドの税収のＧＤＰ比はほぼ横ばいだ。アメリカにはキャピタルゲイン課税があるが、インドは長期キャピタルゲイン課税がない。アメリカでは農業収入に対する課税があるが、インドでは農業収入は課税対象となっていない。やろうと思えばＧＤＰの10％動員は可能だ」

＊

スブラマニアンの見るところによると、この国をＵＢＩまたはＵＢＩに近い現金給付制度へと移行させるにあたり、「ファーストワンマイル」の課題は貧困層の特定、そして「ラストワンマイル」の課題は彼らと政府とを結びつけることだ。[21]「ＪＡＭトリニティ」と呼ばれる三つ鼎の仕組みが、政府の課題解決の一助になると考えられている。

ＪＡＭのＡはアーダールを指す。第17代インド首相マンモハン・シン内閣でスタートし、第18代ナレンドラ・モディ内閣が熱心に推進した同システムでは、国民一人ひとりに社会保障番号に似た個人識別番号を付与し、コルカタのくず拾いから、ムンバイの富豪に至るまで、全員をデリーの管理機関に結びつける。実現に貢献したインドのＩＴ富豪ナンダン・ニレカニは『ニューヨーク・タイムズ』紙の取材に応えて、「われわれが作ろうとしているものは、道路と同じくらい大切なものだ」と語った[22]。「国民一人ひとりを国家とつなげるという意味で、まさに道路だといえる」。インド政府はこのシステムに文字どおり国民全員を登録させる腹積もりだ。２０１７年半ばの時点で、成人の99%以上がアーダールに登録を済ませ、10億件以上の個人識別番号が発行されている。

アーダール番号の付与を受けるにあたっては、役所や公共機関で目の虹彩と指紋のスキャンを受ける。そして自分が属しているカーストと、既婚・未婚の区別、年齢などを登録する。その後は虹彩と指紋で自分の給付金にアクセス可能になるという仕組みだ。元世界銀行チーフ・エコノミストのポール・ローマーは「ブルームバーグ」で「インドのシステムはこれまで見た中で最も洗練されている」と述べていた。「金銭取引にかかわるあらゆるやりとりの基盤になる[23]」

ＪＡＭのＪはジャン・ダンを指す。モディ政権が推進した、貧困層への銀行サービス普及政策の名称だ。モディ首相は２０１４年の同政策開始に際し、「貧困層を、金銭的な不可触性の状態から引き上げなければならない」と語った[24]（ジャン・ダンのキャッチコピー「khata, bhagya vidhata」は、ヒンディ語で「わたしの口座で、わたしの運命を作る」というような意味だ）。貯金、送金、年金、信用取引といった機能を誰でも利用できるよう、すでに数百万人にアーダールと紐づいた低コストの銀行口座を開設させることに成功している。それでも数億人のインド国民がいまだに銀行口座をもたない。住宅や自動車のような高額商品を含め、消費者とビジネスの決済は今も80%近くが現金払いだ[25]。

最後にＪＡＭのＭはモバイルを指している。世界銀行の推算によると、アメリカでは成人10万人当たり１６５台のＡＴＭがあるが、インドではたった20台だ[26]。大勢が銀行を利用するために長距離を歩いていかなければならない。銀行セクターと正式な接点をもったことのない成人も何千万と存在している。スブラマニアンは「金融面でのインクルージョンを、この国で最も辺境に住む者、最も貧しい者に届くまで拡大するには、モバイルネットワーク経由の決済を支える銀行システムを発達させなければならない」と述べていた。(27)「電話のなかったインドで一気に携帯電話が浸透したように、この国は銀行なし社会《バンクレス》からキャッシュレス社会へと一足飛びに進化できるはずだ」。ただし、ケニアのエムペサのようなモバイルマネーシステムは、インドでは今のところ一切存在していない。

アーダールを拡大し、既存の主な貧困撲滅プログラムと紐づけるという取り組みが、前述のファーストマイルとラストマイルの課題に対する解決策として始まっている。現在では、公正価格店で米や小麦を割引で購入するにあたっても、アーダールへの登録を済ませ、店のスキャナーで虹彩や指紋の確認を受ける。雇用保障計画で働いた給料を受け取る際も同様の手続きを踏み、さらに給料はアーダールと紐づいた銀行口座へ送金される。また、デリーでは、燃料補助の受給資格のある家庭に、ガスボンベの配布ではなく現金が与えられるようになった——これをきっかけに、多くの現物支給制度が直接的な現金給付に転換していくことをスブラマニアンは期待しているという。「そういうインフラを構築したい。仕組みが整えば、ラストマイル問題は克服可能だと確信できるだろう」と、彼はわたしに語った。「現金給付のスケールを広げていけば、だんだんとＵＢＩに近づくはずだ」

＊

ワシントンから見ているときは、諸問題を解決するであろうＵＢＩの有望性に胸が高まる思いだった。現状のシステムがこれほど非効率的であることを思えば、インドのような国ではシンプルに国民にお金を渡すほうが明らかに優れた手段ではないだろうか。アーダールがそうした給付の道になるのではないだろうか。インドで実現するなら、アメリカのような国でも実現できないわけがない……。だが、実際にインドに赴いて政府高官や経済学者と議論をし、村人や政治家たちと会話を重ねるにつれ、UBIのポテンシャルについて理解が深まると同時に、具体的な導入の難しさも実感せざるをえなかった。シンプルさと全員一律という原則は悪くない。しかし、その原則を追求するにあたり、必ずしもUBIが最善または唯一の道となるわけではないらしい。

インド西端の裕福な州グジャラートで、わたしはランジットナガルという村を訪ねた。村の公正価格店で、白地に赤い花模様のサリーをまとう寡黙な女性が買い物をするのを目にした。彼女の名前はバリア・ディーリベン。50歳だという。割り当てられた米、砂糖、塩を受け取るため、本人確認として、アーダールの指紋リーダーに親指を押し当てる。ところが機械はうまく作動しなかった。店員がコンピューターの画面をあれこれ操作して、もう一度認証を試みる。2回連続でサーバーエラーが返ってきたのを見て、店員は銀行側に問題があると説明した。白人のジャーナリストが見学に来たタイミングでそんなトラブルが起きたことに苛立っているのがありありとわかる。結局バリア・ディーリベンには、あとでまた来てほしいと頼んでいた。彼女は一言も発さずにその場を離れた。

インドの社会科学者が実施した予備調査でも、こうした問題がめずらしくないことは確認されている。以前のPDSシステムは紙の受給証と書類、店員と客の個人的つながりなどで成り立っており、面倒な記入作業もほとんどなかった。しかし今では、決済をするために店舗に安定したネット回線と電気が通っていなければならない。インド農村部、特に最も貧しい辺境の地域では整いにくい条件だ。オンライン決済が機能していても、本人認証が不一致となることが多く、地球上で最も貧しい家族が必要とするカロリー摂取を阻んでいる。

もっと深刻な問題もあった。インド半島を挟んだ東側、バングラデシュに近いジャールカンド州で、わたしはアーダールと貧困とセーフティネットについて現地調査を行なう開発経済学者ジャン・ドレーズのチームに加わった。この章の冒頭で紹介したバンニという村では、小学校のポーチに寝泊まりし、花嫁の父の陽気な要請に応えて現地の見合い結婚式に参列したりしながら、政府支援の現状について村人たちの話を聞いた。アベイ・クマール・ナグという名前の農民は、アーダールとつながったシステムを使うときの困りごとについて、「親指をね、何度も、何度も、何度も押さなきゃいけないんだよ」と語り、両手をあげてわたしに見せた。手と指が腫れあがり節くれだっているせいで、指紋リーダーに認識されにくいのだ――過酷な肉体労働に従事していると避けがたい問題である。また、昔は友達や家族に自分の受給証を送って配給を受け取ってもらうことができたのに、それができなくなった点についても、ナグは文句を言っていた。店員は村の住民全員の顔と名前を知っているにもかかわらず、本人が行かなければ認めてもらえないのだ。

実際のところ、本人が公正価格店まで足を運ばなければならないというアーダールの制約は、かなり大きな不満のタネだった。インドでは何百万という人々が「循環移民」と呼ばれる働き方をしている。季節に応じて耕作地から耕作地へ、あるいは町から町へ働く場所を移り歩き、それからまた家族のもとへ戻ってくる出稼ぎ労働のことだ。アーダールで品物を受け取るにあたっては、利用する一店舗を決めて登録するので、他人がかわりに穀物を受け取りに行くことができないし、本人がその地にいなければ誰も配給を受け取れない。生活様式の変更で穀物が受け取れなくなるのは循環移民だけではない。「女が結婚して村を出るときが困るんですよ」と、わたしがバンニ村のはずれで出会ったラム・シャンカル・ハルダーという男性が語っていた。「配給はその子の身分証とつながってるわけだからね」。そして身分証は特定の店とつながっている、だから引っ越すと利用できなくなってしまうのだ。

グジャラート州当局の職員として、アーダールとＰＤＳの連携構築に携わるサンギータ・シンは、こうした問題を認識している。州都ガンディーナガルのオフィスに土曜も出勤する彼女は、政府による早期解決を期待すると述べ、「(アーダールで）はるかにうまく合致するようになったんですから、次に取り組むべきステップはこれらの問題というわけです」と語った。「移動にも対応できるようにしなくてはなりません」。だが、わたしがジャールカンド州を訪ねていたあいだ、実際にそうした改善が進んでいるという話は聞かなかった。

アーダールに登録し、そのアーダールとPDSが結びついたことで、穀物や燃料など必需品に対する補助をただ失うだけの結果となった家族も少なくないらしい。マハト一家もそうだった。マハト家の近所に住む別の女性も、調理用のガスボンベが空になっている様子を見せてくれた。燃料費の送金を待ちきれず、ボンベを定価で買いに行ったという。「もうすぐだから、もうすぐ来るから、ってそればっかり」と、その女性は言っていた。「全然来やしない」

一方で、アーダールとPDSの連携を肯定的に評価する声もあった。グジャラート州の集落ジャスパーで公正価格店を営むアムルトバイ・パラジャパティという男性は、「もう全部キャッシュレスだよ」と語り、ここ1カ月の取引記録を印刷したものを見せてくれた。「付けで売る必要もなくなったね」。彼の店ではお客が列を作っていた。ここで食料を買い、電気代や保険料を支払い、バスのチケットを予約し、携帯電話や衛星放送テレビのチャージをする――すべてアーダールとつながった銀行口座から引き落とされる仕組みだ。

店先に置かれたプラスチックの椅子に、農業を営むババブハイ・パテルという62歳の男性が座っていた。彼が見せてくれたスタンプ帳には、政府による燃料費補助の受給資格を示すスタンプが押されている。「昔は、ガスボンベ1本が手に入るまで45日くらいかかっていたよ。全然来ないこともあった」。地元機関の担当者がガスボンベを配るのだが、配達の途中で、より高い値段を申し出た誰かに勝手に売ってしまうことがあるのだ。正式に苦情を申し立てるには最寄りの町まで出向く必要があり、決着がつくまで家族は薪で火をおこしたり、乾燥させた牛の糞を燃料にしたりして調理しなければならない。そうした調理について、パテルは「窒息するよ」と表現していた。「肺も、目も、家も、煙だらけになっちまう」。煤が壁一面にへばりつくので、毎年塗り替えをしなければならない。家族の食も進まない。だが今ではガスボンベをさっさと入手できるようになったし、お金もすぐに手元に来る。チャパティを食べるにも先に煤を吹き払う必要はなくなった。

さらに、アーダール・システムへの移行を機に不正をやめた公正価格店が、少なくとも一軒はあった。わたしにそれを打ち明けた店主の話によると、新システムでは正確な帳簿をつけなければならないため、政府が割り当てる穀物からこっそりピンハネをするのをやめることにしたのだ。「闇市場で売るために抜いてたわけじゃないんだよ」と、その店主、プラジバイー・ガンシャンバイー・パテルは弁解した。お客に分け与えたり、自分が食べたりするために抜いていたのだという。新しい制度が導入されたおかげで、彼と同じ村に住む人々は、前よりも重い穀物の袋を——正しい重量の袋を——受け取るようになった。

システム導入で何も変わらないという報告もある。アーダールと配給メカニズムが紐づいたことで、誰に何が配られるかという点が変化するわけではないからだ。遠隔の村ガディでわたしが取材したランジャベン・パルマルという女性は、あざやかなピンク色のサリーをまとい、自宅のポーチに腰を下ろして、銀行口座の明細をわたしに見せてくれた。農作業で生計を立てている彼女の口座残高は544ルピー。およそ8・50ドルだ。政府の補助により自宅にトイレを作り、自転車も1台手に入れることができた。だが自分がどんな給付の対象になっているか、本人が説明することはできなかった。わたしはいくつか給付制度を挙げたが、その多くを彼女は聞いたこともないと言った。アーダールになっても何も変わってない、と彼女は話していた。

わたしが彼女に話を聞いているのを見て、隣人女性も自分の住まいを案内してくれた。間取りは2部屋。冷蔵庫を自慢し、一人息子に花嫁候補を2人見つけた経緯を熱心に語る彼女は、夫と15年前に死別しているのだが、寡婦手当は一度も受け取ったことがない。両手のひらを天に向け、「どうなってるのか、さっぱりわかりません」と言った。

ジャールカンド州では、スバーシュ・ゴライという農民が、わたしと話をするため立ち止まってくれた。システム変更の前年に彼が手に入れていた塩は何かの着色料で青くなっていた。あまりに質が悪いので、家畜すら敬遠したほどだという。アーダールは導入されても、こうした問題は残る。農村部雇用保障計画にもいろいろと問題はある。技術が進歩し、機械で迅速に水路を掘ることもできるので、公共事業計画における人間の労働の需要が縮小しているからだ。一部の農民は生産高が増えていたが、既存の収入源を奪われた者もいるというわけだった。

現金給付ではない仕組みで奏功しているプログラムもある。グジャラート州とジャールカンド州の給食提供プログラムは明らかに成功で、子どもらに栄養価が高くカロリーコントロールされた昼食を食べさせることができていた。もともとのPDSシステムと農村部雇用保障計画のほうを好む人々も多く、現金給付への移行を望まない声もあった。今のやり方なら理解しているし、それで効果は出ている。だったらなぜ、使い勝手の悪い新システムに変更する必要があるのだろう?

＊

インドの制度改革はまだ実験段階であり、開始から日も浅いため、効果のほどは不透明だ。受給資格の情報が行き渡らず、また世帯の貧困度があまりに深刻であるせいで、本格稼働に至るには問題が多すぎる。オミダイア・ネットワークの投資パートナーで、バンガロール在住のC・V・マドゥカルは「推進派と反対派の双方にデータが足りない」と指摘している。(28)「マスコミは新制度に反対する説得力あるエピソードを見つけてくる。給付をもらえていないラジャスタン州の老女の話とか。すると政府のほうも、恩恵にあずかっている女性の話など、推進すべき説得力のあるエピソードを持ち出してくる。どちらかが嘘だと言いたいわけではない。だが、確固たるデータがあまりにも足りない」

アーダールの新制度が何を約束するにせよ、現時点での効果がどのようなものであるにせよ、貧困撲滅プログラムを個人識別番号と紐づけるだけでは不充分という点は間違いないようだった。開発経済学者ドレーズの共同研究者で、プライバシーの観点からアーダールを批判している経済学者リーティカ・ケラは、「導入時の計画では、国民の福祉を充実させ行き渡らせる仕組みになるはずでした。政府の取り組みで国民全員をカバーするのだから、と」と、わたしの取材に応えて語った。「でも、この仕組みにそんな役割はありません。そもそも原理として、個人識別番号の付与によって給付が保証されるわけではないのです。各プログラムの受給基準を満たし、それを証明する必要があります[29]」

それだけではない。既存の福祉プログラムを現金給付に転換するにあたり、その過程で取りこぼされ取り残される国民が確実に生じる。最も支援を必要としている人々ほど犠牲となりやすいようにわたしには感じられた。指紋が読み取れなくなるまで手を酷使して働いている農民。自分に何の受給資格があるのか知りもしない女性。ＡＴＭの活用どころか場所の知識さえない老夫婦……。アーダールと連動した現金給付なら、役人が甘い汁を吸ったり、さほど支援を必要としない中所得世帯にお金が流れたりすることは少なくなるかもしれないが、同時に低所得世帯の一部で今もらえているお金が失われるのではないか――ゆくゆくは正常に機能すると政府は主張するのだろうが、結局のところ政治的に不可能な試みではないかという疑念もぬぐえない。開発経済学者アビジット・バナジーは、原則としてはインドのＵＢＩを強く支持しつつも、こう語っていた。「たとえば水道や電気に関する既存の助成制度を撤廃するのは、政治的な地雷を踏むようなものだ。現在の制度で得をしている中間層が政治的な発言力をもっているのだから」。また、世界で最も貧しい人々がとりあえず現状の支援制度を理解し、信頼しているというのに、それを奪ってよくわからないイニシアチブを押し付けることによって、彼らがまた別の不正や失敗の犠牲となるかもしれず、それはつまり彼らの生活を破壊するという意味にもなりかねない。ドレーズとケラの研究では、アーダールがもたらす負担を考察し、アーダール連動型給付制度は「痛みばかりで得るものがない」と解釈している。[30] 不正や、適切に行き渡らないことや、ネット接続の不良といった問題が解消されない限り、結局はその地域の家族が恩恵からはじかれることになるからだ。

ドレーズは、システムの整理や改編というどさくさに紛れて福祉が打ち切られる可能性も指摘していた。それに、国民の情報を登録させ銀行と紐づけることによって、今や政府は少数民族と政治活動家と一般国民の待遇を区別する力も得たとも考えられる。バンニ村に視察に向かう車の中で、彼は「アーダールがどう人々を助けるのか、わたしにはわからない」と語った。「現金プログラムを増やしたいなら、現金プログラムを増やせばいいはずだ」。育児中の女性を対象とした助成金など、周知されていない既存の優れた現金給付プログラムの拡大と、それに対する資金の投入から始めるのが妥当だろう、というのがドレーズの見解だ。

全員一律、シンプル、無条件という原則はパワフルだ。インドでもケニアでもその点は疑うべくもなかった。だがそれらを満たすにあたって、ＵＢＩが最善もしくは唯一の道であるとは必ずしも断言しがたい。農村部雇用保障計画を改善し、地域で差が出ないようきちんと機能させ、高齢者年金や育児給付金のシステムを周知し登録させ、既存の現物支給制度を現金支給に転換する――そのほうが、バンニの村人のような人々にとってはよっぽどシンプルで、よっぽど即効性のあるソリューションではないだろうか。政府の具体的な手法がどうなるにせよ、とにかく極度に貧しい人々に与えるリソースを増やすことが必須かつ急務の優先事項ではないだろうか。

この理屈はアメリカにも当てはまるのではないか、とわたしは考えた。

6　崖っぷちにしがみつく暮らし――福祉政策とUBI

わたしがサンディ・J・ビショップに会ったのは、メイン州の長い冬がようやく明けようか明けまいかという、寒々しくどんよりした日のこと。彼女はその時点で、ポートランドのダウンタウンにある保護施設、オックスフォード・ストリート・シェルターに身を寄せて247日目だった。

貧困層のための無料食堂《スープキッチン》で、わたしは彼女の話を聞いた。金属製のテーブルにヨーグルト1カップとフルーツ少々が出ているが、これは今ここで食べずにあとに取っておきたいのだという。今のような貧困とホームレス生活への転落は2006年に始まったのかもしれない、とビショップは語った。彼女はその年に離婚し、メイン州ウォーターービルの沿岸にある小さな町で、仕事もなく、充分な社会的支援も得られない状態に陥った。地域全体の経済が落ち込んでいた。地元の製紙工場が閉鎖した痛手が大きく、レストランもアパート経営もガソリンスタンドも急に収入が途絶えていたのだ。「仕事なんか全然なかった」とビショップは言う。「繁華街もまるでゴーストタウンみたいだったよ」。車を持たない彼女は、州都オーガスタなど別の街まで働きに行くこともできない。幼い娘を育てながら、フードスタンプと福祉給付〔アメリカで「福祉 welfare」と言えば、狭義では貧困家族一時扶助（TANF）を指す。本章と第7章で詳しく述べる〕でなんとか食いつないでいたが、2012年に娘が大学に入り親元を離れたことで、それまで得られていた支援が打ち切りになった。

自分も大学に行こう、教養をつけて稼げるようになるのが一番いいに違いない。そう思ったビショップは、メイン州が福祉受給者に提供している評判のいい学費支援制度「アスパイア」を利用して、コミュニティカレッジに通うことにした。だが健康上の理由で通学困難となる。住宅補助も失い、車の購入・維持費もないので、田園地帯が広大に広がるメイン州での移動手段の確保にも苦しんだ。

それでも亡き父からささやかな遺産が入ったので、なんとかしばらくは夜間学校に通った。「夜間大学に行けるようにがんばり続ければよかったんだけどね――そこなら支援グループがあったから」とビショップは言う。「でも、やっぱり移動手段がないせいで、通学自体が難しくて。時間がかかって仕方なかったんだよ」

リーマンショック以降の景気低迷と、ティーパーティ運動から支持を受けたメイン州知事による社会支出削減で、ビショップはセーフティネットの網の目からこぼれ、底辺へと転落していった。その後の展開は二転三転の負のループだ。SNAPの受給資格は得たが、失効し、住宅補助も得たが、失効し、医療保険を得たが、失効し、ケースワーカーの担当者がついたが、それも失った。その間ずっと、関節炎、線維筋痛、ぜんそく、糖尿病、注意欠陥障害など、さまざまな健康問題にも苦しみ続けた。障害者と認定されればメイン州のメディケイド・プログラム「メインケア」の対象となるが、認定が下りないため必要な処方薬を手に入れるのも難しく、つねにどこかしら痛みを抱えていた。

社会的支援を受けるための登録作業はまるでカフカの不条理小説のようだった。ビショップにはコンピュータ―のスキルがあり、粘り強さがあり、ケースワーカーの助力も得られたにもかかわらず、受給資格の取得には手を焼かされた。「オーガスタまで行ったり来たりでだいぶ時間を使わされたよ。とにかくすごく複雑でね！　書類の記入もれとか、正しい番号に電話してないとか、そんな理由で3回か4回もフードスタンプが失効しちゃう。あたしがするべきことは全部やってたのに」

２０１６年の春頃にはようやく風向きが変わり始めた。就職の内定がとれ、ケースワーカーが障害年金と医療保険の取得に手を貸してくれることになった。「あとはどこか住まわせてくれるところが必要なだけだった。さもなきゃ、もう1カ月だけ家賃が払えてたら、住宅補助が間に合ってたかもしれない」とビショップは語る。「仕事ももらえるはずだった。保険にも入れるはずだった。本当にもう少しだったんだけどね」見込みはどれも叶わなかった。5月におばの遺産が少額ながら一括で入る予定だったが、それが来ないまま、6月には家賃に払える貯金が尽きた。延泊という形でつなごうとしたが、結局7月24日に追い出されてしまう。遺産は8月12日に振り込まれた。

強制退去をやらかし、頭金も信用履歴もない彼女に、部屋を貸す大家はいなかった。こうしてビショップはホームレスとなり、ポートランドのシェルターに流れ着いたというわけだ。そのせいでオーガスタで確保していた内定は取り消された。彼女がはまりこんだ極度の貧困は、さまざまな面で人の身動きをとれなくする。「いったんホームレスになったら、もう何もかもダメになっちゃう」と本人は言っていた。「就職の応募もできない。アパートの申し込みもできない。ないない尽くしってわけ」

彼女は毎朝、私物のすべてを抱えてシェルターを出る。荷物を預けるスペースはないし、シェルター利用者は日中に施設内にとどまれない規則だからだ。手押しカートにかばんを積み上げて、肩にも複数のハンドバッグをひっかけ、首にスカーフを3枚巻いて、杖2本も持ち運ぶ。たいていは無料食堂で食事をして、それから公共図書館に行くか、テーブルとトイレを使わせてもらえるデイケアセンターに行く（メイン州ではヘロインや医療用麻薬の乱用が蔓延しているため、トイレのドアは下が数インチほど切り取られており、中でクスリをやる薬物患者がいないか確認できるようになっている。当然、「いる」という事態はしょっちゅう起きる）。財布を盗まれたので今の彼女には身分証明書がない。携帯電話は持っているが、料金は払えていない。ホームレスになったので、出生証明書〔戸籍謄本と同じ役割〕も二度にわたり書き換えをしなければならなかった。

この時点でビショップの収入は完全にゼロだった。稼ぎもないし、福祉給付や勤労所得税額控除やメディケイドのような政府プログラムによる収入もない。世界のどこに住んでいるとしても世界銀行に貧困と認定されるレベルだが、彼女が貧しさにあえぎつつ暮らしているのはアメリカなのだ。(1) そして、このアメリカではおよそ4000万人がこうした困窮生活を送り、子どものいる100万世帯以上が一人1日2ドル未満の暮らしをしている。(2) ブルッキングス研究所が調べた極度の貧困の「未処理の」評価によれば、アメリカでは、ロシアや、ヨルダン川西岸のパレスチナ自治区や、アルバニアや、さらにはタイと同じ、もしくはそれ以上の割合で、国民が極貧生活をしている。(3)「比較対象とした国々の多くは、アメリカの海外援助の対象である」と、同レポート執筆者らは冷ややかに指摘していた。

もちろん、生死にかかわるさまざまな要素を見る限り、アメリカにおける貧困は前述した国々の貧困ほど悲惨ではない。病院は来院した救急患者への対応を義務づけられているし、ケースワーカーもいるし、一時的障害保険（ＴＤＩ）、メディケア〔高齢・障害者向け医療保険〕、メディケイド〔低所得者・障害者向け医療費扶助〕、老齢・遺族・障害年金保険（ＯＡＳＤＩ）〔狭義の社会保障〕、貧困家族一時扶助制度（ＴＡＮＦ）〔狭義の福祉給付。日本でいう生活保護に近い〕、補助的栄養支援プログラム（ＳＮＡＰ）〔旧フードスタンプ。現在でも通称としてフードスタンプと呼ぶこともある〕、それから勤労所得税額控除（ＥＩＴＣ）などの給付型税額控除システムも敷かれている。慈善団体や非営利団体も活動している。子どもが学費無料で通える公立学校もある。それでも、貧困が恥辱や不名誉とされること、そして医療や住宅を含む基本的な物価が高いことを踏まえると、アメリカで極度の貧困になることは、むしろ発展途上国の貧困よりもみじめなことなのかもしれない――と、ノーベル賞受賞経済学者アンガス・ディートンは語っていた。「インドの貧しい村に住むか、アメリカのミシシッピ・デルタ地域に住むか、ミルウォーキー郊外のトレーラーパークの車で寝泊まりするか、選ばなければならないとしたら、どれがマシなのか判断しがたい(4)」

こうした状況が生じる理由は、アメリカのセーフティネットが巨大な穴の開いた設計になっているせいだ。

ビショップのような人々はその穴をすり抜けて網からこぼれ落ちる。そもそもセーフティネットは特定の生活条件で暮らす特定の人々を助け、彼らが特定の要求や必要性を満たすのを助ける制度だ。失業保険は、自分自身に非のない理由で働き口を失った人のため。女性・乳児・小児のためのプログラム、通称ＷＩＣは、赤ん坊に栄養を与えることが難しい若い母親のため。セクション８と呼ばれる住宅補助は、家賃を払えない低所得層のため。メディケイドは低所得層と障害をもつ人々のため。勤労所得税額控除は扶養児童のいる低賃金労働者のため。

身体が健康で、扶養児童のいない大人は、多くの州で何も手当がもらえないことになっている。住む家を失う、泥棒に遭う、何らかの依存症になる、地元経済が破綻する、パートナーから暴力を受ける、あるいは単純な不運によって極度の貧困にはまりこんだときには、まったくと言っていいほど支援が得られない。ケニアやインドなら、国自体が発展途上なのだから、そうした貧困が生じるのは悲しいが仕方ないと言えなくもない。しかしアメリカはそうではない。アメリカにおける政府の能力と、国民の裕福さ、そして他の高所得国家が国内で貧困撲滅に成功している例を鑑みると、この国がこういう状態なのは政治的選択の結果だ。アメリカは国民を貧困線から浮上させられないわけではない――浮上させようとしていないのである。ＵＢＩを検討する視点に立つと、今のアメリカの状態が選択の結果であることをはっきりと痛感する。政府による社会福祉は全員一律とすべきなのか、それとも受給資格を審査したうえで支給すべきなのか、という昔から見解の分かれる問題にもかかわってくる。ミーンズテスト（資力調査）で判定すれば、政府は厳密な意味での貧困層に焦点を絞れるのかもしれないが、そのミーンズテストによって多くの貧しい人々がはじかれることも事実だ。わたしがメイン州まで取材に行った目的は、こうしたトレードオフについて調べるためだった。ＵＢＩならカバーできるはずの人々、既存のセーフティネットからこぼれ落ちる人々について、実際に会って考えを深めてみたかった。

*

現代アメリカが採用している社会福祉制度は、エリザベス朝の頃のイギリスにそのルーツがある。16世紀後半の同国は、穀物の不作による飢饉、封建的公有地が私有農園へ転換したことによる失業、戦争に伴う困窮など、多数の経済的惨禍を抱えていた。[5] 何千もの人々が貧しい生活に苦しみ、食べるものに事欠き、街には職を探す若者たちがひしめいていた。社会不安の広がりが招くリスクを鑑みて、議会と国王は、教会ではなく国家が貧困対策の指揮を執ると決断する。そして一連の「救貧法」により各教区に増税および救済措置を行なわせたが、救済対象となるのは、その価値があると認定された者だけだった。[6]「救済に値する貧民」(高齢者、子ども、障害者)には、「院外救済」と呼ばれる、現金または食料という形での補助を与えた。「救済に値する失業者」(つまり求職中の者)には「院内救済」と呼ばれる、保護施設または救貧院への入居措置を与えた。[7] そして「救済に値しない貧民」には懲罰を与えた。物乞いは鞭打ちや投獄、ときには死刑に処し、浮浪者は頭を撃ち抜いた。[8]

救済に値する者と値しない者を区別するという冷酷な線引きは、元イギリス領であるこの国へも引き継がれた。そしてアメリカならではの根深い個人主義や、カルトじみた自助努力礼讃主義と結びついていく。1800年代には多くの州が燃料や食料や現金の支給を行なっていたが、その対象はもっぱら寡婦、子どもを抱えて困窮する女性、その他特別に理由のある人々に限定されていた。[9] しかし大恐慌の始まりを受けて、連邦政府主導で社会保険および公的扶助を与える機関が設立され、原資として新たな税金の徴収も始まる。大恐慌を征圧できなかった第31代大統領ハーバート・フーヴァーが選挙で敗退すると、第32代大統領となったフランクリン・D・ルーズベルトがニューディール政策を敷き、インフラ投資を積極的に行なうとともに、公共事業計画を立ち上げ、銀行セクター改革にも取り組んだ。1935年に成立させた社会保障法で各種

「高齢者手当」を提供したほか、要扶養児童家庭扶助（AFDC）というプログラムを立ち上げ、これがのちの福祉給付プログラム、すなわち貧困家族一時扶助制度（ＴＡＮＦ）となった。[10]

30年後には、公民権確立を追求する第36代大統領リンドン・ジョンソンが、「貧困との全面戦争」の一環として、この国のセーフティネットを大幅に拡大する措置に出た。１９６４年の一般教書演説の際、ジョンソンは両院合同会議の場で「多くのアメリカ人が希望のない暮らしをしている――ある者は貧困のせい、ある者は肌の色のせい、そして多くが両方のせいで」と語った。[11]「職をもたない若者の救済に今日１０００ドルを投じれば、その若者の生涯において4万ドル以上の投資効果ともなるだろう」。2党双方の賛同のもと、ジョンソン政権は老齢・遺族・障害年金保険を拡大し、フードスタンプとメディケアとメディケイドも作り出した。

その後は、職に就きながらも貧困生活を強いられている層、いわゆるワーキングプアの収入増加を目的とした救済措置が進歩した。第38代大統領ジェラルド・フォードは勤労所得税額控除を導入し、第40代ロナルド・レーガンが同制度を拡大。その後、第42代ビル・クリントンが、ニューディール時代に成立した福祉制度の改革に着手する。当初は寡婦とその扶養児童が対象だった福祉給付プログラムは、１９９０年代にはもっぱら若いシングルマザーに利用されるようになっていた。クリントンは「今のわれわれが知るところの福祉の終わり」を打ち出し、共和党の懲罰的すぎる改革案は2度却下したものの、最終的には１９９６年に福祉改革法に署名して、受給期間に上限を設けると共に、受給者には就労努力を義務づけた。[12]その後、第44代大統領バラク・オバマが彼の旗印となった医療保険制度改革のもと、一定のミーンズテストを伴いつつも、国民全員をカバーするという稀に見るプログラムの成立を試みるに至った。

実際問題として、こうしたシステムで貧困層は劇的に縮小した。[13]２０１５年には２６６０万人が老齢・遺族・障害年金保険によって貧困を脱している。[14]給付型の税額控除は９２０万人、ＳＮＡＰは４６０万人、困窮する高齢者と視覚その他の障害者を対象とした補足的保障所得（ＳＳＩ）は３３０万人、住宅補助は２５０万人に与えられていた。これらのインパクトは実に大きく、持続期間も長く、生活をがらりと変える力がある。ＳＮＡＰと勤労所得税額控除の導入で低出生体重児が減少したし、扶養児童のいる世帯を対象とした税控除で小学生・中学生の学業成績も向上している。

それでもアメリカの社会保障制度の待遇には差がある。高齢者、障害者、ワーキングプア、そして一部の子どもたちが手を差し伸べるに「値する」ことは否定しない。だが１９７０年代以降、失業者に対する支援は大きく目減りし、失業の痛手が致命的となりやすい世帯ほど数多く社会から脱落していった。実際のところ、現在のアメリカは１９７５年よりもセーフティネットに多額の金額を投じているのだが、最低所得レベルの一人親の世帯で比較すると、支援に充当される支出額は今のほうが3割強も少ない。この数字を算出したジョンズ・ホプキンス大学の経済学者ロバート・モフィットは、「政府は最も所得が少ない層に最も手厚いサポートを提供し、所得の多い層にはサポートを薄くしていると思うかもしれないが、実際にはそうではない」と指摘する。(15) 今の社会福祉制度には、極貧生活を送る成人のニーズに応えるプログラムがない。極貧問題に直接的かつ無条件に取り組むプログラムがない。

セーフティネットの穴は設計ミスではない。この網はこのように作られている。

＊

高級住宅地化の進むポートランドから、田園地帯が広がる東海岸側に至るまで、メイン州の各地をめぐりながらわたしが出会った人々――ブルーベリー農園で、ロブスター捕獲網の前で、食糧配給所で、シェルターで、グループホームで、非営利団体の事務所で――の多くが、貧困の罠の根深い有害性をありありと浮き上がらせていた。

たとえば、貧困対策プログラムが支給する現金が少額すぎて、受給者の生活水準改善にはまったく響いていない例もあった。ポートランドに拠点を置く人権団体「ホームレス・ボイス・フォー・ジャスティス」の会合に参加したとき、わたしはデボラ・マルヴィットという女性と話をした。明るい紫色の服を着た茶目っ気たっぷりの彼女は80歳代半ばで、ちょうどそのとき目の感染症を患っていた。長いことホームレスで、7月から女性専用のシェルターに住んでいるのだという。「社会保障でもらえる額は月１０４ドルよ」。それまでの人生の大半を自営業として暮らしてきたので、一般的な給付金額の受給資格がないのだ。

プログラムが複雑すぎて、困窮者がアクセスできないという例もあった。貧困対策に取り組む非営利団体「プレブル・ストリート」を取材したときのわたしは、アドボカシー・ディレクターを務めるジャン・ビンダス＝テニーに同行して、キャロリン・シルヴィウスという高齢女性を訪ねた。以前住んでいた家は、室内で喫煙したと大家にとがめられ退去となり、彼女はホームレスになった（喫煙はしていない、と本人は語っていた）。しばらくは実子の元に身を寄せていたが、それも負担が大きくなり、子どもたちの案で、シェルターに入ったほうがマシな社会的支援が受けられるのでは、ということになった。「すごく話しあいました。子ども2人とわたし、3人でね」とシルヴィウスは言う。「あの子たちが、「本物のホームレスにならないと、まともなサービスは受けられない」って言うんですよ。それだって、メイン州は身体の悪いおばあちゃんを長くシェルターに入れておいてくれたりしないんです」

シェルターを出て住むための場所を探し、尋常でなく細かい役所手続きをこなすのに、彼女は数カ月も苦戦した。この章の冒頭で紹介したビショップと同じだ。「「あなたがもらえるのはフードスタンプの月17ドル相当です」って言われました」。それしかもらえない理由を尋ねると、暖房費補助の申請をしていないから、という返事が返ってきた。シェルターに住んでいるのだから暖房費の申請をするわけがない。「家賃もないし、光熱費の請求もない暮らしだったんですよ」。しかも、ポートランドの社会保障事務所が繁華街から空港付近に移転したため、彼女のように貧困に苦しむ住民にとっては足を運ぶことすら不可能になった。この点は取材中に他でも何度か耳にした。

明らかに受給資格がある場合にも、書類上の要件を満たすのが著しく難しい点について、やはり何度か指摘があった。たとえば、オーランド市郊外に住むローリー・ケーンと、彼女が17年間連れ添っているパートナーのエドマンド・オズボーンに取材したときのこと。ケーンは重度の不安障害を患い、その他にも多数の健康上の問題を抱えていた。二人にはお金がない。そして歩いて行ける距離に医療機関がない。病院まで行く元手がないので、障害について医師の診断を受けられず、それゆえにメインケアを取得できない。「メインケアは却下されたわ。健全で働ける人間ってことになってるからよ」とケーンは言っていた。「いろんな人が言うの。「きみなら医療費は無料だろう」とか。「スライディングスケール〔収入に応じて自己負担額が変動すること〕を採用してる病院に行けばいい、診察1回で20ドルくらいだから」とか。だけど、その20ドルも用意できない場合はどうしろっていうの？」

メイン州のSNAPを受給するためには就労またはボランティア活動への従事を求められるのだが、健康状態が悪く、しかも障害を障害として認定されていない彼女にとっては、これも厳しすぎるハードルだ。書類の記入と送付で取得できたのは宝くじに当たったみたいなものだった、と本人は言う。「失効したらどうしようって、すごく不安なの」

こうした人々は崖っぷちぎりぎりで何とか生活にしがみついている。彼らが繰り返し繰り返し強調して話していたのは、貧困そのものが貧困からの脱出を阻むという点だった。支援の欠如が、いかに自助努力すら不可能にするか。貧乏であることによっていかに尊厳が奪われるか。ホームレスを雇う人はいない。まっさきに必要であるはずの医療ケアは得られない。子どもや孫たちのことを思うとどれほど不安か。シェルター暮らしがどれほど心身の健康をむしばむものであるか……。

非営利団体「プレブル・ストリート」の事務所で、わたしはトマス・プタセクという男性と話をした。彼は復員兵で、ピザ・レストランの店長として働いていたが、失職しホームレスになった。ＣＤなどの私物を売って当座をしのいだが、職探しが難航し、アパートの退去を余儀なくされる。貧乏経験がなかったプタセクは、気づいたらホームレスのシェルターに入っていた。シェルター暮らしは1年続き、家族や友人、そして労働市場や社会からの隔絶感ばかりがつのったという。

「ＳＮＡＰは、生活の「当たり前」を確保するものなんじゃないかと思う」とプタセクは表現する。「その「当たり前」があって初めて、他の目標や夢を追いかけることだってできるようになる」。福祉給付を受給し、そしてアイスクリームを1パイント買えるようになるまでの経緯について、彼は「（自分が食べられるものを）自分で選ぶということができるようになるまで、1年かかったよ」と語った。「店でＳＮＡＰを使ってるのを横目で見る人たちは、「お前はそんなもの買う余裕があるのか」っていう顔をする。本人にとってそれを買うことがどれほど意味があるか、知りもしないくせに」

＊

メイン州知事のポール・ルパージュは、２０１０年に、ほとんど偶然の展開で知事に当選した。[16] 民主党と、極右政党である独立党の候補者で票が割れたため、共和党のルパージュが漁夫の利を得たというわけだ。ティーパーティ運動賛同者から支持を集めていたルパージュは、メイン州有権者の明白な賛同はなかったにもかかわらず、セーフティネットの改革、いや、ありていに言えばセーフティネットの切り捨てに着手した。執行権限を行使して、ＳＮＡＰ受給に就労努力を義務づけ、ミーンズテストを導入し、受給期間に上限を設け、受給者は少なくとも週20時間の労働または1カ月に24時間のボランティア活動に従事しなくてはいけないことにした。メインケアは対象を縮小し、障害者として認定されていない場合は極端な低所得であっても受給不可とした。貧困家族一時扶助制度（TANF）も縮小し、連邦補助金から現金給付に回す額を大きく減らした[17]。

高圧的な態度、歯に衣着せぬ言動、そしてときおり放つ人種差別的発言を聞いていると、ルパージュはかなりトランプを彷彿とさせる。ルパージュ自身が「ドナルド・トランプが有名になる前のドナルド・トランプ」と自称したこともあるほどだ（公式には彼はトランプを嫌っている）[18]。いずれにせよ、福祉制度の規模縮小を要求し福祉依存に対して警戒心を強める保守層は、彼の政策を強く支持した。保守系シンクタンク「ヘリテージ財団」――歴代の共和党政権に保守派論客を多く送り込んでいる――の研究者は、「メイン州のフードスタンプに伴う就労義務は健全な公共政策だ」と、２０１６年のレポートで書いていた[19]。「政府は貧困に苦しむ層を救済すべきだが、福祉が一方通行の施しになるべきではない。健康上の問題のない非高齢者が政府から現金、食料、住宅に関する補助を与えられる場合は、支援を受ける条件として、労働に従事または就労努力をすべきである」

本書の執筆中にも、ルパージュがメイン州で切り拓いた道を数多くの共和党支持州が追随し、ＳＮＡＰに就労努力を義務づけ、薬物検査の対象を広げ、低所得層の世帯にとって負担となる書類作業を増やし、受給期間を短縮するなどの策を探るようになった（新約聖書「テサロニケの信徒への手紙」に含まれる「働かざる者食うべからず」という一節を引き合いに、ＳＮＡＰ改革を正当化する政治家も増え始めた[20]）。特に声高に主張している一人が、ウィスコンシン州選出の下院議員ポール・ライアンで、連邦レベルでメディケイドおよび住宅補助プログラムに就労努力を義務づけるべきだと訴えている。実際、トランプ政権はその方向で福祉制度改革に力を入れている。

表面上は、受給者の就労を応援しながら、いわゆる福祉依存を軽減しようというのが、こうした改革の動機だ。メイン州保健福祉省長官（当時）のメアリー・メイヒューは、次のように語っていた。「何をもって支援の成功と考えるべきでしょうか。これまでのメイン州の福祉制度では、人々が貧困から脱することができませんん。登録件数の増加を支援の成功と判断するのはおかしいですよね。だから改革と改編に取り組んでいるのです。アメリカンドリームといいますが、これまでの福祉設計では、人々が貧困という悪夢にとらわれたままになってしまいます。貧しさや、現在置かれている状況に着目して人を評価するのではなく、人のこれからの可能性に着目しようとわたしたちは考えました。福祉プログラムを立て直すことで、就労を、貧困から脱却する道筋にしていきたいのです[21]」

だが、貧困撲滅を訴える側から言わせれば、そんな改革で貧困軽減や就労率改善につながるとは考えにくい。いずれにせよ職を見つけられる状況にある人にとっては、就労の義務化はあまり関係ないし、労働市場に参加できない状況にある人にとっては、むしろ何の助けにもならない――と、ワシントンのシンクタンク「予算・政策優先度決定センター」のラドンナ・パヴェッティは指摘する。「多くの恵まれない人々が、働きたいと思いながら、就労義務化では解決しない理由のために働き先を見つけられずにいます。雇用主が求める技能や職歴がない、子育て支援がない、求人情報を見つけて採用にこぎつける後押しになるような社会的コネクションがないなど。あるいは前科や、その他の個人的な事情があって、雇用主に敬遠されるなど。また、大人が就労要件を満たせないために、その世帯の子どもたちが非常に負担の大きい不安定な状況に置かれ、健康や、未来の可能性や、長期的な人生の充実が阻まれることがあるのです[22]」

パヴェッティの指摘の根拠を知りたいなら、１９９６年の福祉改革がもたらした変化を調べてみるといい。クリントンが署名した福祉改革法は、施行直後は正解に見えた。しかし当時は景気が良く、また勤労所得控除のような優遇税制のおかげで、働くことが儲かることにつながっていた。だからこそ、シングルマザーも福祉給付の受給から外れて労働人口へと流入していくことができた。その後に景気が冷え込んでからの受給者数減少は、もっぱら財源不足や、取得に対する制限のせいであって、決して境遇改善とイコールではない。

多くの州が受給基準を厳格化したり、福祉給付そのものを打ち切ったりした。たとえば２０１５年の時点で、ワイオミング州の福祉プログラムは同州で貧しい暮らしを強いられている子どもの５％しかカバーしていなかった。[23] ジョージア州では、州内に深刻な貧困が広まっていたにもかかわらず、福祉給付は存在しないも同然の状態だった。[24]

この国では、最も弱い立場に置かれている家族ほど、さらに弱い立場へと追いやられてきたのだ。扶養児童を抱え、福祉給付の受給登録をする時間やお金がない人々。福祉のお世話になることで人間失格の烙印が押されるのを恐れる人々。役所にすげなくあしらわれる人々……。アメリカの極貧生活と対処メカニズムについて調べている研究者、キャサリン・エディンとＨ・ルーク・シェファーは、共著書『１日２ドル *$2.00 a Day*』で、ある女性のエピソードを紹介している。彼女は福祉制度を利用しようとしたが、貧困家族一時扶助制度に充当する州の財源不足を理由に断られた。「残念ですけど」と、役所の職員は言ったという。[25]「貧しい人が多すぎて回りきらないんですよ」

メイン州でも同様だ。取得に至るハードルが高く、また制度改革が推進された結果として、福祉給付の受給者数は激減したが、それは順当な減少ではなく、むしろ最も貧しく不安定な家族が蹴り落とされただけだった。支援プログラムの提供規模は縮小したが、これも支援を必要とする市民が減ったわけではなく、同時期に就労率は半分に急落している。そしてプログラムからふるい落とされた人々の状況は悪化の一途をたどっていることが複数の調査で確認された。メイン大学が、ＳＮＡＰ受給期間の制限導入によって影響を受けた家族を調べたところ、高確率で飢えやホームレス状態に陥ったことが明らかになった。影響を受けた家族の年間平均所得額はたった３１２０ドルだ。[26] 他の数字を見ても、やはりルパージュの改革は貧困悪化につながったらしい。２０１１年から２０１５年にかけて、州内の子どもが極貧生活にある割合は他の州とは比べものにならないほど上昇し、全国平均の８倍に達している。[27]

非営利団体「プレブル・ストリート」で働く職員の話によると、ルパージュの政策が本格的に展開されるにつれ、同団体の支援活動も間に合わなくなった。無料食堂には人々が詰め寄せ、食糧配給所も運営に支障をきたすほど。「需要に応えきれないんです」と、アドボカシー・ディレクターのジャン・ビンダスーテニーは言う。「全然追いつきません」。メイン州北側にぽつんと存在する、「世界のブルーベリー都市」の異名をもつ田舎町チェリーフィールドでも、事態は深刻だった。わたしが立ち寄った食糧配給所では、しばらく前から地元の小学校に食べ物を配達していた。欠食児童があまりにも多いからだ。

＊

共和党がセーフティネットを語る言説は、必ずと言っていいほど「依存」とか「就労につながる道筋」に主眼を置く。確かにセーフティネットがあるせいで、福祉給付を失って収入が減るのをいやがり、就労や収入増加に対する意欲が著しく減退する場合もあるのだろう。確かに、職業訓練を必要とする人々や、初めての就職のとっかかりをもちたい人、人生の立て直しに手を借りたい人に対しては、就労への道筋をつけるほうがよりよい予算の使い道と言えるのだろう。そして確かに、歴代の共和・民主双方の政権で連邦の福祉制度が増えた結果として、それにどっぷり浸かって頼りきりになる国民も増加の一途をたどってきた。

だが、ホームレスや、絶望的に厳しい貧困という文脈から見れば、「依存」と「就労につながる道筋」を前提とした論調は的を射ていない。連邦政府が定める課税最低所得によれば、この国で極貧生活を送る人々は、一人暮らしなら年収わずか６０００ドル、扶養児童がいるなら８０００ドル未満で暮らしている。わたしが取材を通じて出会った人々は、こうした暮らしに伴う苦しみを語っていた。シルヴィウスはシェルターの共用トイレを使わなくてはならない生活が苦痛でたまらず、一度など、並んでいるあいだに失禁してしまったことがあるという。ビショップは、私物を入れておく場所すらないせいで頻繁に盗難に遭うのが心底堪えると語っていた。「シェルタージャ、床に敷いたマットで寝るのよ」と彼女は言う。「すごく寝づらくてね。みんな何かしら工夫して寝るしかない。狭くて、混雑してて、充分なスペースもない。老いぼれと脱落者ばっかりでね。本当は何よりもまず、自分がいていい場所というのが必要なの。それからサービスを受けられる状況が必要なのよ」

ケーンにとっての最優先のニーズは、シェルター、そして医療だ。「担当のケースワーカーさんが、『なんらかの保険に入れるようにしますよ』って言ってたんだけどね」とケーンは語り、「そのためにはわたしが身体障害者じゃなくちゃいけないのよ」と話していた。その他の人々も、酒や医療用麻薬の乱用を断つための支援や、移動の交通費や、メンタルヘルスの不調に関する集中的なカウンセリングや治療の必要性を訴えていた。そんな状況で就労が義務化されても、それで貧困脱出の最初の、もしくは主要な道筋とはなりえない。フードスタンプや住宅補助のような仕組みも、やはり充分な支えにはなりにくい。ピザ・レストラン店長の座を失ってホームレスとなった復員兵のプタセクは、ホームレス生活から生活を立て直すまでの道のりの厳しさについて、「よく言ってるんですよ。あっちからこっちまで来るのに第1歩が30段階くらいある、ってね」と表現していた。「その30段階をこなしきれないんです」

貧困層のために多数のステップを用意しているということは、彼らが貧しいというその一点の理由において、彼らに対する救済の手立ては「提供するに値する」と考えているという意味になるのではないか。この国は今も、過去においても、決してその考えを社会契約の一部としては認めてこなかった。アメリカ人は、住宅ローン金利控除を受けることと、低所得者向けの住宅補助であるセクション8を受給することは、倫理的に別物だと見ている。そして貧困層を貧困という理由において区別し、除外し、さげすんでいる――貧困層だから尿検査を受けさせ、貧困層だから医療保険のためにボランティア活動を強いるというように。そのような形で、先進国としては明らかに異質で醜悪な貧困レベルを、わたしたちはこの国で存続させている。

こうした貧困は莫大なコストを伴っている——身をもって味わう人々にとってのコストだけでなく、国民全員にとってのコストだ。２００７年に、ジョージタウン大学の労働経済学者ハリー・Ｊ・ホルツァーが、子どもの貧困だけで毎年アメリカにＧＤＰ４％相当のコストが生じていると計算した。(28) 生産性と労働産出が下がり、犯罪発生率が上がり、大人になってからも公的医療支出を増やすことになるからだ。コストの総額は年間およそ７０００億ドル。国家の軍事費よりも少し多く、老齢・遺族・障害年金保険に投じる金額よりも少し少ない。それすらも過小評価かもしれない、とホルツァーは指摘している。「この数字は、生産性低下、犯罪、医療関連以外の、貧困が国家に強いるであろうコストを計算に入れていない。環境負荷や、貧困層自身の苦痛のコストなどだ」

言い換えればこういうことではないのか。貧困は人々の生活の安定を奪う。その安定という尊厳を国民全員に確保する行為は、単なる慈善活動ではない。よりスケールの大きい善を生み出すため、国民が熱心に創造的に働いていけるようにするためのシンプルな投資とは言えないだろうか。

＊

リバタリアンの政治学者チャールズ・マレーの説明によると、この福祉国家の問題は二重になっている。(29) 一つは、アメリカが事実上、努力して国民数百万人を貧困にしている状態であるということ。そしてもう一つは、その努力のために莫大な金額を投じていることである。マレーの指摘は、リバタリアン側からＵＢＩを推奨する際の論拠だ。フリードリヒ・ハイエクもミルトン・フリードマンも同様の主張をしている。実際のところ、ハイエクは「誰も、自分自身を扶養することができないときでさえ、それ以下に落ちなくてもよい、ある種の最低水準の保証」としての「すべての人」を対象とした「最低所得の保証」を強く推奨していた。(30) フリードマンは負の所得税を提唱し、のちにニクソンがこれを採用している。ニクソンは１９７１年の一般教書演説で「アメリカで子どものいる家庭すべてに所得の最低限を保証しよう」と述べている。[31] その最低所得には「現在の福祉児童の生活を暗いものにしている、人間の尊厳を傷つけ魂をしめつける侮辱が伴っていてはならない」と。

マレーは20年以上前から、メディケア、メディケイド、狭義の社会保障、狭義の福祉給付、セクション8などなど、既存の社会福祉制度をそっくり廃止することを主張してきた。併せて企業助成金と農業補助金も廃止し、それらを月833ドルの現金給付に入れ替えるべきだという考えである。「人類史上にまったく例のない労働市場が到来するにあたり、それだけが唯一の希望だ」とマレーは述べる。[32] この仕組みならば、人々はこまごまと政府の干渉を受けずに自己の責任において自己の生活向上を担うことになるので、「アメリカの市民社会をよみがえらせる最善の希望になる」。また、人々が政府から与えられるおしゃぶりをくわえて生きるのではなく、お互い助け合って生きるようになる。「政府機関は、人間のニーズに対応する役割としては最悪のメカニズムだ。政府機関はどうしても規則に縛られ、書類上では同じ問題を抱えるとされる人々に同じ規則を画一的に適用する。実際には、多様な支援に対して多様な反応があるものだというのに」[33]

しかし、マレーのアプローチには2つほど問題点がある。アメリカには膨大な貧困撲滅プログラムがあり、複雑すぎて利用しづらく、一部では管理すら困難になっているという点ではマレーは正しい。しかしそれらは一般的にほとんど経費がかかっていないのだ。主な貧困対策——SNAP、メディケイド、住宅補助、補足的保障所得、勤労所得税額控除、学校給食プログラムなど——はいずれも1ドルのうち最低90セントが受給者に渡る。[34] 大半のプログラムは90セント以上だ。狭義の社会保障である老齢・遺族・障害年金保険では1ドルのうち99セント。経費の合理化で節約できる余地はさほど多くないのである。

2つめの問題点として、アメリカの既存の貧困対策を撤廃するだけで、セーフティネットに対して他の変更を施すことなく、ただ浮いた予算をUBIに架け替えるだけであれば、おそらく貧困増加につながる可能性が高い。計算してみればわかる。医療保険関連を残し、それ以外でミーンズテストを伴う支援プログラムをすべて取り除いたとすると、確保できる金額は一人当たり年間およそ１５８２ドルと経済学者のエド・ドランは推算している。[35] この金額で人を貧困線から浮上させることは不可能だ。マレーが提案する想定でも、アメリカ国民一人ひとりに年間１万３０００ドルを給付し、その中の３０００ドルを医療保険料として払わせることになっている。マレーはそれに加えて、年間所得６万ドル以上の国民には給付額を６５００ドルにすることも提案している。だが、このシステムのもとでも、数百万の低所得世帯にとっては最終的に現在よりも支援が減る可能性が高く、貧困と不平等が悪化すると考えられる。

進歩主義者の立場からＵＢＩを推す案でも、貧困対策としては効果が弱く、結局のところ不平等解決に貢献しないと見られる場合がある。たとえば元ＳＥＩＵのアンディ・スターンは成人全員に月１０００ドル、そして高齢者には特別手当の支給を提案している。「現状の社会福祉プログラム１２６件のうち大半」を撤廃し、老齢・遺族・障害年金保険を削り、さらにいくつかの税金を上げれば、それだけの給付をまかなえるというのが彼の意見だ。[36] マレーの提案ほど急進的ではないかもしれないが、これも貧困率改善にはつながらない可能性が高い。法学者のダニエル・ヘイメルは、「スターンのＵＢＩでは、シングルファザー／シングルマザーが連邦の定める最低賃金７・２５ドルで週に最低32時間は働かないと、貧困線から浮上することはできない」と書いている。[37]「一人で子育てをする状況で、それは決して容易なことではない――特に、スターンのＵＢＩは既存の子ども手当も財源となっていることを鑑みれば、非常に厳しい」

ＵＢＩ単独では特効薬にならない。政策をどうデザインしていくか、そこが大きくものをいうのだ。しかも、ＵＢＩは超党派的な政策ソリューションだと言われることがあるが、それも真実ではない。ＵＢＩは民主・共和両方にとって魅力的な試みであり、超党派的な結果をもたらす超党派的な手段となる――と叫ぶのは、目下のところはタチの悪いばかげた主張の域を出ない。ＵＢＩの構想は超党派的かもしれないが、その結果と手段に2党が同時に納得することがあるとは考えられない。たとえば片方の立場から見ればＵＢＩ導入によってセーフティネットの縮小が可能だが、他方から見ればこれはセーフティネット拡大の機会となる。ＵＢＩ導入で減税につながると想定することもできるし、富裕層に対する大幅な増税を想定することもできる。これらすべてを共存させるのは当然ながら不可能だ。

ケニアやインドと同じく、メイン州で出会った光景は、わたしに一つの確信を深めさせた。貧困とは、経済学者が昔から主張していたように、欠乏や喪失の問題であると同時に社会からの疎外という問題でもあるのだ。だとすればＵＢＩのような全員一律で無条件の現金給付プログラムは、単に経済的負担を軽減するだけではなく、社会的疎外という問題を解決する手段としても考えるべきではないか——たとえば有色人種の子どもの将来性を阻む人種差別や、女性の収入に天井を設けるジェンダー格差や、その他何千何百という不平等、差別、不均衡の解決に取り組む道になるとは考えられないだろうか。

歴史を振り返ってみれば、１９４４年、この国が苦しい冬のさなかにあった時期——ビルマやフランスやエジプトなど世界各地でアメリカ兵士が戦い、命を落とし、祖国に残る者たちも大恐慌の痛手から立ち直れずにいた頃——に、フランクリン・Ｄ・ルーズベルト大統領は議会演説で、第二の権利章典を提案している。アメリカは建国以来、本来の権利章典において、言論の自由や陪審裁判など「不可侵の政治的権利」の保護を誓ってきた。ルーズベルトはその点に言及しつつ、そうした権利が「幸福の追求における平等」を全国民に与えるには不充分だと主張している[38]。アメリカ国民は、より多くの保障と、より多くの相互協力のもと、それぞれが身を立てて夢を追求する機会を与えられるべきだ。機会と保障と相互協力が成立するかどうか、それによってこの国の価値が決まる。ならばこの国の価値を証明するために、すべての国民に所得と、雇用と、住居、医療、社会保障、教育、そして不正な競争や独占による被害をこうむらない権利を確保する仕組みを制定しなければならない——というのが、ルーズベルトが訴えた第二の権利章典の内容だった。

この急進的とも言えるルーズベルトのビジョンは、クリントン、ブッシュ、そしてオバマ政権がテクノクラシーに傾いたり、ネオリベラルに傾いたりしているうちに、ほとんどかき消えてしまった。しかしＵＢＩをめぐる議論は、第二の権利章典をふたたび呼び戻している。わたしたちは貧困なき社会を望んでいるのではないのか。機会の保障を欲しているのではないのか。答えがＹＥＳであるならば、考えるべき問いはこうだ——わたしたちは、それらを叶えるための負担を、どれだけ担う意欲があるのだろうか。

7 格差と差別の歴史——人種差別とUBI

2015年の秋の日の午前中。ワシントンに住むアフリカ系アメリカ人のアレサ・ジャクソンは、赤のトップスに白いネックレスを合わせたシンプルな服装で議会議事堂に現れた。彼女はかつてアメリカ兵として戦争に参加し、現在は障害のある身体で、シングルマザーとして家族と暮らしている。この日、自分の母親と、それから息子と娘を伴って議事堂の上院棟に足を運んだ理由は、上院財政委員会の公聴会に出席するためだ。参考人席に座り、大半が白人、大半が男性、そして大半が白髪の議員たちを前にして、セーフティネットに関する自分の経験を語った。低所得者向けの公営団地に住んでいた子ども時代、20年にわたる兵役、そしてアメリカで最も懲罰的とも言われる公的扶助プログラム、貧困家族一時扶助（TANF）の受給に伴う扱いについて。

社会福祉制度に関する彼女の経験が何もかも悲惨だったわけではない。初めて福祉の手を借りようとしたのは、1991年、まだクリントン政権による福祉改革がなされるよりも前のことだ。「フードスタンプと現金給付の申請は難しくありませんでした」と彼女は言った。[1]「最初に住んだアパートの敷金を払い、家具を買うことができたのは、DCエリアで住宅補助をもらえたおかげです。福祉給付で生活の基本を確保できたので、子育てと職場復帰に専念できました」。ジャクソンは最近でも公的支援の恩恵を受けている。「アメリカ・ワークス」というワシントンの就労支援機関に助けられて、合衆国退役軍人省でフルタイムの勤務ができることになったのだ。「再就職をしようとする人間に、すごく現実的なガイドラインを示してくれました」と、わたしの取材に応えたときの彼女は説明した。[2]「給料は勤務時間に対する固定給で、こなすべき作業ができなければ減俸になります、って。普通の就職よりも現実的でしたね」。アメリカ・ワークスの職員からはつねに尊重されていたし、勇気づけてもらったと思う、とジャクソンは付け加えた。

だが、彼女の人生の中で、これらの体験は例外だ。住む場所を失い、一人で子どもを育てなければならず、イラク従軍体験のＰＴＳＤに苦しむジャクソンにとって、福祉制度は利用しづらく、担当職員には思いやりのない態度で決めつけられてばかりだった。「まともに働く気がないってことにされるんです」とわたしには語っている。「わたしは兵役に就いてたんですよ。そして障害がある。それなのに労働意欲に欠けるっていう扱いを受けるなんて、すごい皮肉ですよね。わたしは働いてきたんです。ただ、状況が変わって、福祉に頼らざるをえなくなった。プロ意識をもって働くっていうのがどういうことか、よーく知ってますよ。だけど福祉制度の前では、わたしが「ねえ、あんたの口座からお金をおろしてわたしにちょうだいよ」って言ってるみたいな扱いをされるんです。言葉じゃとても説明できません。福祉を受給してると、とても侮辱的な態度をとられるんです。ものすごく下に見られます」

しかも、ジャクソンが利用したセーフティネットの多くは、期待された効果をもたらさなかった。新たな技能を習得し、住む場所を確保し、子どものための支援を確保する手助けにはならなかったし、なんとか学位を取得した後でさえ、家族が苦しい生活を免れる後押しにはならなかった。フードスタンプ、福祉給付、軍や退役軍人省からの給付など、ジャクソンに受給資格があるはずのプログラムはどれも複雑でわかりにくく、併用が困難で、食い違いも多かった。特に福祉給付、すなわち貧困家族一時扶助（ＴＡＮＦ）の申請ルールがきわめて厳しく独断的であることが厄介だったという。

「充分な補助がもらえたか、って聞かれるなら、答えは絶対にNOです」とジャクソンは言った。「ほんとにもう、全然、まったく、充分じゃありませんよ」。なお悪いのは、複雑な手続きの数々が、あたかも申請者をけむに巻きいやがらせをするための設計かのように感じられる点だった。一つでも手順を誤れば不正受給を疑われ逮捕されるのではないか、と不安になったほど。「こうなったら失効、ああなったら剝奪、って悪いことばっかり強調されるんですよ。そのくせ、制度をうまく使う方法は全然教えてくれないんです。わたしみたいに障害があると、事情が全然変わってくるのに、「わかりました、じゃあ、あなたはこれは利用できません」って、それだけ。「できない」とだけ言われたって意味がないのに。わかりにくいだけじゃなくて、すごく高圧的なんです」。数千ドルを政府に返済するよう求める通知書が来たこともあった。ジャクソンが文書で反論すると、それっきり音沙汰なしだった。

ジャクソンが住むワシントンの団地からは、白くきらめく議会議事堂の建物が見えるという。団地の住民組合代表となっている彼女は、団地を買い上げ高級住宅地にしようとする住宅開発業者と渡り合い、長年の住民に対する補償を確保するべく闘ってきた。「前のオーナーは何年も家賃を上げなかったのに、新しいオーナーになったとたん、700ドルだった家賃が975ドルになったんです」。組合が勝ち取った合意書で、新オーナーは全549戸の改装と、配管および窓の改修、屋根の修繕をすることになった。「ちょうど先週、団地の集会所の解体が終わって、新しい最新型の集会所を建ててるところなんです。そこに託児所と研修所もできるんですよ」。だが、店子はしょせん店子、所有者ではなく賃借人だ。ワシントンでは、公共事業計画や住宅ローン補助、あるいは不動産開発を支援する政府のイニシアチブを通じて住宅地の改善が進んでいるが、そうした支援の恩恵はジャクソンたちには回ってこない。

ジャクソン一家のような家族が今も貧困生活、またはそれに近い生活を強いられている理由は、政策の選択と失敗の結果である――公聴会に出席していた政治家たちもその点を認めていた。コロラド州選出の上院議員マイケル・ベネットは「２人の子どもを抱えて時給７・２５ドルで働くシングルマザーの女性が、いまだに貧困線を下回っている現状というのは、まったく遺憾なことだと思う」と述べた。アメリカに住む子どもの少なからぬ割合が貧しい暮らしをしており、現金収入のない家庭で育つ子どもが数百万人はいることについても「この建物にいる全員にとって、許容してはならぬことだ」と言っている。「国家としての試練に直面しているというのに、これほどほころびた政策を看過してはならない」

しかし、そうした政策結果の責任を担うべき存在、すなわち議会議事堂にいる「全員」の構成は、アメリカに連綿と続いてきた人種差別と分かちがたく結びついている。そんなふうに成り立つ政府が、白人家庭よりも黒人家庭のほうが貧困に陥りやすい政策を作ってきた。手続きが水面下ですむような気前のいい財テク的な補助制度は、黒人家庭には縁がない。できるだけ支給しない方向でやたらと厳しく審査する福祉プログラムのほうへ、黒人家庭を追い込む仕組みができあがっている。賃貸住宅暮らしか、持ち家があるか、という区別を埋めがたい溝にしているのも政府の方針だ。この国の政策は、アレサ・ジャクソンのような人間を利用者、参加者、市民、そして国家として投資すべき機会として見ることはせず、あくまで国家に対する重荷として扱ってきた。「それが異常な常態になってるんです」と、差別される性、差別される人種という立場からセーフティネットを経験してきたジャクソンは語っていた。「異常なことですし、そうであってはいけないはずなんです。でも、まかりとおっています。わたしがどこへ行っても、何をしても、自分がマイノリティの女性で、シングルマザーで、復員兵の障害者で、福祉のお世話になっていて、っていう事実がついて回ります。その他のもろもろのことも」。そう話すジャクソンの言葉がいったん途切れる。「どこの役所に行っても同じ。今でも同じようにひどい扱いを受けるんです」

ジャクソンの話は、アメリカの貧困と労働と福祉を語るにあたり、人種問題が切っても切れないものであることを強調している。ここまでの章でＵＢＩと仕事との関係、そしてＵＢＩと所得との関係については考察してきたが、社会的正義やインクルージョンという文脈からは、UBIはどのような意味をもつのだろう。UBIで貧困を根絶するだけでなく、政府をもっと公正な存在にすることはできないだろうか。

＊

ヨーロッパとアメリカには共通点が多い。大きくて多様性のある経済を有すること。政府が代議制であること。法の制度もおおむね同等だ。労働人口が高齢化していること、そして移民ではない家族で生まれる子どもの数が減少していることも共通している。所得中央値は共に5万ドル前後。資産と所得の不平等が進行している点も似ている。だが、ある重要な一面において、ヨーロッパとアメリカは大きく異なる。ヨーロッパのセーフティネットが、移民ではない国民ほぼ全員を貧困から守り、所得不平等の影響低減にきわめて積極的に取り組んでいる点だ。これを実現するため、EU各国政府は毎年必ず自国の経済産出のほぼ半分に相当する額を税金で徴収し支出している[3]。アメリカの場合は経済産出の3割程度だ[4]。

2001年、ハーバード大学のアルベルト・アレシナおよびエドワード・グレイザー、そしてダートマス大学のブルース・セイサードートという一流の経済学者3人が、大西洋を挟んで並ぶ2つの経済圏が多くの点で似通っているにもかかわらず、前述の点ではこれほど大きな差がある理由について考察を行なった。彼らはいくつかの経済的要因に注目している。税引前移転前の所得分布像、労働者個人の賃金変動、そして労働者の賃金増加見込みだ。だが、これらの要因がたいした役割を果たしているとは考えられず、彼らはいささか抽象的な結論に至っている。「アメリカで福祉受給を予測する唯一かつ最大の因子は人種である。アメリカに福祉国家が欠落している主たる理由は、明らかに、この国が人種間関係に問題を抱えているため」だというのだ。アメリカの政府が小さいことも寄与しているという。

社会学者、心理学者、政治学者たちは、経済学者3人の発見に驚かなかったに違いない。これらの学問の膨大な研究でも、近縁性が互恵性を高め、近接性が利他性を育むことがわかっているからだ。人間は、自分と似ていない顔の人間を信用しようとしない。「自分にとっての他人」を助ける制度には賛同しない。コミュニティに新参者がいると、他人に対する信頼と思いやりは薄くなる。『孤独なボウリング』を著したハーバード大学教授ロバート・パットナムによる有名な研究は、「民族的多様性がある地域では、いずれの人種に属する住民も、一様に「顔色をうかがいあう」傾向がある」ことを明らかにした。[5]「お互いに対する信用度が低く（同じ人種の相手に対しても）、利他的行動やコミュニティの協力行動は少なく、友人関係も希薄である」。別の研究者による調査でも、異なる集団同士が集まった状況では「非同質性があらゆる形式の協力関係を阻害する」ことをつきとめている。[6] 特に、集団間によく知られた負の歴史がある場合は顕著となりやすい――かつて祖先同士が主人と奴隷の関係であったという歴史は、まさにその条件に該当する。

このアメリカという国では、人種について頭に思い浮かべるだけでも、人はより保守的に、そして再分配に対してより否定的になりやすい。社会心理学者2人、ニューヨーク大学のモーリーン・クレイグとイェール大学のジェニファー・リッチソンが行なった実験を紹介しよう。[7] 無党派の白人を集めて2グループを構成し、第1のグループには「国内のヒスパニックの数が黒人とほぼ同数になった」ことを知っているか、と尋ねた。第2のグループには「カリフォルニアはマジョリティ・マイノリティ〔白人が少数派になったということ〕の州になった」ことを知っているか、と尋ねた。その後、双方のグループにそれぞれ政治観を尋ねたところ、白人である自分には関係のない問いを聞かされた第1グループのほうでは、右寄りではなく左寄りの回答をした割合が2倍高かった。一方、自分の人種的ステイタスにとって脅威である問いを聞かされた第2グループでは、左寄りではなく右寄りの回答をする割合が2倍高くなっていた。

こうした傾向を鑑みれば、規模が大きく多様性のある国家よりも、規模が小さく均質的な国家のほうが、堅固な社会福祉制度を構築しやすいのも驚くことではないようだ。たとえば、ミーンズテストを条件とした

UBI導入をかなり現実的に検討していたフィンランドは、人口がわずか600万で、その9割近くが自宅でフィンランド語を話す。(8) ノルウェーは人口500万人で、ほぼ全員といってもいい割合でノルウェーもしくは近隣国にルーツがある。このような規模の小さい白人国家には、たいてい強固で中央集権的な政府がある。人口に応じて代表が選ばれ、合意が重視される。一方でアメリカは分極化した二大政党制で、上院では人口の少ない田舎の州も人口の多い都会の州と同じ議席数を持つ。また、州が強い権限を持つというアメリカの伝統が、国家全体をカバーする社会福祉制度の発展をこれまでも幾度となく阻んできた。

政体が政治制度を構築し、政治制度が再分配のメカニズムを構築し、均質性が社会制度に対する国家の支出額を決めている。人種的多様性に富んだ国家は、社会支出の対GDP比が小さくなり、人口が均質な国家は大きくなる傾向がある。ベルギー、ルクセンブルク、スウェーデン、オランダ、フランス――いずれも人種と言語の面でかなり均質性が高い――における社会支出の対GDP比はほぼ20%、またはそれ以上であることが、アレシナとグレイザーとセイサードートの調査で明らかになった。アメリカの社会支出はその半分だ。

アレシナら3人の経済学者の発見は、歴史学者の目から見ても、驚くべきものではないに違いない。そもそもアメリカのセーフティネットと財産形成の仕組みは、ほとんどが、この国で奴隷であった人々の子孫を排除し、罰し、締め上げるように設計されてきたからだ。大恐慌直後の政府は、高齢者、子ども、障害者の貧困転落を防ぐとともに、失業者をサポートするための包括的な連邦保険制度を構築した。しかし1935年に制定した社会保障法で、その対象から農業従事者と家事労働者を除外している。バージニア州選出の上院議員ハリー・F・バードが、農業従事者や家事労働者を対象に含めることは、南部の「黒人問題《ニグロ》の扱いについて連邦が干渉のくさびを打ち込むことになる」と主張したからだ。(9) 歴史とは複雑で異論反論もあるものだが、少なくともこの政策の結果ははっきりしている。(10) 法案が通ると、南部の黒人労働者の3分の2が年金と保険の対象から除外された。[11]

さらに南部諸州は、社会保障以外のさまざまな公的扶助プログラムを連邦ではなく州に管理させることを求めた。そうすれば黒人世帯を除外しやすくなるからだ。たとえば、公聴会でアレサ・ジャクソンも体験を語っていた福祉プログラム、現在は貧困家族一時扶助（ＴＡＮＦ）となっている制度の前身、要扶養児童家庭扶助（ＡＦＤＣ）について考えてみたい。ジム・クロウ法〔南部諸州に敷かれていた人種差別的な法律全般のこと〕がまかりとおっていた時代の法制度では、黒人女性に対する適用範囲と白人女性に対する適用範囲がまったく異なっていた。州単位でも地域単位でも、複雑に入り組んだ方針を駆使して、扶養児童のいる黒人女性を除外し、つまはじきにし、締め上げた。居住地に関する要件を設けて、黒人がよりよい働き口を求めて南部内の州を移動したり、受給対象となるため北部へ引っ越したりすることを阻止した。[12] 多くの州が「同居男性の確認 man in the house」というルールを設け、受給者の家庭に男性がいないかどうか抜き打ち検査をした。[13] 男性のいる形跡が確認されると——コート掛けに帽子がかかっているなど——給付は打ち切りだ。このルールは男性が家族とともに暮らさないという結果をもたらした。

ヨーロッパ諸国のほとんどでは19世紀か20世紀には国民全員をカバーする医療保険制度を構築していた一方で、アメリカでその整備が遅々として進まなかったのも、人種差別が一因だ。この国は国家が拠出・提供する医療保険制度を整備することよりも、人種を分離する既存の仕組みを強化するほうに力を入れてきた。基本的には民間の保険会社に任せるシステムだ。『アトランティック』誌の記者ヴァン・R・ニューカーク2世は、「簡単に言えば、この国特有の民間医療保険制度が存在する理由は、少なくとも一因として、国家が人種的ヒエラルキーを保持することに必死になってきたからなのだ」と述べている。[14]「その結果、主要な病気はほぼ例外なく罹患率に深刻な人種的格差があり、寿命と死亡率の差も埋まらず、医療および公衆衛生インフラも完全に分断された形となっている」

医療費負担適正化法、通称オバマケアが施行されたあとも、こうした差別的扱いは残っている。オバマ政権はメディケイドのプログラムを拡大し、貧困線付近または下回る国民は障害や扶養児童をもたない場合でも扶助対象に含まれることとした。だが、２０１２年の最高裁判決は、連邦が補助金を交付するプログラム拡大を州が不採用とする権利を認めている。２０１７年半ばの時点で、かつて南部連合国を構成していた11州のうち、メディケイド拡大を受け入れたのはわずか2州、ルイジアナとアーカンソーだけだった。対する北軍を構成していた20州では、採用していないのが3州、メインとウィスコンシンとカンザスのみだ。複数の調査で明らかになったのだが、どうやら各州のメディケイド拡大に関する判断は、マイノリティの意見ではなく白人の意見だけで決まっていたらしい。(15) しかも、州内の黒人人口が多いほど、「メディケイド・プログラムの拡大は成立しにくい」という傾向も確認されている。(16)

もしかしたら、現金給付型の福祉プログラムの設計にこそ、この国の歪み切った人種差別が露骨に反映されていると言えるのかもしれない。最も貧しい層のために作られた主な公的扶助の中でも、狭義に「福祉」と呼ばれる給付の仕組みが最も補助を出し渋る。そして最も不透明で、最も審査が厳しく高圧的でもある。福祉給付はそもそも白人寡婦の救済を念頭に置いて作られたものだった。それでも当初は多くの黒人のシングルマザーも救済していたが、１９７０年代頃からとりわけ共和党が、黒人女性がシステムを悪用しているという見解に固執するようになった。ロナルド・レーガンが「福祉の女王（ウェルフェア・クイーン）」という表現で、福祉を食い物にする女性を非難したのは有名な話だ。シカゴに住む女性が「80種類の名前と、30種類の住所と、15種類の電話番号」を使って「福祉給付に加えて、フードスタンプ、社会保障、存在しない亡夫4人に対する復員兵給付金」を手当たりしだいに受給しまくっているのだという。(17) レーガンが描写した女性像は、現実の社会的風潮の説明というよりも、悪質きわまりない不届き者の象徴となった。「彼女に入る収入は非課税収入だけで年間15万ドルに達している」

こうして福祉給付受給者に不名誉の烙印《スティグマ》が押され、これがクリントン政権の福祉改革につながった。福祉給付の総支出額は大きく削られた。１９９６年の改革施行から今日に至るまで総額は変わっていないので、このプログラムに助けられて極度の貧困を脱する子どもの数は減る一方だ。プログラム自体は存続しているものの、受給者はもっぱら白人女性で、黒人の子どもと黒人の母親ばかりが偏って不利益をこうむっている。クリントンが受給に就労努力を義務づけたことも、黒人女性が労働市場で受ける人種差別を増幅させる結果となった。非営利団体「ウィメン・オブ・カラー・リソース・センター」の共同創設者、リンダ・バーナムが「就労義務と受給期間制限を設けて女性に賃金労働を強いるという措置は、ジェンダーと人種に中立的環境で導入されたものではありません」と主張する。[18] 就労義務は、採用において差別されやすい立場の人に、そうでない人よりも大きな苦難を強いるからだ。求職に限らずアメリカでの生活全般においても、黒人差別は根深く定着している。

さらにクリントンの福祉改革は、貧困家庭に与える扶助の判断について、各州にかなり広い自由度を与えた。当然、黒人人口の多い州は支出が増えるのをいやがり、受給資格の審査を厳格化した。[19] 白人が大多数を占めるバーモント州では貧困家庭の78％に福祉給付を与えている一方、元奴隷州であるルイジアナはたった４％だ。人口の37％が黒人のミシシッピでは、３人家族が受け取る毎月の現金支給額が最大でも１７０ドルであるのに対し、人口の４％が黒人のアラスカでは９２３ドルが支給される。これらの数字はワシントンＤＣのシンクタンク「アーバン・インスティテュート」が発表したものだが、レポートを執筆したヘザー・ハーンは『アトランティック』誌の取材に対し、「各州の政策を調べていくと、人口におけるアフリカ系アメリカ人の比率の高さが、最大給付額の低さにつながり、また受給にあたっての認可取得の厳しさにもつながっていることがわかります」と述べている。[20]「すべてを合わせて全体を見渡すと、明らかに一貫したパターンがあるのです」

広義としての福祉制度全般を見ても、ミーンズテストを伴う給付には黒人の占める割合が多く、そのことが彼ら自身にとって重い社会的スティグマとなっている。補助は補助でも税控除なら手続きが水面下で自動的に済み、スティグマとならないが、これを享受しているのは圧倒的に白人だ。たとえば２０１２年のどの月のデータを見ても、住宅金利減税のようなニュートラルで水面下の助成を受けていたのは、黒人よりも白人世帯のほうが多かった――そして受給者の60％が、「自分は公的支援を一度も利用していない」と認識していた。[21] 同じく２０１２年の時点で、アメリカに住む黒人のうちおよそ40％がミーンズテストを伴う給付を受けていたのに対し、白人で受給していたのは13％だ。かねてからＵＢＩを支持している著名な社会学者フランシズ・フォックス・ピヴェンは、「アメリカの社会的支援プログラムは、主に利益団体の影響力と選挙圧力によって開発され形成されてきたものであり、制度化された政治的不均衡を反映している」と指摘している。[22]

＊

当然と言えば当然のように、黒人世帯を排除し不当に扱うセーフティネットを作るのと同時に、この国は白人世帯を支え富ませる財テク装置を生み出してきた。誰が成功して金持ちになり、誰が貧しく疎外された生活を続けるか、それを決めるのは市場原理と個人の努力だけではない。政府方針と、文化と社会に奥深くしみついた「習律《モーレス》」〔特定の価値観を伴う慣習のこと〕がかかわっているのだ。

習律の歴史はこの国の歴史と同じくらい古く複雑だが、端的に言って有害であることは否めない。大恐慌とジム・クロウ法時代のさなかに、議会は住宅価格の安定と、住宅ローンをより手ごろなものにする狙いで、国民住宅法を通過させている。この制定当初から連邦住宅局は黒人居住地域への住宅ローン提供を拒否していた。裕福な黒人であっても住宅購入にあたり融資を利用できないという意味だ。[23] 住宅開発を行なう不動産会社も「黒人には売らないという明示条件のもと、連邦の融資保証を受けた」[24]。復員兵援護法が提供する住宅ローン保証でさえ、黒人の復員兵は基本的に利用することができなかった（アフリカ系アメリカ人のための雑誌『エボニー』は、1947年にミシシッピで提供された退役軍人省による住宅ローン保証3229件を検証している。黒人にローンの利用を認めていたのはわずか2件だった）[25]。1980年代半ば頃には、白人世帯の平均資産額はほぼ4万ドルで、黒人世帯の11倍以上という差が開いていた[26]。この乖離の大半は黒人世帯が住宅を所有できないことに起因するものだった、と歴史家のアイラ・カッツネルソンが論じている。

こうして「アメリカの最も偉大な世代《グレーテスト・ジェネレーション》」〔大恐慌と第二次世界大戦を経験した世代のこと〕の白人家庭が富を築き、その富がベビーブーム世代、X世代、ミレニアル世代へと引き継がれていくこととなる。彼らは政府による金銭的支援の対象となる地域を専有し、気前のよい税控除を活用した。同じ「偉大な世代」の黒人家庭は賃貸生活を続けるか、もしくは環境の好ましくない地域で不動産を買うしかなかった。高速道路で分断され、政府の助成の対象にならない一帯が彼らの居場所だ。こうした政策は現在の住宅価値と富の分布にも影響をおよぼしている。国内でも際立って極貧の地域は、いまや完全にマジョリティ・マイノリティだ[27]。住民の5人に4人が黒人またはヒスパニック系である。そして平均的な金持ちの黒人労働者は、平均的に貧しい白人よりも、貧困率の高い地域に住んでいる[28]。これが黒人の子どもの階層間移動〔将来的に社会的序列の上の層へのぼれるかどうか〕に大きな影響を与える。経済学者の推算によると、黒人・白人の賃金格差のうち約20％は、幼少期を過ごしたコミュニティのリソースおよび富に起因しているのだという[29]。

復員兵援護法は他にも黒人の家族や労働者を差別的に扱った。復員兵の大学進学を支援することになっていたが、南部諸州に住む黒人男性が進学を望んでも、選択肢は100校ほどしかない[30]。しかも大半が小規模もしくは資金不足だ。全国的に高等教育の追求がブームとなっていたこともあり、こうした黒人向けの大学では志願者の合格率が45％未満だったと見られている[31]。白人の復員兵は復員兵援護法の補助により、平均4

カ月長く教育を受けることが可能になった。黒人復員兵でも南部以外の州ならば平均5カ月。しかし南部の州の黒人復員兵は、この恩恵をまったく受けなかった。[32]

制度的分離は黒人全般の子どもや労働者の教育機会も損ない、人的資本の芽をつぶした。1950年頃には白人の成人5人のうちおよそ1人が大学教育を受けていたが、黒人の場合は20人に1人だ。研究によると、「本当の意味で「分離すれど平等」」の教育システムであったならば、黒人白人の賃金格差は半分に縮小していたと考えられる。実際には今も賃金格差は解消されていない。[33] いわゆる「ブラウン対教育委員会裁判」――形骸化した「分離すれど平等」のもとで継続していた人種差別的な公立学校運営を違憲とする、画期的な判決がくだった――から60年が経つ現在でも、白人の生徒が大多数を占める学校では、マイノリティの生徒が大半を占める学校と比べて、生徒一人当たりに投じる金額が733ドルも多いことが、非営利の政策機関「アメリカ進歩センター（CAP）」のレポートで明らかになっている。[34] しかも、ジャーナリストのニコル・ハンナ＝ジョーンズの指摘によると、ある面では学校教育における人種分離はここ数年でむしろ悪化が進んでいるらしい。[35]

政府方針の威力と人種差別の威力があいまって、黒人世帯は白人世帯に大きく水をあけられている。黒人労働者の失業率は、どの年齢層で見ても、どの学歴レベルで見ても、白人労働者と比べてほぼ2倍も高くなる――この乖離は、なんと1940年代から一貫して変わっていない。就労率の差は人種間の所得格差を進行させる。これはあらゆる指標に見てとれることだ。[36] たとえば2015年の時点で黒人男性の平均時給が15ドルだったのに対し、白人男性は21ドルだった。[37] 黒人世帯の所得中央値が約3万6000ドルだったのに対し、白人世帯は6万1000ドルだった。しかも、所得不平等の深刻化と同時に、黒人白人の賃金格差も1979年以降は広がる一方だ。[38]

こうした乖離の中でも最も深刻で、そしてアメリカの経済政策によって作られた不均衡であることが最も明白なのが、人種間の資産格差である。シンクタンク「経済政策研究所（ＥＰＩ）」がまとめたデータによれば、白人家庭の平均資産高は、黒人家庭の平均資産高の12倍だ[39]。資産がない、または負債を抱える家庭は黒人全体の４分の１だが、白人では10分の１だ[40]。年齢、所得、職業といった要素を調整しても、この図式は変わらない。現在、黒人およびラテン系はアメリカの全人口のうち約３割を占めているが、この国の富に対して彼らが所有する割合はたった５％だ[41]。ニュースクール大学の経済学者ダリック・ハミルトンの表現を借りると、流動資産で見れば「黒人とラテン系は事実上の一文無し」である[42]。退職貯蓄を除くと、典型的な黒人家庭の銀行口座残高はわずか25ドル。こうした傾向は解消どころか深刻化し続けている。経済政策研究所が、同じくシンクタンクの「コーポレーション・フォー・エンタプライズ・ディベロップメント」と共に実施した合同調査を見ると、過去30年間で白人家庭の平均資産高は80％以上増えているが、この伸び率は黒人世帯の３倍に相当する[43]。同じパターンがこの先30年間も続くと仮定すると、白人世帯の資産増額は年間１万８０００ドル、そして黒人世帯は７５０ドルになる。人種間の富の格差は拡大するのみというわけだ。

ブラック・ライブズ・マター運動の台頭、大量収監問題の終結を求める声、オバマ政権の終焉とトランプ政権の始まり、そしてネオナチなど白人至上主義集団による激しい示威行動……。ＵＢＩをめぐる議論が表面化する背景で、こうした傾向はもはや一つひとつを切り離して論じることができない状態となっている。

『アトランティック』誌の記者タナハシ・コーツは、「本当の賠償請求を求める」と題したルポルタージュで、このような黒人に対する不正義を道徳的視点から正すべきだと主張した。「わたしが言っているのは過去の不正義に対する単なる賠償金の話ではない――穴埋めしろ、代償を払え、黙ってほしいなら金を積め、色をつけろと言っているわけではない。国家として自覚し、この国の精神を変えていくべきではないかと問うているのだ。賠償とは、７月４日の独立記念日をホットドッグをむさぼり食って祝いながら、この国の悪しき伝統がなかったふりをするのはやめるという意味だ。「愛国主義」とやらを叫びながら、南部連合旗をひらめかせるのをやめるという意味だ。賠償とは、アメリカ人の意識に革命を起こすということを意味する。民主主義をもたらす偉大な存在というこの国の自画像と、この国の歴史に起きてきたさまざまな事実との矛盾に向き合うのだ(44)」

その賠償の役割をUBIが果たすということにはならない。アメリカに今も存在する人種差別のカーストをもたらした数十年、数百年の政府方針を、UBIで償い解消するということにはならない。賠償に必要とされている変革がどれほどのものか理解してみたいなら、ブラック・ライブズ・マター運動が要求する政策を調べてみるといい。同運動は「剝奪と再投資」という表現で、大量収監を行なっている州の予算を剝奪し有色人種のコミュニティ支援に使うことを求めている。また、税法再編、雇用促進プログラムの改善、銀行の解体、貿易協定の変更、強力な政治行動委員会の解散、市民参加型予算策定の導入、保釈金制度の廃止、法執行機関の非武装化、犯罪記録の抹消、真に国民全員をカバーする医療保険と教育政策の導入、軍事費削減、そして化石燃料との訣別を要求している。まだまだ挙げきれないほどだ。言い換えるならば、現在の政府が白人家族、白人コミュニティ、白人の学校のために注いでいるのと同じ規模で黒人コミュニティに拠出せよと要求しているのである——現状の政治的風向きの中では、また、政府機関における多様性の反映状況を鑑みても、そんな拠出が実現しうるとは考えられない。

仮に実現したとしても、世界中に広がっている人種差別、そして奴隷制の名残は、当然ながら根深く残るだろう。ブラック・ライブズ・マター運動のウェブサイトには、「このプラットフォームは国内政策に主眼を置いているが、家父長制《パトリアーキー》、搾取的資本主義、軍国主義、白人至上主義には国境がないことをわたしたちは知っている」と書かれている。(45)「わたしたちは志を同じくする世界中の人々と一致団結して、グローバルな資本主義と黒人差別、人為的な気候変動、戦争、搾取といった破壊行為に立ち向かう。植民地政策と奴隷制が過去に、そして現在にもたらしている害に対し、償いを求め闘っている世界中のアフリカ系の子孫を、わたしたちは支持する」

それでも、既存の公的支援に全員一律と無条件という原則を持ち込めるなら、それは人種的平等を多少なりと前進させるパワフルなツールになるはずだ——だからこそ、１９６０年代の公民権運動においても、そして現代の人権活動家たちの主張においても、全員一律プログラムの要求が中心的主題となってきた。エコノミック・セキュリティ・プロジェクトに所属する政治科学者ドリアン・ワレンは、わたしの取材に対して「黒人コミュニティは今まさに危機に瀕している」と語った。「（全員一律の制度を作ることは）今とることのできる絶大な解決策だ。ロボットカー到来を考えるような将来の話ではない。目の前の絶対的な貧困を一掃できるエレガントなソリューションだ。他の人種集団との架け橋になり、大きな同盟関係を生み出せるとわたしは思う」

償いではない。それで平等になるというわけでもない。黒人の子どもを白人の子どもと同じ立場にするわけでもない。それでも、全員一律で無条件が叶うなら、それは未来に向けた一歩になる。

＊

だが、福祉と人種の関係は、まるで自分の尾を呑み込んだ蛇のようだ。

認めづらいことだが、真実である。アメリカは人種的多様性に富んだ国であり、その人種的多様性が、全員一律の社会福祉プログラムの開発を阻んでいる。少なくとも、比較的年配の、どちらかといえば保守的の、そして肌の色の白い国民が有権者として多数派であるあいだは、前に進めるとは期待しにくい。黒人の大統領が誕生し、それに伴って社会福祉制度が拡大したことで、非白人に対する嫌悪感がかきたてられ、おそらくはそのせいでドナルド・トランプの当選につながったのだと示す証拠には事欠かない[46]。中道左派のシンクタンク「デモス」の政策アナリストであるショーン・マケルウィーと、サンフランシスコ州立大学の政治科学助教授ジェイソン・マクダニエルの共著論文は、黒人系アメリカ人に対する敵意が2016年の大統領選におけるトランプ支持の「主たる要因」だったことを突き止めている。[47]「関心の低い有権者の多くは2008年までは、黒人系アメリカ人に対する支援という点で、各党の方針の違いを認識していなかった」と、彼らは論文で指摘した。「オバマの当選と、それに続く反発で、人種に対して進歩主義の立場ならば共和党は選ばない、嫌悪感を抱くならば民主党は選ばない、という流れが固まったのだ」。現職の大統領である黒人と、次期大統領候補の白人。有権者はこの構図として状況を理解し、その構図に沿って反応した。「オバマが現職であり、次に立候補するのがトランプである、このワンツーパンチが有権者にとって各党のスタンスをはっきり知らしめる形となった。かたや多様性推進の象徴、かたや多様性に対する反感の象徴だ。アメリカは数十年にわたり、公的支援に白人用・非白人用の区別を設けることで、セーフティネット不要論をじわじわと浸透させてきた。トランプはその流れにのっかり、さらに、非白人の人々をオープンに悪者よばわりすることによって、その風潮を押し広げたのだ」

多様性に対する反感と、「われわれ対彼ら」というメンタリティは、アメリカの白人ナショナリズム支持者の主張に最も色濃く表れる。トランプ時代になって、彼らは新たな力と声を持つようになった。白人ナショナリスト陣営を代表するリチャード・スペンサーは、全員一律の福祉プログラムを導入すべきだと主張しているが、それを受給するのは彼が考えるところの「受給に値する」人々だけだ。[48] オルタナティブ右翼のウェブサイト「オルトライト・ドットコム AltRight.com」に寄稿した論稿「なぜトランプは国民皆保険を支持すべきであるか」において、スペンサーは「今現在の保険制度は白人〔スペンサーは白人 white の頭文字を大文字にして White とつづっている〕にとって面倒で無意味だ。国民皆保険ならそれが解消されるだろう（そしておそらく安くなる）」と述べつつ、「この国が白人系国家とならない限り、医療保険の問題は合理的な解決など不可能だと理解せねばならない」と書いている。[49]

当然ながら、アメリカが白人系で統一された国家になる気配はない。むしろ多様化は進む一方だ。そして一部の指標を見る限り、より不平等にもなった。この現状には富を大きく分配し直す全員一律プログラムが必要だと左派は主張する。その声は以前と比べて劇的なほど高まっている。一部の政治オタクが慎重なミーンズテストを伴う導入や漸進的な拡大を謳うだけだったクリントン政権時代・オバマ政権時代とは大違いだ。たとえば現在では民主党のバーニー・サンダース上院議員が「メディケア・フォー・オール」と名付けた国民皆保険制度を主張している。左派で最も影響力の大きいシンクタンクと言われるアメリカ進歩センター（ＣＡＰ）は、連邦による雇用保障制度を要求している。[50] 潮の流れの変化を見て取ったヒラリー・クリントン陣営も、福祉給付プログラムを子ども向けのＵＢＩに転じる政策案をひっそりと準備していた。驚いたことに、選挙戦の顚末を振り返って２０１７年に出版した自伝『ＷＨＡＴ　ＨＡＰＰＥＮＥＤ』で明かしているところによれば、彼女は石油・ガス会社や通信事業者などに課す資源使用料を財源としたベーシックインカム導入構想も検討していたという。著書では、そのような財源から国民に基本的収入を提供する意義について、「現金が得られるだけでなく、国民は国と繫がっていると実感できる——自分自身よりも大きなものの一部という実感だ」と書いている。[51] クリントンいわく、「残念ながら、数字が合わなかった」。しかし２０２０年の大統領選における民主党候補は国民皆給付プログラムを掲げる可能性が高い。たとえばニュージャージー州選出のコリー・ブッカー上院議員はすでにＵＢＩに対する暫定的な支持を公言しているし、ニューヨーク州選出のカーステン・ギリブランド上院議員も国民全体をカバーする雇用プログラムについて意見を表明している。

全員一律のプログラムならば、準郊外に住む中間層の白人系アメリカ人にも、南部郊外に住む黒人のシングルマザーにも、ラスベガスに住むラテン系の家族にも、同じ給付を与えることとなる。理論的には、一律であるというその事実が、フードスタンプや、低所得者向け住宅補助のセクション８や、貧困家族一時扶助

（TANF）などの福祉関連プログラムに付随するスティグマから彼らを遮断し、右派が要求する福祉予算削減からも守ることとなる。自分自身も給付を受けるのだから、隣人がメディケアや社会保障を受けていることを不公平だとは言えなくなる（現在の勤労所得税額控除や児童税額控除のように、給付を税法の中に組み込み、水面下で処理されるようにするのも効果的だろう）。もちろん、全員に給付するプログラムが全員に等しく利するとは限らない。国民皆保険を作ったり、負の所得税を導入したりすれば、それは金持ちの家族よりも貧しい家族を、白人よりも黒人を助けることとなるだろう。しかし、全員を救うという前提は、その導入だけでも受給者を叩く者の牙を折り、叩かれる者のスティグマを消し去る――たとえ、黒人家族を白人家族よりも貧しく、学歴も低く、富の追求もできない状態に閉じ込め続けてきた根深いダメージの修復には充分でないとしても。ロボットと技術的失業、そして仕事のない世界について語る議論は、ＵＢＩに言及することはあれど、福祉はまた別問題としてしまう。人種と国民皆給付の関連性はこれほどまでに顕著で、重要で、歴然とした議題であるはずなのに、そうやってＵＢＩとは別問題と考えることで、議論に蓋をしているのではないか。

公聴会で福祉と差別について意見を述べたアレサ・ジャクソンは、福祉に関する考え方を変えさせる一石になることができて嬉しかった、と話していた。「お偉方は、実際に福祉を利用している人ともっと話すべきなんですよ」と、わたしには語っている。「数字は数字。現実はまた別です。人間っていう要素が欠けてる気がします」。とはいえ、公聴会で証言したあと、事務局から何もフォローアップはなかったという。そして少なくともわたしの知る限り、クリントンの福祉改革以降、議会が福祉受給者を呼んで意見を聞こうとした回数はほんのわずかなのである。

8　彼女たちの10兆ドル――女性とＵＢＩ

１９７５年10月24日、アイスランドに住む女性の90％がストライキを決行した。[1] この日、幼い子どものオムツを換え、朝食を作り、癇癪をなだめ、服を着せてやるのはパパの仕事となった。保育園は閉園、学校も休校なので、パパやおじいちゃんがオフィスへ、港へ、工場へ、工事現場へ子連れ出勤、孫連れ出勤をした。報道によると、男性が手軽に調理して子どもに食べさせられる食材、ソーセージがどこの店でも売り切れになったらしい。レストランやカフェや映画館を含む多くの店も休業した。国営の航空会社も欠航し、銀行は行員をそろえるために奔走した。一方で数万人のアイスランド女性たちが首都レイキャビクの広場に集まり、お互いをたたえ合い、プラカードを掲げ、シュプレヒコールを上げた。

この「女性が仕事を休む日」というデモを組織したガーダー・スタイントーソドッティルは、『ニューヨーク・タイムズ』紙の取材に対し、デモの狙いは「国家経済と国民生活にとって女性は欠かせない存在であると示す」ことだったと語っている。[2] 彼女はこの試みが大成功だったと断言した。多くのアイスランド国民が男女問わず、また保守派とリベラルを問わず、この意見に賛成した。デモの5年後にアイスランド大統領に就任したヴィグディス・フィンボガドッティルは、のちにＢＢＣで「あの日に起きたことは、アイスランドにおける女性解放の第一歩でした」と語っている（フィンボガドッティルは、離婚してシングルマザーとなった女性として、このストに刺激を受けて大統領を目指すことにしたという[3]。「国全体が完全に麻痺して、多くの男性の目を開かせたのです」

経済学者は昔から知っていた。女性の仕事——特に育児や介護という仕事（ケアワーク）——の価値は正当に評価されていないし、ある面では価値として気づかれもしていないのだ。出産、育児、障害児や病児の世話、高齢者の介護や看取り……どれ一つとして社会的重要性に欠ける仕事はない。それなのに、こうした労働のほとんどは無給であり、たとえ有給の仕事だとしても低賃金で福利厚生もきわめて薄い。無給のケアワークは国家の経済指標にカウントされず、政府の台帳に書き込まれることもなく、世間の認識においても無視されている。

シンクタンクや学会や政府機関などが、無報酬のケアワークが世界経済にもたらす価値を計算することもあるが、そこで算出される数字には度肝を抜かれる。たとえば高齢者団体アメリカ退職者協会（ＡＡＲＰ）のリサーチ部門による推算では、アメリカで家族のためのケアワークに従事する４０００万の人々は、成人に対するケアだけでも毎年５０００億ドル相当の無給労働をしている[4]。そのうち３分の２は高齢女性による労働だ。医学専門誌『ランセット』に掲載された論文は、全世界32カ国の女性が毎年１・５兆ドル相当の医療ケアに従事していると述べていた[5]。マッキンゼー・グローバル研究所の計算では、女性の無給ケアワークが現地の最低賃金で支払われたと仮定すると、全世界の経済生産高は11％増で12兆ドル増えることになる（中国の年間産出に等しい[6]）。

さらに幅広く見ると、経済学者の推算によれば、ケアワーカーはあらゆる国でＧＤＰの15％から65％に相当する労働を提供している。アメリカでは26％、スイスでは40％、インドでは63％だ[7]。経済協力開発機構（ＯＥＣＤ）の調査では、無給ケアワークの価値を代替費用（他人に同じ時間数の労働を依頼するならいくら払うことになるか）と機会費用（その労働をせずに有給の仕事をしていたらいくら稼げたか）という二つの面から計算した。[8] すると、複数の経済圏において代替費用がGDPの16％から43％を占めるという結果が出た。年間数十兆ドル相当だ。そのケアワークをほぼ全面的に女性が、しかも大半は有色人種の女性が担っている。

にもかかわらず、どういうわけかこうした労働はささやかで安いような感覚がする。イギリスの著名な経済学者アーサー・セシル・ピグーが論じたように、社会奉仕的サービスは「直接的にも間接的にも、お金という物差しに組み込むことができない」のだ。[9] 無報酬のケアワークは経済と無縁というわけではなく、むしろ経済的効用の最も根幹的な部分を形成している。無報酬のケアワーカーが提供するインフラがあってこそ、いわゆる正式な労働が存在しうる。そして、アイスランドの女性たちが1975年の秋に敢行したストライキで示したように、ケアワークの大半を女性が担っていることを鑑みると、男性の存在なくして世界経済が存在しえないこと以上に、女性の存在なくして世界経済は存在しないと言うことができる。フェミニストたちが昔から主張していたように、マルクスとエンゲルスの言葉を借りるならば、「再生産労働《リプロダクティブ・レイバー》」〔育児や家事のこと。リプロダクションには生殖という意味もある〕なくして「生産労働《プロダクティブ・レイバー》」は成り立ちえないのである。[10]

UBIにかけられている期待の一つは、こうした無給労働者に対して社会が補償を行なうことが可能になるというものだ。ジャーナリストのジュディス・シュレビッツは、『ニューヨーク・タイムズ』紙のオピニオン記事で「人類の存続に対する女性の無報酬の貢献に、社会がタダ乗りをしている」と表現した。[11]「そろそろ補償のようなものを支払うべきではないか」。労働における根深いジェンダー格差、それに対する一種の罪滅ぼしとしてUBIを推す主張には、当然ながら批判も多い。金銭の支払いだけが社会的認知の手段ではないからだ。それに、有給労働と無給労働の両方の価値を認めつつ、一人は前者のみ、もう一人は後者のみと切り分けて担っている家庭も多い。しかし、そうだとしてもUBIは、給料をもらわない骨折りを貢献と認めない発想にNOをつきつける力にはなる。

そう考えると、全員一律で無条件のプログラムを推すべきもう一つの視点が浮上してくる。UBIはケアワーカーの賃金を改善したり、子育てを金銭的に支援したり、あらゆる無給労働に従事する女性への補償になったりするだけではない。すべての人間が価値ある存在として社会に場所を確保し、最低限の資本を確保し、それによって最低限の選択肢をもてるようにする、それがＵＢＩが実現しうる可能性でもあるのだ。ＵＢＩの導入は、お金を稼ぐことだけが労働ではない――過去においてもそうではなかったし、現在においてもそうではない――という見解をはっきり打ち出すと同時に、ＧＤＰや雇用成長や賃金が最重要の経済指標であるという認識にも、異を唱えることになる。

＊

クリスマス間近の曇り空の日、わたしは朝からロクサナ・ギロンという労働者の一日を密着取材した。彼女はエルサルバドル出身だが、激しい内戦中だった祖国で家族の一人によって兵士たちの一団に売られそうになり、10代で国を捨てて逃げることになった。渡米して最初に到着したのはロサンゼルスで、のちにラスベガスに移っている。わたしが取材した日の彼女は、いつもと同じく夜明け前に起床した。ラスベガス・ストリップと呼ばれる、カジノやホテルが立ち並ぶ絢爛たる一帯からそう離れていないが、彼女が住む家はしっくいと木材でできた平屋住宅だ。起床すると、糊のきいた介護ユニフォームに着替え、4カ月になるチワワのミックス犬――ピーナッツという名前だ――に餌をやる。家の静寂が保たれている数分間のすきに、クロワッサンとハムとチーズで朝食を作る。「5時に目覚ましをかけるんだけど、これが8時だったらどんなにいいかって思うわ」と、彼女はこぼした。「眠くてたまらなくて」

ロクサナ・ギロンは44歳。朝食の準備が済むと娘を起こしに行く。きらきらに飾り立てたピンク色の部屋で、10代の次女カーラが眠っている。電気をつけて、カーラを浴室に行かせ、それからおねしょのしみたシーツと防水マットレスをベッドから剝がしてガレージの洗濯機につっこむ。娘の服を脱がしてやり、ざっとシャワーを浴びさせる。タオルを巻きつけてもう一度寝室へと追い立てて、大人用オムツをはかせて清潔な服を着させる。

カーラは台所のテーブルにいるわたしを見て甲高い声をあげた。「静かにしてね」とギロンは言い、娘を促して椅子に座らせる。カーラがユーチューブ動画と予期せぬ来客に心を奪われているあいだに、今度は長女のダニエラを起こしに行く。プロセスは同じだ。起こして、汚れたシーツを剝がし、服を脱がせ、シーツを洗濯機に入れ、娘にシャワーを浴びさせ、着替えさせ、それから髪をとかしてやる。

娘たちは生まれつき重い発達障害をもっているのだという。次女のカーラは言葉を喋ったこともない。2人とも糖尿病で、長女のダニエラのほうは深刻な気分障害もあるので、つねに両方の世話を焼き見守っていなければならない。「留守番させられないのよ」とギロンはわたしに話した。「包丁で刺したり火遊びしたりってことはないけど、アメ玉一つでも死ぬかもしれない。家の中にアメ玉は置かないようにしてるけど、何か食べちゃって死ぬ可能性は大ありなの」

娘たちに食べさせるクロワッサン・サンドイッチを紙皿に載せ、電子レンジにつっこむ。それからハサミで小さく切り分けて、コップに人参ジュースを注ぐ。熱々のサンドイッチを冷ますあいだに娘たちの指で血糖値検査をして、手早くカーラの上腕を消毒しインシュリン注射を打つ。ダニエラには気分障害の薬を飲ませる。「この子、怒ってキレると手が付けられないから」

日中のカーラは近所の特別支援学校に行く。22歳までその学校に通えることになっている。ダニエラは大人向けの特別教育センターに空きが出るのを待っているところだ。仕事に出ているあいだは夫オスカーが娘2人の世話をするが、基本的に子どもらの面倒を見るのは妻の役目だという。他の人では娘たちを風呂に入れられないし、ヘルパーなどを雇うのは夫婦の懐では到底叶わない。

ロクサナ・ギロンは、カリフォルニア大学バークレー校の社会学者アーリー・ホックシールドが30年前にも多い。

の2倍以上だ。[14] 家事も女性のほうが2倍は多く引き受けている。そして余暇の時間は父親のほうが母親より半分に減少した。[13] にもかかわらず、現代の母親が子どもと過ごす時間は週に平均13・5時間で、これは父親家事労働を引き受けるようになり、子どもと過ごす時間も3倍長くなり、女性も同時期に家事労働の時間がだという。他の研究でも同様の傾向が確認されている。現代の男性は1960年代と比べれば2倍ほど多くと無給のケアワーク両方を計算すると、女性は毎年、配偶者よりも1年間で平均1カ月分長く働いているのな勤務時間外にも日々の家事や育児や介護や看病といったダブルワークをしていることを指す。有給の労働「第2の勤務」と呼んだ働き方の増大版とでも言うべき労働に従事している。[12] 第2の勤務とは、女性が正式

こうした数字は、育児はもちろん高齢者介護という点からも伸びる一方だ。ベビーブーム世代の高齢化に伴い、現代人には両親の介護問題がのしかかる。生命保険会社メットライフの調べによると、親の世話または金銭的援助をしている成人の割合は過去15年間で3倍になった。[15] 女性はもっぱら自分自身が介護に携わることが多く、男性はもっぱら金銭的支援をすることが多い。子どもと親の世話を同時にしている女性も多く、「サンドイッチ世代」などと呼ばれる。労働者人権活動家のアイ＝ジェン・プーは、「ベビーブーム世代が定年を迎えています」と説明している。「わたしたちの祖父母世代は、この国で最も急成長した世代なんです。介護ニーズが急速に増大しているというのに、それを支える手立てが何もできていません」[16]。高齢者だけではない。病気や障害をもつ親族の世話という点でも、現代女性は少なからぬ労働時間を注いでいる。ある研究によると、女性が病児を単独で世話している状況は男性の13倍だ。病児を医者に連れていく役目も女性のほうが5倍多く引き受けている（男性は一般的に、女性よりも、こうした役割を「共同でやっている」と認識している）[17]。

この現象が見られるのはアメリカだけではない。世界経済フォーラムのレポートが集計したすべての国に

おいて、男性が有給労働に従事する時間は女性よりも長いことが確認された[18]。有給労働をしている割合も男性のほうが歴然と大きく、その差は働き盛りの40代にかけて広がる一方だ。どの国でも男性のほうが稼ぎが多く、年収の世界平均は男性が2万ドル、女性が1万1000ドル。報酬率でも同様で、有給労働の時給は男性のほうが高い。ただし、有給労働と無給労働の区別を取り払うなら、労働の圧倒的大多数を担っているのは女性だ。平均的な男性の勤務日における労働時間は7時間47分だが、平均的な女性は8時間39分という計算が出ている。

「女性が担っているのは人類にとって本当に重要な仕事なのです」と、世界経済フォーラムの雇用およびジェンダー・イニシアチブ担当責任者を務めるサーディア・ザヒディは述べる[19]。だが、その大切な仕事の価値は見落とされ、集計にも含まれず、正当に評価されていない。

＊

アメリカには、これに関連した一つの深刻な問題がある。子育て費用の異様な高騰だ。政府は企業に対し、有給の産休・育休付与を義務づけていない。特定の条件を満たした従業員がたった12週間、無給で休暇を取れることになっているだけだ。その点においてこの国は異例である。経済協力開発機構（ＯＥＣＤ）によると、出産する女性に政府が金銭的補助をするか、もしくは企業にそれを義務づけるか、いずれの仕組みももたない国は先進経済圏ではアメリカだけである[20]（フィンランド、スロバキア共和国、ハンガリーはいずれも3年の育休を有給で与える。ＯＥＣＤが調査した高所得国家34カ国の平均は1年ちょっとだ）。アメリカの民間セクターで働く労働者のうち、産休・育休中にも給料を支払われているのはわずか12％しかいない[21]。

高所得国家での比較だけでアメリカが異例なわけではない。国際労働機関（ＩＬＯ）が調査した全世界185カ国を見ても、新生児を迎える労働者に何らかの補助を与えていない国はアメリカとニューギニアの2

カ国のみ。[22] イラクとアフガニスタンにも、少なくとも書類上には有給の産休・育休制度があるというのに、アメリカにはそれがない。OECDのレポートによると、無給の育休付与の義務化という点でも高所得諸国に後れを取っており、休暇日数の長さでは後ろから3番目である。[23] 育児介護休業法という法律はあるが、この法律のもと無給休暇の受給資格を得られるのは、民間セクターの労働者のほんの半分程度だ。

このため、新生児が生まれた家庭では数週間や数カ月にわたって収入が落ち込むことになる。多くの場合、それっきり元の収入レベルには戻らない。子どもの誕生後は生活費が払えなくなり、貯金を崩し始め、結局は育休を早めに切り上げて職場復帰せざるをえなくなる。ある調査によると、無給または一部有給の育休を取得した労働者の6人に5人――つまりは子どものいる労働者の大半ということだが――は、我が子が小さいうちは支出をぎりぎりまで抑える必要に迫られる。[24] そして少なからぬ女性が出産後数日または数週間後には職場復帰する。これもアメリカだけに見られる特異な現象だ。[25]

その後も状況は決して楽にはならない。アメリカで子育てをする女性は概して働き続けたい、もしくは働き続けなければならないと考えている。1歳未満の乳児をもつ母親の58%が何らかの形で職場復帰している。[26] 6歳未満で見れば64%だ。ところが良質の託児所が見つからないこと、育児にかかるコストが高いこと、そして多くの職場で融通が利きにくいことなどが、スムーズな復帰を困難にする。乳幼児のいる世帯の6割近くは、質と金銭的手頃さの両面で満足のいくケアを確保できていない。アメリカ進歩センター（CAP）が8州で実施した調査では、40%以上の子どもが、「育児砂漠」で生活していることが明らかになった。[27] 育児砂漠とは、「5歳未満の子どもが少なくとも30人は居住しているにもかかわらず託児施設が一つもない地域。もしくは託児所が少なすぎて、5歳未満の子どもが、余裕のある地域と比べて3倍以上も詰め込まれている地域」のことだ。郊外で生まれた子どもの大多数が育児砂漠にいる。都会でも3人に1人の子どもがそうした状況にある。

選択肢の少なさは、子育て費用の多大な負担とつながってくる。子ども一人を保育所に預ける際にかかる年間費用は、ミシシッピ州の家庭なら３９７２ドル、マサチューセッツの中心地なら1万７０６２ドルもかかる。[28] ほとんどの州では保育所費用が夫婦の平均所得の10％を超える。半分以上の州で、赤ん坊をデイケアに預けるほうが、若年成人が公立大学に通うよりも費用がかさむのだ。当然ながら、その他のあらゆることと同様に、この負担は貧困層であるほど重くのしかかる。月収が１５００ドルに満たない世帯では、保育所に払う費用で稼ぎのほぼ40％が消えてしまう。[29]

世帯所得は伸び悩み、連邦が定める最低賃金は時給７・２５ドルのまま変わらないというのに、こうしたコストばかりが天井知らずで伸び続けている。共働き世帯が育児に使う金額は１９８５年に平均で週84ドルだったが、インフレを加味した２０１１年の計算では１４３ドルとなっていた。[30] それなのに平均世帯所得の数字はほとんど動いていないし、所得規模で底辺にある世帯はとりわけ稼ぎが伸びていない。

高騰するコストを、連邦政府は補助できていない。児童税額控除と勤労所得税額控除を拡大しただけで、あとは何もしていないも同然だ（しかも、失業していれば勤労所得税額控除は関係がない）。子育て支援に対する連邦の総支出額――保育等包括交付金（ＣＣＤＢＧ）と貧困家族一時扶助（ＴＡＮＦ）を通じて――は、２０１４年にはたった１１３億ドルだった。[31] ２００２年以来の最少額である。保育等包括交付金の対象となっている児童数も、過去20年間で最低だ。[32]

子どものいる貧困家庭の圧倒的大多数は、子育てに関する支援を何も受けていない。この点でもやはりアメリカは特異な存在だ。公的な子育て支援支出の対ＧＤＰ比は、他のＯＥＣＤ諸国16カ国の4分の1である。[33] そのため、年間所得3万ドル未満の世帯では可能な限り家族だけで子どもの面倒を見なければならず、低所得層の女性ほど、労働市場から完全に離脱することになる。現代の専業主婦は3人に1人が貧困線を下回っている。[34] １９７０年にはわずか14％だったというのに。

この影響は甚大だ。アメリカは本質的に、女性を低所得へ低所得へと追いやり、労働市場からはじき飛ばしているのである。プリンストン大学の経済学者が発表した論文によると、1990年から2010年にかけての子育て費用の高騰が、全アメリカ人女性の就労率における5%の低下をもたらした。[35] 5歳未満の子どもがいる女性の就労率で見れば13%の低下だ。アメリカは、OECD加盟国の中でも成長著しいとはいえ、有給労働に対する女性の参加という点では下降し続けている。フランス、ドイツ、スペイン、オーストラリア、日本、イギリスなどの国々は、いずれも働く女性の割合がアメリカよりも高い。OECD加盟22カ国における女性の労働参加率を見ると、アメリカは1990年に6位だったが、2010年には17位と転落している。[36] 実に意外な、そして実に劇的な変化だ。

＊

ロクサナ・ギロンは、次女のカーラを特別支援学校へ送り届けてから、その日の訪問介護先に向かう。この日は3カ所で、最初の訪問先はフーバーダムの近くにある高級邸宅だ。地面の砂が露出した地域の中でここだけは芝生が青々と輝いている。ギロンの介護サービス利用者である高齢男性は、過去に2度心臓発作を経験して、今は歩行器を使う生活だ。「バランスをとるのも歩くのも難しいのよ」とギロンは言う。「お手伝いしないと入浴ができないの」。老人の入浴介助を行ない、シーツを換え、この日3度目の洗濯をする。服を着替えさせ、浴室の掃除をして、食事を用意する。

「ふくらはぎにクリームを塗ってあげないと。痛み止めが必要なのよ」。わたしにそう説明しつつ、老人とお喋りして、笑いかけ、髪をとかす。ここでの持ち時間は2時間だ。「何もかもはできないわね。今日は乾燥機に服を残したままにしちゃった。明日はその片付けに10分かかって、それからまた今日と同じことを全部するってわけ」

次の訪問先では、まったく歩行できない高齢男性の世話をする。「ベッドから車椅子に移動するのもわたしの仕事。ご自分じゃできないから」と言い、自分より重い身体を動かしたり、寝返りを打たせたり、向きを変えさせたり、支えたりする方法を身振り手振りでわたしに説明した。「シャワーを浴びて、ちゃんと清潔にして、きれいな服を着ていただく。それから車椅子に乗せて、居間の椅子のところまで連れて行くのよ」。食事を作ってやり、コップに薬も用意する。法で責任範囲が決まっているので、「わたしが薬を口に入れてあげるのはダメ」なのだという。「飲むように言って、実際に飲むところを見守るだけ。この方は認知症で、薬を飲まないと状態が悪くなっちゃう」

老人が食事するあいだにベッドシーツを換えて、また洗濯。それから食器を洗い、浴室の掃除をする。「ここのお世話は時間がいっぱいあるのよね」。4時間の介護で、報酬は40ドルだ。「この方は近所にお孫さんがいらっしゃるの」。家族が世話をしにくることがあるのかとわたしが尋ねると、ギロンは答えのかわりに「わたしが帰る時間になると、いつも文句を言うのよ」と話した。「『もう行っちまうのか！　わしはいつもひとりぼっちじゃないか！』って。これから行く3番目の利用者さんも、息子さんが2人ニューヨークにいるんだけど、全然会ってないんですって」

3番目の利用者は、ベトナム復員兵で、下半身に麻痺がある。「ひどいけがをなさってるのよ」と、ギロンは車に乗り込みながら説明した。「ベッドに寝かせたまま、大きな装置を身体に装着して、ベッドから車椅子まで移動させるの。電動車椅子ね。それをトイレぎりぎりまで押して行って、車椅子からバスルームの中のベンチまで大きな板を渡して、それから身体をベルトで固定する。下手すると転んじゃうから、慎重にやらないと」。板と、ベルトと、レバーと、ハンドルを駆使して、老人を便器に座らせ、それからシャワーを浴びる位置に移動させる。

「身体の不自由なご老人のお世話がどれだけ責任重大か、わかるでしょ。絶対にけがさせないように注意しなくちゃいけないんだから」とギロンは言う。「固定ベルトが確実に締まってるように、3回は確かめるの。だって、もし転んじゃったら、ねえ？　わたしじゃ運べないから、救急隊を呼ばなきゃいけなくなっちゃう」

ケアワーク——在宅医療、高齢者のサポート、その他の身の回りの世話など——が、アメリカで最も急増している仕事だと示すデータもある。[37] 同時にアメリカで最も報酬の低い仕事でもあり、平均所得は時給10ドルをわずかに超える程度だ。連邦が定める最低賃金である時給7・25ドルで働く者も多い。しかも、この仕事で昇給や昇進の機会はほぼゼロだ。ギロンは2016年に時給が10セントだけアップしたという。

訪問介護の仕事はとても気に入っている、とギロンは語っていた。自分でもケアワーカーの素質があると考えている、と。だが家計の支払いは追いついていないし、クリスマスも近いというのに首は回らなくなる一方だ。「延滞しまくってるの。もろもろの生活費を払っちゃわなきゃいけないんだけど、今すぐはほんとに無理。携帯電話も払えないから不通になったし。電気代も700ドル滞納してる」。しかも彼女は、起きている時間のほぼすべてを、自分で身の回りの世話ができない、一人にさせておくことができず見守りを必要とする誰かのサポートに費やしている。「友達によく言われるわ。『あんた、これを生涯ずっとやってくつもり？』って。もう44よ。年もとってく。だんだん疲れてきちゃうわよね」。いつか自分が娘たちの世話をできなくなるときが来たら、いったい誰がかわりに面倒をみてくれるのか、まったくあてはついていない。

女性がケアワークを引き受ける傾向があるのは、多くの場合は本人の好みや適性の表れだというのは事実だ。しかしその一方で、ケアワークは女性がするべきという広い社会的期待の表れだということも、また事実である。経済政策研究所に所属する経済アナリストのジェシカ・シーダーとエリサ・グールドは、「それまでの長年の教育と、権威者による指導、保護者の期待、企業の採用慣行、そして雇用主と労働者と社会が広く想定している『家庭と仕事の両立はこうあるべき』という常識。これらの積み重ねによって、女性が初めて仕事に就こうとする時点で、職業の選択肢がほぼ決まってしまっている」と考察した。[38]「女性ばかりが働く低賃金の職業に就くことが圧倒的に多いが、その判断は、差別や社会的常識など、女性自身の意思ではない力によって形成されている」

それに加えて、職業が「女性化する」、すなわち女性が働き手の大多数を占めるようになると、その職業は給料が安くなるという現象がある。ハーバード大学の経済学者クラウディア・ゴールディンは、これを「差別の汚染理論」と呼んだ。[39] 女性が従事するという毒が注がれることによって、その職業の威光が損なわれるのだ。イスラエルで実施された調査でこれが明らかになった。1950年から2000年にかけて、過去には働き手の大多数が男性だったが、のちに大多数が女性になったという職場を観察し、賃金率の変化を調べた。[40] すると、キャンプ場やレクリエーション施設などでは時給の中央値が57％ポイントも急落していた。チケット販売では43％ポイント、デザイナーでは34％ポイント、客室係では21％ポイント、生物学者では18％ポイント下がっていた。反対にコンピュータープログラマーなど、ほぼ全面的に男性の仕事として誕生した職業では、賃金が伸びていた。女性が働くと、女がする仕事だからという理由で、その仕事の報酬は安くなるのである。

ロボットやウーバーやファストフード労働者について心配するわたしたちの目の前には、その存在を気づかれもしていない重大な問題が横たわっている。子どもをあやし、老いた両親に食事をさせ、認知症患者を守り、病人の介護をする――そうした労働の押し付ける相手を、この社会はさらに追いつめている。

＊

子育ての金銭的負担を軽減するにはどうすればいいのか。昨今のアメリカではこの話題がさかんに議論されている。リベラル派は有給の家族休暇制度を主張している。トランプ大統領の娘イヴァンカ・トランプがホワイトハウスで担う役割はいまひとつ不明確ではあるものの、とりあえず彼女は子育て費用の税控除を目指している。実現すれば、ベビーシッターなどに高額の出費がある家庭にとっては恩恵だ。また、ともに超保守派の上院議員、ユタ州選出のマイク・リーとフロリダ州選出のマルコ・ルビオは、児童税額控除の大々的な拡大を要求して旗を振っている。リベラル派にとって、この話題の後押しになっている一要素は、働く女性の苦境に対する懸念だ。保守派にとっての一要素は、出生率低下に対する懸念だ。だが、こうした対策はいずれも、より大きな問題の周辺ばかりをいじっているように思えてならない。子育てをする人々を投資すべき対象ととらえ、ケアワーカーに敬意を払い、子育ての選択肢について家族に主導権をもたせようという積極的姿勢がそもそも欠如している。その点UBIは、育児や介護に対する社会的足場の形成を主眼とする政策ではないが、育児・介護業を担うことの多い有色人種の女性の賃金上昇をもたらし、子育ての金銭的負担を軽減し、すべての女性の第2の勤務に多少なりと対価を払うことにつながっていくのではないだろうか。

UBIが——もしくは、それに準ずるような全員一律の無条件の給付が——いかに女性たちのエンパワメントになりうるか、わたしはラスベガスでの取材を通じて実感したし、アメリカ国外に目を向けるとなおさら強くそう痛感せずにはいられなかった。ケニアの村では、男性と女性がたいてい異なる経済的役割を担っている。女性はもっぱら家事労働と、家畜の世話と、薪拾いと、掃除と、子どもの世話に時間を使う。日中に仕事や商いで家を離れ近隣の村などへ出かける女性はほとんどいないようだった。そのため自由になる現金というものをほぼ持たず、配偶者や親戚に依存して生きることになる。その一方で男性には、ビクトリア湖での魚釣りや、車を持っていれば市場への送迎や、日雇い労働など、有給の仕事をする選択肢が多数ある。畑やバイクなど、収入源となる資産を所有するのもたいてい男性だ。

ケニア農村部の資産所有および所得に関するデータが如実に物語っている。貧困のジェンダー的内訳には、経済はもちろん文化や政治も大きな影響をもたらしているのだ。たとえばこの国の土地の圧倒的大多数は男性の所有物だ。[41] 女性が自分で生計を立てようにも、信用を確保できないので、男性が所有する土地よりも生産性が低い土地しか所有することができない。学歴も修められず、高収入に結びつけられない。ケニアでは最近、女性に平等な権利と保護を与える法律が通過したにもかかわらず、ある調査は「ジェンダーの役割を支配する慣習法よりも優先される法律が初めて成立したということを、女性も、司法関係者の多くも、認識していない」と指摘している。[42]

同じことは発展途上国全般に当てはまる。有給労働と無給労働のバランスが大きく傾いているため、女性はたいてい現金収入がない。法と慣習によって、土地や、銀行口座のような基本的なものに対する女性のアクセスが制限されていることも多い。「発展途上国のほぼ3分の1において、法は女性と男性に同等の相続権を保障していない。2分の1の国々において、女性に対する差別的な慣行が見られる」と、国連発行のレポートが結論づけていた。[43]「発展途上地域の既婚女性のおよそ3人に1人は、大きな買い物に対する家計支出についての決定権がない。また、既婚女性の10人に1人は、現金収入の使い道について意見を求められることすらない」

こうした動向を見る限り、やはり現金支給は、女性の経済的および社会的立場を向上するパワフルなツールになるはずだ。イギリスのシンクタンクである海外開発研究所は、無条件または条件付きの現金支給プログラムを調査し、女性のエンパワメントを示すさまざまな指標で向上が見られることをつきとめた。[44] 身体や言葉や心理面での虐待事件は減っていた。また、女性が家族の意思決定に関与することが増え、結婚年齢も上がり、避妊手段を使うことも増えていた――自分の身体と人生の成り行きについて自分自身で主導権をもてるようになったという意味だ。それから、当然ながら、現金が支給されれば貧困が緩和される。女性は自分の収入増加に励むにあたって直面する構造的障壁が多いので、男性と同額の支給から得るメリットが男性よりも大きい。国連のレポートにおける貧困評価の中心的単位は世帯であるため、発展途上国における「貧困をジェンダー的観点から測る直接的な指標」は存在しないのだが、女性が全般的に経済面で脆弱な存在であることは確かなようだ。(45)

経済学者としてインド政府の経済主任顧問を務めるアルビンド・スブラマニアンも、同じくインド人の経済学者としてカリフォルニア大学バークレー校で教鞭をとるプラナブ・バルダンも、現金給付の恩恵はまっさきに女性に行くだろうという見解を語っていた。バルダンはわたしの取材に対し、「多くの貧困国と違う点、また、インドが最も頻繁に比較される国、すなわち中国とも明らかに異なる点として、インドでは女性のほぼ4分の3が無収入だ」と説明した。(46)「成人女性の4分の3は家庭の外に仕事をもたない。近年では、労働市場に対する女性の参加は実のところ減少している。一つの理由は、労働力から離脱した女性が過去に従事していた仕事が過酷で、重労働すぎて、先のないものであったからだ」。UBIが導入されれば、そうした事実上の虐待から女性を守り、女性と子どもの貧困緩和に働きかけ、女性たちに経済的選択肢を増やすことになるだろう、とバルダンは述べていた。スブラマニアンも同意見だ。「充分なお金があるなら、全員に配れる。しかし金銭的制約があり、本当のビッグな望みは実現できない状況で何かしなければならないのだとしたら、限られた選択肢の中で、どうするのがベストなのか。家父長制《パトリアーキー》が大きな枷であるのは確かなのだから、女性へのエンパワメントは、それを解決する一つの方法となるはずだ(47)」

そう。同じことは、国を問わず、規模を問わず、あらゆる場所に当てはまる。

9　共生を成り立たせるために――多様性とＵＢＩ

２０１７年１月にトランプ政権が発足し、最初の１年間で何が起きたか。それは、選挙戦中はささやきだった暴力の声が、つんざく金切り声へ切り替わるという変化だった。白人ナショナリスト、ＫＫＫ、ネオナチたちが全国各地の路上を占拠し、ネットでも現政権を声高に賛美した。人種差別と不寛容の表出がすさまじい勢いで増大し、非営利団体「南部貧困法律センター」の集計によれば、選挙後のたった数週間でヘイトクライムが１３７２件発生している。(1) ８月にはバージニア州シャーロッツビルで、人種差別反対のデモに白人ナショナリストの運転する車が突っ込み、若い女性一人が死傷する事件も起きた。トランプはこの暴力について双方を非難して、ナチスや白人至上主義者の行進は「まったく問題ない」と発言。激しい非難が集まったが、それで何も改善には至らなかった。

失業率は歴史的に見ても最低レベル付近に下がった。議会は富裕層に対する減税を除いて特に大きな行動は起こさなかった。不況が起きる気配も、戦うべき対外戦争もない。しかし世の中のバランスは崩れてしまったらしい。遠い過去に根のある憎しみがふたたび噴出し、政治的局面はソーシャルメディアに焚きつけられて醜悪さを増大させ、政治報道は過熱し、ケーブルテレビが年中無休で延々とニュースを垂れ流す。人種差別主義者と反ファシストが衝突する一方で、南極の氷が割れサンゴ礁が死滅していく。ロシアがツイッターとフェイスブックを水面下で荒らし、ユナイテッド航空がアジア系の無害な乗客を引きずり降ろし、不法移民を摘発する入国税関管理局が各地で小学校をも襲撃し、国会議事堂前で抗議運動が起き、イギリスではマンチェスター・アリーナで自爆テロがあり、ＩＳＩＳが殺戮を続け、大統領選にかかわった政府高官が続々と起訴されている。

もはや行きつくところまで来たのか、という感すらあった。不平等と分極化が家庭を引き裂き、所得と人種と信念による分断が進んだ。人々は、政府とマスコミを含め、エリートや組織というものに対する不信感をつのらせた。ソーシャルメディア、ラジオのトーク番組、ケーブルテレビのニュースは、炎上を広げ分断を推進する装置となった。

だが、トランプの選挙活動と大統領就任によって表面化した不条理主義的でポストモダンの残忍性は、長くゆっくりと進行してきた分裂の、とりわけ毒性の強い表出であったにすぎない。アメリカが所得と富において大きく分裂していることは明白だったが、政治的な意味でも亀裂は前から広がっていたのだ。ピュー研究所の調べによると、アメリカ人は20年前と比べて、自分の政治的見解に関してより頑固に、より執拗になっている。共和党支持層の保守化は深まり、ごく一般的な共和党支持者であっても、保守傾向の強さは民主党支持者の94％を上回る。[2] そして民主党支持層はリベラル化が深まり、ごく一般的な民主党支持者であっても、リベラル傾向の強さは共和党支持者の92％を上回る。異なる党派に対する敵対心が増大し、相手の党の支持者を「非常に不愉快に思う」割合は20年前と比べて2倍になった。双方がお互いのことを国家に対する危険因子だと表現するようになった。[3] アメリカの中でも共和党支持傾向がある州《レッドステート》では、より共和党支持が強まっている。民主党支持傾向がある州《ブルーステート》は、より民主党支持が強まっている。支持が拮抗する州《パープルステート》は消滅した。見解を同じくする仲間の中で暮らすことが重要だと公言するアメリカ人が増加し、反対陣営を支持する相手とは交際できない、そうした人間を家族に迎え入れることはできないという意見も多くなった。[4]

文化においても分極化が進んだ。支持政党しだいで、人として属する部族《トライブ》が分かれるのだ。「ゲーマーゲート論争」〔ゲーム開発業界における男女差別に関する論争〕から、黒人差別を描いた映画『それでも夜は明ける』にオスカーを受賞させるべきかという議論、はたまた景気はよくなっているのか悪くなっているのか、株式市場は活況なのか暴落しているのかという認識に至るまで、あらゆる問題に関して共和党支持者と民主党支持者がお互いをののしり合い、正反対の意見を衝突させる。[5] 多くの指標で明らかになったとおり、人種的アイデンティティ以上に、政治的アイデンティティがその人物の視点と強く直結するようになった。[6] アメリカ人は物事をそのままの姿で見ようとしなくなった。かつて小説家のアナイス・ニンは「わたしたちは物事をありのまま見ずに、自分が見たいように見る」と言ったが、もうそれどころではない。自分は何の支持者かという立場ありきで物事の見方を決めるようになったのだ。

社会資本を測る指標も低迷している。投票率は下がった。近隣住民や同僚たちと過ごす時間は少なくなった。組合活動や教会などに参加しなくなり、家族と政府のあいだに介在する「中間組織《ミドルレイヤー》」とのつながりをもたなくなった。ユタ州出身の共和党議員マイク・リーの指示でまとめられたレポートでは、「この国は物質的には多くの面で過去よりも良くなっている。しかし、そうした確かな進歩があるにもかかわらず、国家の社会機構としては、かつてのほうがよかったと感じさせる」と考察していた。[7]「自由でゆたかで民主的かつ多元的な国家を維持するためには、社会の中間組織が果たす役割が欠かせない。協力関係と社会のサポート、互恵関係と相互義務を当然視する意識、信頼関係、そして社会的一体性がもたらす広い結びつきによって、社会は支えられるというのに」。左派の多くがこの見解に同意した――海外でも、それぞれ自国のコミュニティについて同じ状況が指摘されている。２０００年代から２０１０年代にかけてヨーロッパで保守右派が台頭したのも、少なくとも一部においてアメリカと同じく社会資本の弱体化が要因であったことは否定できない。世界中の人々が不満を貯めこみ、怒りをつのらせ、心もとなさを抱えるようになった。

UBIは、こうした状況を打破する心強い選択肢だと言われている。UBI政策なら先進経済圏に見られる亀裂の修復を始められる――分極化を食い止め、人々の共生を成立させる一助になる、と。UBIを支持するイギリスの著名な経済学者ガイ・スタンディングは、韓国で開催されたベーシックインカム・アース・ネットワーク（BIEN）カンファレンスにおいて、「この議論は昨今ますます時事性を帯びてきている。政治的文脈を鑑みれば、今後もいっそう喫緊となる一方だ」と指摘した。(8)「哀れなドナルド・トランプ、イギリスのEU離脱、ヨーロッパと世界各地における右派のさまざまな唾棄すべき傾向。こういった形でネオファシズムのポピュリズムが広がっている、それが今の政治的文脈なのだ。すべての人に対して何らかの形で基礎的な保障を確保する方向に動かなければ、政治的極右の脅威が蔓延するディストピアに直面することとなるだろう。ここにいる誰もそんなことは望んでいない。期待を抱ける未来、人が希望をもてるような何らかのビジョンを提示できる集団がこの世界に少しでもあるのだとしたら、われわれはその一つであるはずだ」

UBIとは単なる福祉対策ではなく、わたしたちがどうやって共に生きていくのか、というテーマに焦点を当てるキーワードとは言えないだろうか。全員一律の現金プログラムは、貧困層に経済への参加機会を提供する。全員一律の現金プログラムは、社会に属する全メンバーに生活の足場を確保させる。全員一律の現金プログラムは、労働者の力を強くする。全員一律の現金プログラムは、女性に育児やキャリアの選択肢を与える。全員一律の現金プログラムは、社会正義のパワフルなツールとなり、マジョリティが得ているものをマイノリティにも確保させる。全員一律の現金プログラムは、人は自分のもっているものを自分にとって最善の方法で使うのだと信頼し、セーフティネットから人種的偏見と高圧的な介入主義（パターナリズム）を排除する。全員一律の現金プログラムは、見捨てられている地方コミュニティの補助になる。全員一律の現金プログラムは、親の財力や能力を理由に子どもを転落させない支えになる。

全員一律の現金プログラムは、分極化と不平等が広がる現代において、すべての人を視野に入れたエンパワメント、インクルージョン、共生を成立させようとする。これはおぼれた者を拾うセーフティネットではない。人が自分の力で立つ、その足元を支える基盤だ。

＊

カンファレンスルームに集まった女性たちが、アラスカでの生活について話に花を咲かせている。フェイスブック共同創設者クリス・ヒューズが立ち上げた活動、エコノミック・セキュリティ・プロジェクトが集めたフォーカスグループ〔一般市民の意見を聞き取るため、数人を集めて討論などを行なわせる調査手法〕のメンバーだ。進行役を務めるポールという男性が、「今のアンカレジには本当に面白い女性たちがたくさんいるから、連れてきたかったんだけど、みんな忙しくて。ここにいるぼくたちはあいにく大丈夫だったんですけど」と冗談を言った。女性たちがそれぞれに自己紹介をする。養子を迎えて子育てをしている母親、トラックドライバー、ネットワークビジネスのプロモーター、デイケアホーム運営者、漁業従事者、非営利団体職員。ポールはディスカッションの皮切りとして、アラスカ州の現状を天気の用語で表現してほしいと求めた。女性たちのほとんどが「曇り」を選び、ドラッグやアルコール問題、経済的苦境、政治的争いなど、地元の問題について口にした。「晴れる日が来るとは思えないわ」と、一人の女性が言う。

メンバーの半分ほどは、アラスカを離れることを考えている、と言った。つつましい生活を送ることすら困難になっているからだ。「でも、ＰＦＤを手放すのは惜しくて」と一人が言うと、残りのメンバーもうなずく。ＰＦＤというのは永久基金配当 Permanent Fund Dividend のことだ。アメリカで導入されている中で最もベーシックインカムに近い制度である。具体的にどういうものですか、とポールが水を向けた。このＵＢＩタイプの給付についてメンバーがどう理解しているか引き出そうと試みているのだ。どこから支払われるのか。なぜ全員がそのお金を受け取るのか。

州予算の余りを配りたいんじゃないかしら、と一人の女性が言った。アラスカのような遠隔地で生活するコスト――ミルクが1ガロンで10ドルもする[9]――の補塡だと思う、という意見も出た。さらに別の女性が「アラスカ州憲法に書いてあります」と言った。「アラスカの住民は地下の石油に対して権利があるから、この永久配当は、ええと……」と、適切な言葉を探して言いよどむ。「ロイヤルティという言い方が正しいかどうかわかりませんけど、石油から儲けが出てるので、それがアラスカ住民の全員に配られることになってるんです。石油会社が掘っていく原油は、アラスカ住民に権利があるものだから」

3つの意見はある意味ですべて正しいのだが、一番正確なのは3番目の意見だ。石油資源に恵まれたアラスカ州では、州の土地や海から汲み上げる黒い黄金の販売で毎年の収入がある――ウエストバージニア州では石炭を掘り、ノースダコタ州ではシェールオイルを抽出し、マサチューセッツ州では風力で電気を作り、ネバダ州では太陽光から電気を作っているが、アラスカのような形で収入源とはなっていない。アラスカの場合、利益はアラスカ永久基金という機関が集約して管理することになっていて、総額はこれまでに500億ドルに達している。囚人と、有罪判決を受けた者を除き、州内に住む大人と子どもの全員に、同機関が毎年秋に配当金を給付する。大金ではない。1000ドルから2000ドルのあいだといったところだ。だが、この給付によって州人口のおよそ3％が貧困線から浮上している。[10]子ども、高齢者、障害者、困窮生活を送る人々、僻地のコミュニティ、そしてアラスカ先住民など、とりわけ弱者となりやすい人々に確かな効果をもたらしている。

最近のアラスカ州では、この永久基金の適切な使い方について議論が紛糾している。2017年には知事のビル・ウォーカーが配当金をほぼ半分に削減し、一人当たりおよそ1100ドルにして、残った基金を州予算の赤字補塡に投じた。筋が通った使い道と言えなくもない。基金のお金は引き続きアラスカ住民のために使われるのであって、それが個々人への小切手郵送ではなく州政府というフィルターを通して分配されるだけなのだから。しかしウォーカーの判断は不評で、フォーカスグループに集まった女性たちもさかんにそのことを話題にしていた。ＰＦＤを必要なところに使うのは州の権利ではない。住民に、自分自身にとってふさわしいと思うところに使う権利がある。ウォーカー・プランに反対する民主党の州議員ビル・ウィエレコースキーは、「永久基金の使い方を変えたいなら、州全体を巻き込んだ話し合いをして、議会を通して、知事が法案に署名して成立させなければならない。われわれはそう主張している」と語っていた。[11]「お金の使い道を一個人が決定していいという意図で作られた仕組みではない。実際に使う人々のための仕組みなのだ」

世論調査のデータを見れば、アラスカ住民は――本書のここまでの流れを踏まえれば意外ではないが――給付される現金を基本的に賢く使っていることがわかる。ある調査では、回答者の４分の３が、「必需品、緊急用、借金の返済、老後や教育など未来のための資金」として使うと答えていた。[12]５人に４人が、このお金で生活の質が向上したと答えた。だが、給付を無駄遣いする人たちや、受給資格を得るためだけにアラスカに来る人々もいる。フォーカスグループの女性たちが驚きと苛立ちを示して語っていた。「６人とか７人とか子どもを連れてアラスカに越してくる家族がたくさんいるんです。大金を受け取ったら、誰かを州に残して、家族は去っていくの。そうやってわたしたちの資源を盗んでいくんです」と、一人が不満げに言う。「もうちょっとしっかり審査するべきなんじゃないかしら」

一方で、自分自身も理想的な受給者とは言えない、と認める声もあった。若い女性が「わたしが育った家は超お金持ちってわけじゃなかったんです。今もやりくりには苦労してます」と打ち明けた。「だから、一年に一回、大金が入ると……生活費とか、使うべきところにちゃんと使わなきゃって思うんだけど、つい考えちゃうんです。『すごい、４０００ドルもあるんだから、新しいテレビを買っちゃおう』って」。それでも彼女は少数派だ。アラスカ住民は配当金を必要としており、実際に受給すると、そのお金を必要なことのために使おうとする傾向があった。

UBIと同じく、国富の一部を全市民に渡すという案は、政策として、さまざまな文明やさまざまな時代で何度も浮上してきた。紀元前のローマも、10歳以上の全市民に5モディウス、およそ70ポンド（約30キロ）の穀物を配る法律を成立させている。[13] その500年後には、イスラムの初代正統カリフ（指導者）アブー・バクルが、統治下に暮らすすべての男女および子どもに、10ディルハムという保障所得を提供した。[14] さらにその後、18世紀のアメリカで哲学者のトマス・ペインが、本来は人類の財産であるところの土地を所有できない人々に対する補償が必要だと主張した。そして最近ではイェール大学の法律学教授ブルース・アッカーマンとアン・アルストットが、「ステークホルダー社会」を育成するために、アメリカ国民一人ひとりに21歳の誕生日の時点で8万ドルを一括給付する案を提示している。[15]

こうした仕組みは一般的に市民所得と呼ばれる。施しではなく、コミュニティの一員であることに対する生得的な給付という発想だ。貧困だから配るのではなく、あくまで生まれながらの権利とするのである。フォーカスグループに加わっていた女性の一人は、「アラスカに住んでいる人なら、誰でもPFDを受け取る権利があるんです」と語っていた。「福祉給付がもらえるかどうかは、収入しだいですよね。あれは苦しい状況に落ちたとき、そこから抜け出すためのサポートみたいなものでしょう。PFDは違うんです。落ちてから引っ張り上げるためのものじゃないんです」。それは権利であり、富める者にも貧しい者にも、倹約家にも浪費家にも、職があっても失業していても、等しく支払われる。誰もが受け取る。誰もが同じ額を受け取る。

＊

この本の最初のほうで投げかけた設問を思い出してほしい。アメリカ人一人ひとりの銀行口座に、生きている限りずっと毎月１０００ドルが振り込まれるとしたら、どうなるだろうか。金持ちにとってはたいした違いではないだろう。だが貧しい人々にとっては、人生が変わるお金だ。アメリカで貧しい暮らしを送る家族が、中間層に近い生活を手に入れる。生活費を払い、家を修繕し、もっとよい食べ物を、もっと多く食べられるようになる。極度の貧困に陥ったまま現金収入は完全にゼロ、という家族は存在しなくなる。

勤労所得税額控除やフードスタンプのようなプログラムの成果調査を見る限り、これが全員一律の現金給付になれば、もっと幅広い効果が出るのは間違いないようだ。低所得世帯の乳児や幼児が入院せざるをえなくなる確率も低くなるだろう。子どもらは食事の量が増え、文字どおり大きく育つだろう。より健康に学校に通い、読み書きや計算の能力も高くなるだろう。よい学業成績は、稼ぎのよい仕事につながり、何年も何十年も先までキャリアと教養を支えていく。成人してからは肥満になりにくい。そして長生きする可能性が高い。

国家が金持ちの子どもと貧乏な子どもという区別の解消に力を貸すのだから、これは若い世代への力強いサポートだ。誕生した時点で、その子どもの未来に期待をかけ投資していくことになる。現在のアメリカは子どもよりも高齢者に、一人当たりで言えば3倍近いお金を費やしている。連邦政府のプログラムだけで見れば、若者よりも年寄りに7倍もお金を投じている。ＵＢＩならば、子どもの貧困という問題を遅まきながらも終結させ、人生の年数として、また人生を通して得られる収入として、数字で確認できる長期的な恩恵を与えることができる。成人にとっての効果も大きい。カナダのマニトバ州ドーフィンで実施されたベーシックインカム実験「ミンカム」の結果を見ると、保障所得の受給者において入院患者やメンタルヘルスの病気を抱える患者の数が減少していた。[16] アメリカで負の所得税（ＮＩＴ）を実験したときも、家庭の主たる稼ぎ手が子どもと過ごす時間が増え、それでいて住宅所有率も伸びていたことが確認されている。[17]

給付金を自分が必要と思う用途に使えるなら、貧困の負担は多少なりと軽減する。わたしがケニアのビクトリア湖近くの村でまざまざと実感したように、お腹を空かせた人々にサッカーのゴールネットなど意味がない。清潔な水を必要としている人々に学費を免除しても何にもならない。農機具がそろっている町に水甕を送るのも的外れだ。現金ならそれとは対照的に、誰でも、どんな状況でも普遍的に使えるし、本当に要るものと交換もできる。シングルマザーが冬の光熱費を払うために自分のフードスタンプを現金に交換する必要はなくなる。交通費を捻出するのも苦しいときに、複雑な住宅補助プログラムの申請のために遠くまで足を運んで骨を折る必要はなくなる。効果的、そして、効率的だ。

ベーシックインカムが支えるのは慢性的に貧しい人々だけではない。苦しくなったり浮上したりを行き来しながらなんとか暮らしている人々がどれほど多いことか。毎年、3人に1人が何らかの事情で失業する。それ以外でも何百万人という人が、家族の病気や、家の立ち退きや、自動車の故障といった事情で生活の維持が難しくなる。自営業や下請業という働き方では福利厚生は利用できず、経費ばかりがかさむ――働き方に対する自主裁量権がなく、昇給がなく、極端な不平等が横行しているせいで――ため、働いても働いても中間層にぎりぎり手が届かないプレカリアートという層に陥りやすい。中間層自体も縮小している。3世帯に1つは貯金がない(18)。家庭に緊急事態が起きたときにひとまず手元に欲しい金額が400ドルと計算すると、2世帯に1つは、よそから借りるか何かを売り払うかしなければそれだけの額を用立てることができない(19)。セーフティネットは貧困層の一部を救う手段にしかならないが、全員一律の現金給付なら、すべての人に一定の保障と自己決定力をもたせる手段になる。

それから、東西海岸の都市部と内陸の田舎とであからさまに気質が分かれてしまった現代のアメリカにおいて、全員一律の現金給付を導入すれば、この国全体を分け隔てなくカバーするというダイナミクスが成立することになる。求人情報サイト「インディード」に所属するエコノミスト、ジェド・コルコは「近年まで、不平等を語る上での焦点となるのは、富の分配のどこに位置するのかという点だった。上位10％に入るのか、1％に入るのか、それとも0・1％に入るのか」と語っていた。[20]「しかし昨今では、地理的にどこに位置するのかという基準に問題が切り替わりつつある」。シンクタンク「エコノミック・イノベーション・グループ」のレポートでも明らかだ。同団体の調査によると、新規事業と雇用創出において一部の地域だけが「突出したパフォーマンス」を示しており、その限られた地域に対する国全体の経済的依存度が高まっていることが判明した。[21] ２０１０年から２０１４年に登場したビジネスの半分が、サンフランシスコのベイエリア、ニューヨーク、ボストン、シアトルなど、わずか20のエリアで生まれている。この国は「甚大で、歴史的に前例のない」地域的アンバランスに陥っているのだ、とレポートは考察していた。だがＵＢＩが導入されれば、重視されていない地域や、経済が発展していない地域における賃金上昇、投資の増加につながる。生活費の安い地域で暮らす人々ほど、ＵＢＩの助けは大きくなる。

消費の面でも不平等の効果は薄らぐだろう。根深い教育格差もＵＢＩで縮小すると考えられる（現在、裕福な家庭の子どもが24歳の時点で学位を取得している確率は、貧しい家庭の子どもに比べて5倍高い）。[22] 人口の一部に偏ることなく、さまざまな層からイノベーションや創意工夫が登場するようになるだろう。現在のアメリカの起業家は、明らかに、裕福な家庭から輩出される傾向がある。[23] そうした家庭は子どもに起業資本を与えられるし、失敗したときにも何らかの形でセーフティネットを約束できるからだ。研究によると、「独立して事業を行なうのは、贈与もしくは財産を受け継いだ人である確率が圧倒的に高い」。[24] だとすればＵＢＩは、アイデアを抱き起業家精神をもつすべての人に起業資本を提供することになる。本人だけでなく大勢の人々にドラマチックな変化をもたらすかもしれないアイデアが、不平等のせいで埋もれることがなくなるというわけだ。

景気が不況に傾いたときの痛手も小さくなる。すべての家庭に、極度の貧困に沈まずにいられる浮き輪があるからだ。労働市場も変わり、創作活動やケアワークに専念する働き方も増える。企業はよりよい賃金と福利厚生を提供しなければ労働者を確保できないので、必然的に低賃金労働の市場が成立しなくなる。物価は上がるだろう。労働市場から離脱する者も当然いるだろう。増税によって富裕層と法人の一部が国外に脱出していくかもしれない。それでも、左派系シンクタンクのルーズベルト・インスティテュートによる推算では、ＵＢＩは導入から8年で経済を13％ほど拡大させる。その成長は全員にとっての恩恵として持続する可能性が高い。

＊

全員一律を謳おうとすれば、その「全員」とは誰なのか、という問題が浮上する。市民と市民以外を区別し、アメリカで生まれたアメリカ人と、移民と、そしてその境界線を曖昧にする大勢の混在家族《ミクスト・ステイタス》を分断する視点は実に根深い。現時点でも多くのアメリカ人が、福祉国家は移民の存在と両立しえないと考えている。ニュースサイト「ブルームバーグ」のオピニオンページ「ブルームバーグ・ビュー」で中道右派のコラムニストとして活動するミーガン・マッカードルは、ＰＢＳ局のニュース番組に出演した際に、「移民の多くは低賃金労働者です。技能をもちません。大勢がそうです。アメリカ人の大半が受けているような教育を受けていません。彼らが恩恵を受けるに値するほどの税金を払えるレベルまで身を立てることは絶対にないのです」と論じ、人口の少なからぬ割合を移民が占める現状ではＵＢＩは成立しないと主張した。(25)「移民で受給するのは子どもだけと制限したとしても、移民の子どもが皆さんの子どもと同額の年1万5０００ドルの受給資格を得ることになって、そうした家族を取り込むことを政治的に支持するというのは——政治として現実味があるとは思えません」

難民や移民は充実した福祉制度が目当てで押し寄せるのだ、だから彼らには支援を受ける資格はないのだ、という確信は強く定着している。ハーバードの経済学者ジョージ・ボージャスは、広く議論され多大な影響をもたらした1999年の論文で、「福祉磁石《ウェルフェア・マグネット》」とでも呼ぶべき傾向があることを指摘した(26)。移民たちは、より気前のいい給付制度のある国家に、磁石にくっつくように群がっていくのだという。だが実際のところは、移民が惹かれるのは経済が活発で、就職の機会があり、移民仲間がすでに住んでいる場所であって、給付金の多い国を狙って来るわけではない(27)。さらに厄介な誤解として、難民と移民が賃金水準と経済成長を下げている、という認識も広まっている(28)。調査会社ギャラップの最近の世論調査では、回答者のおよそ40%が、移民のせいで賃金が低下し、経済全体に悪影響をおよぼしていると答えていた。また別の世論調査では、回答者の3分の2が、移民は社会サービスという点で国家に「過大な」コストを強いていると答えた(29)。実際にはそれとは正反対で、移民と難民は、福祉で受け取る額よりも多くを税金として支払う傾向がある。調査によると、アメリカに定住した難民が住み始めて20年間で受け取る給付額よりも、彼らが同期間で支払う税金のほうが、平均して2万1000ドル多いことが確認された(30)。議会予算局の調査でも同様で、合法的移民の増加によりメディケイド、税控除、年金保険に関する政府支出は確かに増加するのだが、同時に新たな税収が数千億ドル単位で発生することが判明している——20年で国家赤字を1兆ドル縮小するに充分な税収だ(31)。大半のセーフティネットからはじかれる不法移民であっても、稼ぎの少なくとも一部はアメリカに落とさざるをえず、国と州と地元の税金に毎年数十億ドルを支払っている(32)。

だが、ほとんどの人にとっては事実より感覚のほうが優先だ。実際のところ、エビデンスを見る限り、セーフティネットが寛大であるほど白人の反移民・反難民感情が高まるらしい——白人系アメリカ人は、この国で生まれた黒人系やラテンアメリカ系に向けてきたのと同じ目を、移民と難民にも向ける。ノルウェーの例で説明しよう。10年前、ノルウェーの国立社会調査機関の研究者アン＝ヘレン・ベイとアクセル・ウェスト・ペーダーセンが、自国におけるベーシックインカムの導入について世論調査を実施した。ノルウェー国民の大半はベーシックインカムに賛同する意見を示したが、移民も等しく給付を受けると聞かされると、意見を変えるのだった。ニュースサイト「VOX」の記者ディラン・マシューズは、記事でこの研究に言及し、「設問の設定を、ノルウェー人以外も給付を受けるという内容に変更すると、賛成派の3割が反対派に回った」と解説した。[33]「幅広い研究で同じことが指摘されている。人種および民族的な多様性が高まると、その国に住む白人有権者から反発が起きやすいのだ。ネイティブ白人は新参者に嫌悪感を示し、対策として、右翼政党に投票する。彼らの票によって成立した右翼政府が、福祉削減を実行する。そもそも福祉削減をしたくてたまらない右翼政党に、「政権を支持する有権者が嫌う移民を罰する」という大義名分ができるからだ」

それと同じバイアスがここアメリカにも存在しているようだ。トランプが驚きの当選を果たしたあと、民主党の世論調査専門家スタン・グリーンバーグが、ミシガン州マコーム郡で白人有権者を対象としたフォーカスグループを実施した。この地域では、前回の大統領選のときはオバマ支持率が2倍も高かったのに、今回の大統領選では共和党に支持を切り替えてトランプ大統領を推したのである。マコーム郡に移民の数は少なく、移民による雇用への影響などないも同然だったにもかかわらず、移民に対する懸念は大きく広がっていた。ある有権者は「メディケイドの申請に行って、さんざん待ってようやく登録したんですけど、福祉事務所で周りを見回してみたら、英語で「こんにちは」すら言えない人たちばっかりでした」と語った。[34]「あんな人たちが医療保険やフードスタンプをもらうなんて……。よそから来た人がもらって、なんでわたしたちには無条件で与えられないんですか」

マシューズの記事が指摘しているのだが、リバタリアンの非営利団体「ケイトー・インスティテュート」に所属していた経済学者、故ウィリアム・ニスカネンの有名な表現にあるとおり、国家の周囲ではなく「福祉国家の周囲に壁を築く」ことで、こうした問題は解決するのかもしれない。[35]それはすでに広い意味でアメリカがやっていることだ。合法的移民と不法移民に社会福祉制度へのアクセスを禁じている。それでもこうした状況でＵＢＩを導入すれば、この国の人種的嫌悪感がさらに高まる可能性も否定できない。反移民感情が深まり、反移民的な制限や政策の施行に拍車をかけるのではないか。また、二重労働市場の創出を促し、企業が自国生まれの市民よりもはるかに安く雇える人材として不法労働者を求めるようになるかもしれない。あるいは人的な流入のない国家になって、経済が硬直化し新鮮さを失っていくかもしれない。ＵＢＩが卑劣な人種差別の助長につながることがあるかもしれない。

答えは簡単には出ない。進歩主義者にとっては特に直視しづらい問いである。

＊

アラスカ在住の女性から話を聞いていたエコノミック・セキュリティ・プロジェクトは、アラスカ在住の男性を集めたフォーカスグループ調査も実施している。女性のときと同じく進行役を務めるポールが、州の経済と現金給付制度に対する理解度をクイズ形式で尋ねた。それからＰＦＤが大事だと思う理由を聞く。自分のポケットにお金が入ってくること以外で、どんな価値があると思うか。「この州に住む市民として、州から採取される資源の恩恵を受け取っているんだよ」と、一人の男性が答えた。彼は石油輸送にかかわる仕事をしていたが、今は引退しており、「ボート、鉱物探し、釣り、楽しいこと何でも」できる生活だと打ち明けた。別の男性も口を開く。「俺はこの州の株主なんだぜって気がするよ。州の一部を所有している感じかな」

ＵＢＩを課税と所得再分配としてではなく、公共の富の共有として論じるのは、多くの人にとってピンと来ない、もしくは不可能に思えることなのかもしれない。２０１２年の大統領選のとき、共和党の大統領候補ミット・ロムニーは、この国には「メーカー（作り出す人）」と「テイカー（受け取る人、奪う人）」がいると論じた[36]。集まった支援者たちを前に、47％のテイカーが53％のメーカーに寄生していると断言し、前者を非難している。「わたしの仕事は、そうした人たち〔テイカー〕の心配をすることではない」。どうせ彼らはオバマに投票するのだろうから、というわけだ。「自分自身で責任を持ち、自分の生活の面倒は自分で見ろ、と彼らを説得するつもりはない」。ロムニーに言わせれば、47％のテイカーは「政府に依存している」のであって、「自分は被害者だと信じ込み、面倒を見るのは政府の責任だと信じ込み、医療、食べ物、住宅などを得る権利は当然あるのだと信じ込んでいる」

UBIが導入されれば、メーカーとテイカー、すなわちUBIの財源となる税金を払うために働く人と、それによりかかる怠け者という区分を作り、そこに憎悪感情を生む可能性も考えられる。しかしメーカーとテイカーという区別は今も昔も誤りだ。ロムニーは、細部の裏付けという点でも、経済および社会政策に対する広く哲学的な理解という点でも間違っていた。たとえば所得税と給与税を払っているのはアメリカの全世帯のうち82％であって、53％ではない[37]。82％に含まれないのは主に高齢者と、仕事を引退した人々と、極端に貧しい人々と、失業者だ。それに加えて、累進性の低い連邦税と地方税のせいで低所得の家庭ほど税金に苦しみ、煙草税も多く負担し、宝くじの大半も買い支えている[38]。貧困層が州や政府に入るお金を払っていないという指摘は、単純に間違いだ。

さらに重要な点として、すべてのアメリカ人が生涯を通してメーカーでもありテイカーでもある。企業や個人がどれほど勤勉に働こうと、どれだけ画期的なイノベーションを生み出そうと、真の意味で「自力だけで身を立てる」ことなどありえない。人は誰しも幼い頃はテイカーで、成長するとメーカーになり、老いてまたテイカーになる。仕事をしている人でも、メーカーであると同時にテイカーでもある。道路、警察による治安維持、外交政策、上水道といった恩恵を享受しているからだ。反対に、労働市場からはじき飛ばされたテイカーであっても、たいていはメーカーを兼ねている。専業主婦・主夫も、将来の収入を得るために学校で勉強している子どもも、メーカーだ。誰もが何かしらを払い、誰もが何かしらを受け取っている。誰もが支払う権利があり、誰もが受け取る権利をもつ。誰もが支払うことで恩恵を得て、誰もが受け取ることで恩恵を得る。

理想論かもしれないが、ＵＢＩが導入されるならば、現在の市場経済こそが人を切り捨て、貧困を作り出し、お金を稼ぐという形では働けない人や働かない人を罰しているのだ、と認めさせることになる。マーティン・ルーサー・キング牧師が言っていた。「長らく理解されてこなかったことがある。人間の意欲というものがどのように生じるのか、そして経済がどれほどその現実を無視して回っているか。怠惰、働かない、働いても続かない人間となってしまうのは、市場の分断と差別の浸透が当人をそのように追い込む仕組みになっているせいだ。このことは近頃ようやく認識されるようになってきた。今日でこそ改善されつつあるものの、貧しい者は劣等で無能であるという烙印を押されて、世間からつまはじきにされる」(39)。ＵＢＩが運用されていれば、そうした決めつけが成立しない。ＵＢＩは人間の尊厳を守る。人が自立しつつ助け合って生きているという証拠になる。

全員一律の無条件の現金給付——ただシンプルにみんなにお金を渡すということ——は、フランクリン・ルーズベルトが70年前に論じた言葉を借りるなら、「経済的安全と自立」に根ざした「真の個人の自由」を広めることになる(40)。自分の人生を生きる自由を全員に与えると共に、人生のあらゆるステージを通じて人がお互いに投資し、公共財に投資することで、より実り多き社会を自分たちで生みだしているという実感を抱くことを可能にするのである。

10 毎月1000ドル——UBIの財源

問題は、ではどうやって実行するのか、という点だ。

政治学者チャールズ・マレーは、福祉国家の仕組みをごっそり撤廃して成人全員に年1万ドルを給付しようと言う。[1] サービス従業員国際労働組合の元議長アンディ・スターンは、福祉国家の大半を撤廃して月1000ドルを給付しようと言う。[2] ドイツのジャーナリスト、ルドガー・ブレグマンが著書『隷属なき道』で書いたように、国境を開くこと、労働時間を短縮することなど、急進的なプログラムと組み合わせて想定する意見もある。[3] 思想家のニック・スルニチェクとアレックス・ウィリアムズが共著書『未来の発明 *Inventing the Future*』で書いたように、雇用のないポスト資本主義社会へと国家が移行するにあたっての架け橋になる、と見る意見もある。[4] 誕生をもって給付金を与え、成人期にそのお金を使わせ、死去と共に税金として回収するという案もある。[5] 社会政策がすべてそうであるように、「どのように行なうか」の考え方は、「なぜ行なうか」の考え方によって変わってくる。「なぜ」は多様だ。180度異なる見解も成立する。活発に議論されてはいるものの、多くの場合はひどく複雑で込み入っていて、この国の政治経済の現実から乖離している。いったいどうすれば、UBIに伴う負担を最小限に抑えつつ、恩恵を最大限に確保することができるだろうか。

答えが簡単に出るわけはない。多種多様な政策の意味と細部も理解しなければならない。ＵＢＩにかかる費用が負担の一つであることは確かなので、まずはここから考えてみよう。アメリカ国民一人ひとりに月1000ドルのＵＢＩを給付するとしたら、年間の政府支出が3・9兆ドル増える。アメリカ経済の5分の1に相当する金額だ――そして、架橋工事、軍事費、高齢者ケア、犯罪の起訴、湿地帯保護に至るまで、連邦政府が現状で行なっているありとあらゆる支出の総額に相当する。[6] 仮に政治家が、現在の税法を通じて新たな給付の財源確保を行なおうとするとしたら、富裕層だけでなく中所得層の国民にも大幅な収得増税を強いることとなるだろう。現在、上位1％の富裕層が全所得税の約40％を払っているが、その額は年間およそ5400億ドルだ。[7] 富裕層の稼ぎの全額を税金で没収しても、ＵＢＩのすべてをまかなうには届かない。財源という視点からＵＢＩ政策を疑問視する意見は少なくない。コラムニストのエドゥアルド・ポーターも、『ニューヨーク・タイムズ』紙の論稿で「現在の税金に加えて、それほどの負担を増やすことをアメリカ人が許容できるとは、歴史を振り返ってもまったく考えられない」と述べている。[8]

他のプログラムを撤廃または縮小することを考えるなら、この費用の穴埋めは可能だ。目下のところ政府は、社会保障（老齢・遺族・障害年金保険）、メディケイド、メディケア、失業保険、復員兵給付といった社会保険プログラムにおよそ2・7兆ドルを使っている。[9] 社会保障費だけでもほぼ1兆ドルだ。防衛費にも年間5000億ドル以上を投じており、特にこれからの戦争は戦車よりもハッカーで戦うであろうことを鑑みれば、これは削減可能だと考えられる。とはいえ、どれだけごっそりと他の支出を削るとしても、やはり予算の架け替えだけでは不足する。給付額を月1000ドルより下げたとしても、架け替えだけでは足が出て、新たな財源が必要となる可能性が高い。

ＵＢＩでは貧困を撲滅できず、むしろ悪化につながるという懸念についても考えておきたい。医療関連を除き、ミーンズテストを伴う現状の補助プログラムをすべてＵＢＩに回すとした場合、実現する給付額は一人当たりたったの月132ドルだ。[10] 困窮生活を送る人々が現時点で政府から補助されている金額に、はるか届かない。住宅ローン金利控除や、退職貯蓄のインセンティブなど、中間層のための租税支出もUBIの財源へ転用すると考えても、一人当たり年間3591ドルにしかならない。[11] 全員に同額を与えるのはバターを薄く薄く延ばして塗るようなものなのだから、バター自体がもっと必要だ。

さらに根本に戻れば、UBI導入には哲学的な難問がつきまとう。資源が限られた世界において、そもそも全員が何かを得る、しかも全員が同じものを得るというのは合理的なのだろうか。連邦政府は、ある意味で制度的なロビン・フッドだ。金持ちからお金を取り上げ、貧乏人に恵んでいる。人口の高齢化が進む中、社会福祉制度、医療に関するさまざまなイニシアチブ、社会保険制度を拡大することで、政府はこの役割を広げている。それなのにUBIを導入したら、貧乏人だけに行くべきお金が、金持ちも含めた全員に配られることになってしまう。

財政タカ派から見ればUBIなど格好の削減対象ではないか、という懸念もある。社会保障やメディケイドのような中間層に利するプログラムのほうが、福祉給付のような貧困層を助けるイニシアチブよりも、国民の支持が得られやすい。しかし現実にはここ数年でセーフティネットはかなり拡大した。政府は勤労所得税額控除の価値を高め、何百万という国民にフードスタンプを受給させ、メディケイドの対象を1200万人へ、さらにそれ以上へと広げている。こうした試みでアメリカの貧困が軽減していることは否定できない。その間、所得の多寡によらず個人を救済するプログラムはほぼ変動せず、むしろ一部は削減の対象となった。[12] たとえば失業保険は先の不況以降は縮小している。共和党は社会保障とメディケアも縮小を要求している。言い換えれば、中間層を支える給付が縮小を免れるとは限らない。

しかし、何らかの形でUBIを導入することに対するワンパターンな反論——高すぎる、非現実的すぎるという反射的な否定——は、どちらかと言えば感情に端を発しているように感じられる。月1000ドルを給付するに充分な財源を確保するというのは、算数の問題というより、そうする意欲があるかどうかの問題なのだ。アメリカの税負担を、ヨーロッパの社会民主主義国家のそれと同じやり方にするという意味になる。確かにアメリカの歴史を見る限り、そんな税制度を導入する体制が整っているなどと示す証拠は一つもないのかもしれない。だが、公共政策の領域を見る限り、できないという証拠も一つもない。最高税率を55％に引き上げる、適度な富裕税を導入する、住宅金利控除を撤廃する、付加価値税を導入する――こうした案なら現実味がある。アメリカは他の富裕国と比べて税収も政府支出もはるかに少ないのだ。体感的には信じがたいとしても、OECDの基準によれば、アメリカは税金の少ない国なのである。(13) UBIの導入は、アメリカに社会民主主義への転換を求めることになる。社会民主主義の税体制と福祉制度を備えた国家になっていくことを意味する。

そもそもUBIは「財源を確保する」必要があるのか、という視点も提起しておきたい。ブッシュ減税は「財源を確保」などされなかった。イラク戦争とアフガニスタン紛争は「財源を確保」などされなかった。この国は通貨を自国管理しているし、実際のところ昔から新しい試みには大半の進歩主義者が思う以上にじゃぶじゃぶと政府支出を行なう傾向がある。政府はよく大きな家計になぞらえられる――お金を稼ぎ、予算を決めて、それから使っていくものだ、と。だが、紙幣印刷機と軍隊をもつ主権国家はそんなふうに回ってはいない。まず支出し、それから税金を集めるのだ。わずかな例外を除いて、戦後のアメリカ国家が予算均衡に努めたことなどないし、歳出をカバーする歳入があったこともない。財政赤字憎しのお偉方には逆らうようだが、長年の財政赤字で長期金利は急騰していないし、成長をつぶしもしていないし、投資家たちに逃げられもしていない。むしろ、金銭感覚のゆるい浪費家とは対極にあるようなローレンス・サマーズ元財務長官が、鈍い経済成長率が続くならという仮定のもとではあるが、アメリカは適度な財政赤字をずっと続けていくほうがいいと主張していた。(14) ここで言っているのは、政府が紙幣印刷機を回して数兆ドルのUBI資金をじゃんじゃん刷ればいいとか、政府の支出が激増して金利とインフレが持続不可能なレベルに上昇してもかまわないとか、そういう話ではない。ただ、ある程度の財政赤字を想定するのは現実的な発想と言えるのではないか。そしてUBIは投資と考えてもいいのではないか――投資の配当は、安定した一般大衆が支える強く大きな経済という形で入ってくる。そもそもアメリカドルとはアメリカ政府が使い果たすことができるものではない、と考えるのが筋の通った認識ではないだろうか。

加えて、UBIは個人所得税だけで確保する必要はないし、そうするべきでもない。金融取引税を導入すれば、年間に推定1000億ドルから4000億ドルは調達できる。[15] 付加価値税でも1兆ドルは軽く確保できる。適切に設計された炭素税なら年間およそ1000億ドルが集まる。[16] 300万ドル以上の不動産に高税率をかけるなど、いわゆる富裕税でも数千億ドルを確保できる。これでアラスカ州のような配当政策の可能性が開ける。元国務長官のジェームズ・ベイカーとジョージ・シュルツ、それから元財務長官ヘンリー・ポールソンなど、共和党の論客が集まった委員会からも、炭素税を財源として国民一人ひとりに四半期ごとに社会保障給付を払うという案が提示された。[17] 経済学者のジェームズ・K・ボイスと、エコノミック・セキュリティ・プロジェクト顧問のピーター・バーンズは、炭素排出と金融取引とエネルギー抽出への課税で国民全員に月200ドルを配れると主張している。[18]

ロボットがいずれ人間の仕事をすっかり奪うのだとしたら、ロボットにも税金を課すのが妥当かもしれない――ビル・ゲイツが数年前に提示した発想だ。「自動化に伴う税金も当然あるでしょう。現在では、たとえば工場で年収5万ドルを稼ぐ労働者は、その収入に課税されています。所得税や社会保障税などを払っています。ロボットが同じ仕事をするようになるのだとしたら、ロボットにも同様の税率で税金を課すということが考えられます」と、経済情報サイト「クオーツ」のインタビューでゲイツは語っている。[19]「世界が欲しているのは、今のわたしたちが享受している財やサービスの製造を機械に任せて労働力を解放し、高齢者の介護を手厚くしたり、少人数保育を実現したり、特別な支援を必要とする子どものニーズに応えるなど、質の高い仕事に人間が従事できるようにすることなのです。こうした仕事は今でも人間の共感力と理解力が絶対的に求められるのですし、圧倒的に人手不足です。自動化に置き換わる仕事にかかわっていた人たちを金銭的に支え、しかるべき研修を受けてもらい、充実感をもって先ほど述べたような別の仕事に取り組んでもらうことができるなら、世界は大きく前進するでしょう」

おとぎ話めいて聞こえるかもしれないが、そうではない。確実にありうる範囲の話だ。身をもって示しているのが港湾労働者である。20世紀中頃、港で荷の揚げ降ろしなどに従事する労働者たちは、最先端の重機材が急速に進化して自分たちの仕事を奪いつつあることに気づいていた。彼らは緊密な組合を結成し、一種の生産性に基づく配当金を要求して、港の省力化に対して労働者が補償されるようにしたのである。[20]このような契約規定は今日にも存在し、港湾労働者がまともな賃金を確保しながら、いっそう多くのコンテナをさばいている。最新の機械と、組合の先見性のおかげだ。もちろん、港ではなく経済全体での生産性配当金――ロボット課税はこれに相当する――を整備するのは比べものにならないほど厄介となるだろうが、これも決して不可能ではない。省力化への投資で会社の利益が増え、それがひるがえって株主への配当金増額になると考えれば、株主配当金への課税を増やすという手も成立しうる。キャピタルゲインが課税対象にならないという抜け道があるので、この抜け道を塞ぐことも考えられる。そうすれば、歳入庁がロボットを監査する必要はないし、企業のイノベーションを促すインセンティブを減らす必要もない。

こうした税金――所得だけではなく、富、共有資源、汚染、消費などに対して課税する――を財源として活用するというのは、それでＵＢＩが現実的に回るだけでなく、ＵＢＩとはすべての人に対する投資であり、またすべての人にとっての権利であるという位置づけを強める役割がある。誰かが一生懸命稼いだお金を財布から抜いて、別の誰かの財布に入れる方法ではない。ＵＢＩは公共の富によって支えられる公共の利益なのだと打ち出すことになる。

月1000ドルのUBIは可能だ。正しく設計されるならば、貧困層を助けるUBIで中間層を犠牲にすることはないし、見境のない増税にもつながらないし、貧困撲滅に失敗することもない。社会保障の対象ではない国民には受給に制限を設けつつ、フードスタンプや福祉給付を撤廃するならば、純費用は年間2・5兆ドル程度になる。所得階層の上位5分の2に属する国民（目下、年収7万2000ドル以上の人々）には給付しない、もしくは給付したうえで税金で回収すれば、1兆ドル程度に落ち着く。ここに金融取引税を導入し、不動産税を拡大し、最高税率区分を広げれば、UBIの計画が成り立ち、資金も確保される。中間層に法外な負担を強いることにはならない。低所得層の世帯が現時点で得ている恩恵をただ失わせることにもならない。

ミルトン・フリードマンやニクソンが数十年前にやろうとした負の所得税は、実際問題として優れたUBI導入方法と言えるだろう。仕組みは勤労所得税額控除と同じだが、要件として「勤労所得」を伴わない。これなら穴のないセーフティネットになるし、低所得世帯の所得を補助できる。メカニズムは少々複雑だが、考え方はシンプルだ。政府が、個人または各世帯に毎年一定の所得を確保するのである。その基準を貧困線に設定すれば、貧困を確実に撲滅しつつ、労働意欲を過度に削ぐことにはならない。一定レベルまで所得の不足を穴埋めするので、最下層の貧しい人々が最も大きく底上げされ、やや貧しい人たちはいくらか底上げされ、裕福な家庭には増分はない。低所得世帯が時期によって困窮することなく均等に消費できるよう、歳入庁が年に一度ではなく月に一度の頻度でこの負の所得税を給付することにしてもよいだろう。費用は年間2000億ドルかかるが、現在の勤労所得税額控除と補足的保障所得、住宅補助、フードスタンプ、福祉給付、学校給食プログラムにかけている支出額とほぼ同額だ。(21) もう少し気前よく年間およそ4000億ドルをかけるとしても、炭素税、富裕税、金融取引税で充分にまかなえる。

とはいえ、財源確保と構築および導入について議論していると、各論に拘泥することになりやすい。ＵＢＩを語るというのは、単に一つの経済政策を考えるだけでなく、学びと理想について語ることでもある。新たな仕組みの構築方法だけを議論するのではなく、今ある仕組みを効果的かつ公正に機能させ、高圧的な干渉主義（パターナリズム）を排除して、より多くの人を支えるように変えていく方法を話し合っていかねばならない。まずは既存の貧困撲滅プログラムを無条件の現金給付に切り替えていくことができるはずだ。住宅補助とフードスタンプを銀行口座への送金方式にすれば、シンプルだし、簡単だし、必要なものと交換できる。女性・乳児・小児のための補助栄養プログラム（ＷＩＣ）も同じだ。セーフティネットを受給している何百万という低所得世帯にとっては、お金の使い方の選択肢が増える、すなわち、給付されるお金の価値が高まることになる。福祉給付は撤廃し、かわりに全員一律の子ども手当を設立すればいい。子どもの貧困を撲滅し、女性を支え、健康的な世代を作っていく力になる。

既存のプログラムのカバー範囲をもっとシンプルに、もっと一律的にすることもできるはずだ。オバマケアの複雑な医療費補助プログラムを撤廃し、ただ国民全員をメディケアまたはメディケイドに加入させるというのはどうだろう。ＵＢＩとはまったく性質の異なる政策案ではあるものの、後押しとなる発想は同じだ。同様に、税制度の透明性を高め、抜け道や例外をできるだけ排除するとか、福祉給付のようなプログラムを複雑な申請書類やミーンズテストや就労義務を伴わずに所得額のみで決定する仕組みに変更するとかといった対策をとることもできるだろう。さらに最低賃金を上昇させ、ギグエコノミーの労働者のために通算可能な福利厚生制度を整える。これは現時点でも進歩主義者たちが要求している改善案だ。

実際のところ、困難は伴うが絶大なインパクトを期待できる政策として、ＵＢＩに類する案は左派のみならず右派からも、そしてシリコンバレーでも、中部の保守的な州でも、世界各地でもさまざまに提示されている。たとえばニュースクール大学の経済学者ダリック・ハミルトンは、ベビーボンドと呼ぶ仕組みを通じて、不平等を解消し人種的な貧富格差を縮小するシンプルで壮大な提案を示した。「人種的に中立なアメリカを目指そうとするのではなく、人種について公正なアメリカを目指すべきだ」とハミルトンは書いた[22]。「そのためには、世代をまたがり人種によって発生している経済的優位性と不利益性を解消しなければならない。生まれる家庭の貧富を問わず、新生児に対して相当額のトラストファンドを国家が提供することで、その理想の実現に向けて大きな効果が見込める」。ハミルトンの案では、たとえば富の階層で下位25%に属する家庭で生まれた子どもには5万ドルを与える。この債券はいったん投資に使われ、18歳になったら本人が使用可能になって、住宅を買う、学費にする、スモールビジネスを始めるといった用途に投じてよいものとする。人種で分ける対策ではないが、白人やアジア系よりも貧しい暮らしをしている黒人とヒスパニックの家庭を主に助けることとなる。

ただし、貧困撲滅と労働者のエンパワメントという点で、この案はUBIほどの効果をもたないと考えられる。政治経済学者のフィリップ・ヴァン・パリースは、「寄贈されるお金は浪費につながりやすい。特に生まれや環境において、与えられた資本を活用する素地が整っていない者にとっては、浪費に走る機会があまりにも多い」と考察していた[23]。「だとすると、持続的に基本所得を維持していくためには、ミーンズテストを伴う福祉制度も継続しなければならない。そこで必然的に話は起点に戻る――現状の給付制度に替わる存在としてのUBIの必要性と好ましさだ」。とはいえ、UBIと比べてベビーボンドのような仕組みでは不充分だとしても、これが実現すればアメリカの若者に対する投資になるのは間違いない。若者の起業家精神を支えることになるだろう。白人支配を崩して有色人種のコミュニティを力づけることになるだろう。アメリカの独力礼讃文化がよい意味で発揮されることとなるだろう。

同じく大胆な構想として、雇用保障プログラムを推す意見もある。需要に応じて政府がすべてのアメリカ人に仕事を提供するのである。政治経済記者ジェフ・スプロスは『デモクラシー』誌に寄せた論稿で、「無職の人々にとって雇用保障のメリットは明白だ。だが、等しく重要な点として、雇用保障はすでに職に就いている全アメリカ人にとっての支えにもなる。バランスのとれない雇用供給を奪い合う状況に置かれたとき、労働者は無力になってしまうからだ」と書き、この構想を支持した。[24] スプロスの説明によると、雇用保障は、よりよい労働条件、よりよい賃金、そして家庭の安定、ワークライフバランスの改善につながる。スプロスが提示する案では、政府が年収２万５０００ドルのフルタイムの仕事と、連邦職員医療給付プログラムを通じた医療保険と、連邦職員退職制度を通じた退職金、そして申請者全員に適用される病気休暇や家族休暇といった福利厚生を提供する。費用は年間６７００億ドルほどで、経済の３・６％に相当するが、不況になればその数字は上昇する。

ベビーボンド案を打ち出すダリック・ハミルトンと、彼と何度か共著論文を書いている経済学者のウィリアム・ダリティも、雇用保障プログラムを強く推している。いわく、「賃金と医療保険、その他にも雇用主が労働者を確保するために整えるべき労働条件に対し、雇用保障が暗黙の下限を作る。最低賃金の適用は大きく減少するだろう。そして労働者は発言力を得られる。労働者は解雇を恐れるがゆえに団体交渉力を発揮できないに等しい状態にあるが、その脅威を取り去ることになるからだ」。[25] また、雇用保障プログラムを導入すれば、「さまざまな助成プログラムに対する現状の支出を大幅に減額する」ことになる。現代金融理論を支持する経済学者――お金とは単なる数字に過ぎず、政府は赤字や債務を過度に恐れるべきではないと主張する、いわゆる「財政フクロウ派」――と、アメリカ進歩センターも、同様の政策を提唱している。

こうしたプログラムは多数のメリットがある一方で、実際の運用はきわめて厄介だと考えられる。何しろ政府はアメリカ各地域に供給する雇用の内容を見極めなければならない。アメリカ進歩センターに言わせれば、雇用保障プログラムの中核をなすのはケアワークなのだが、ケアワークに対応できる人材は限定される。人材の移動が多かったり、急に無職になったばかりだったり、技能をもっていなかったりする場合には不向きだ（出所直後の人に3歳児のケアを頼みたいと思うだろうか。高校中退したばかりの若者に祖母の入浴介助を任せたいと思うだろうか）。雇用保障で提供できる職は単純労働となりやすく、民間または公共で高賃金の案件に人材を配置できるとは考えにくい。

にもかかわらず雇用保障プログラムの案が下火にならないこと自体が、現在のＵＢＩ運動の証拠であり燃料でもある。この国の政治的分極化と、水面下でも表面的にも露呈した人種差別、所得の不平等、賃金停滞、地理的分断に照らしても、富の格差と学生ローンの負担が肥大化している問題に対しても、この国の高齢者と障害者と乳幼児に対するケアワークの維持が危ぶまれる現状を鑑みても、さらには経済のウーバライゼーションを踏まえても、「オヴァートンの窓」――政策が現実的だと認識される範囲のこと――は実のところ大きく開け放たれている。問題は大きい。ならば、答えもビッグであるはずだ。経済の可能性――言い換えれば「希望」だ――をラディカルに思い描きラディカルに理解することこそ、今ふたたび注目されているＵＢＩという発想の一要素なのだ。

ＵＢＩを語ることは学びを深めることだと先に述べた。ＵＢＩの検討を通じて学べることの一つとして、わたしたちの政策結果は不可避ではなく、選択の問題だということがわかる。アメリカは、世界的金融不況が始まった時点で財政刺激策をもっと積極的に成立させていれば、今頃ははるかにゆたかな国となっていた。インフラに投資していれば、今頃はもっとゆたかな国になっていた。貧困生活の中で育つ子どもを一人として出さないと決断していれば、今頃はもっとゆたかな国になっていた。黒人のアメリカ人と白人のアメリカ人、そして男性と女性が真に平等となるように努力していれば、今頃はもっとゆたかな国になっていた。ヨーロッパも、ドイツが負債にまみれた周辺経済圏に対して緊縮財政に固執しなければ、今頃はもっとゆたかになっていた。ブラジルも、政府発注事業における汚職を排除できるならば、はるかに安定した状態になる。日本も、より多くの移民を受け入れ、移民を吸収する方法を特定していくならば、今よりも大きな国家となる。北朝鮮も、南の隣国の政策を採用するならば、わたしが目にした今の姿よりも富んだ国になる。

ここアメリカにおける貧困は、選択の結果だ。中間層の所得停滞は、選択の結果だ。テクノロジーが大量失業を促すのも、選んでそうなることだ。人種差別も家父長制《パトリアーキー》も、選んでそうなってきたことだ。既存の政治、利権、傾向の根深い定着を軽く見ているわけではない――しかし、それらは確かに定着しているとはいえ、別の道を選ぶことは決して不可能ではない。

＊

ベーシックインカム・アース・ネットワーク（ＢＩＥＮ）の設立30周年を記念して韓国ソウルで開催されたカンファレンスに参加した折に、わたしは政治経済学者のフィリップ・ヴァン・パリースと話をした。彼は現代のベーシックインカム運動の創始者とされる人物だ。１９７０年代から１９８０年代にかけて、自宅で皿洗いをしながらＵＢＩについて考えていたときのことを、ヴァン・パリースは語ってくれた。構想が頭の中で完全に、太陽の光のようにはっきりと形成されたのだという。社会福祉制度の給付金を多様な名目で多様な層に分配するのではなく、ただ成人全員に、基本的な所得として支給すればいい。「そんなことを思いついたのはわたしが初めてだ、と思ったよ」と、彼のサインをもらおうと集まる韓国人大学生に応じながら、笑い交じりに話した。(26)「見たことも聞いたこともなかったからね。誰も語っていなかったし、フランス語で書かれた本もなかった。わたしが命名しなくちゃいけないと思ったので、普通選挙になぞらえて、普通配当 allocation universelle という言葉を考えた」。のちに学生仲間に話してみたところ、そのアイデアには歴史があることを教えられ、先人たちもお互いまったく同じ構想を夢見ていたことを知った。

今から数十年前に彼がベーシックインカム・カンファレンスの第1回を開催した時点で、ＵＢＩという考え方はかなりぼんやりした構想にすぎなかった。ニクソンが実現を試みたことは忘れ去られていたし、発展途上国における現金支給プロジェクトなど定着していなかったし、インターネットも商用になってきたばかりだった。それが近年になって急速に関心が高まってきたことに、ヴァン・パリースとしてはいくらか戸惑いもあったらしい。第1回カンファレンスに集まったのは若い学生ばかりで、みな一様に髭を生やし、みな社会主義思想を抱いていた。基調となっていた論文のタイトルは「資本主義者として共産主義を目指す道」[27]。それが今では資本主義者も社会主義者もネオコンも、ビル・ゲイツもイーロン・マスクもヒラリー・クリントンも、こぞってベーシックインカムについて物言わんとしていることについて、ヴァン・パリースは驚いている。だが、構想が理にかなっていて、正義をかなえる確かな手段と思われるのであれば、そうなるのは必然なのだろうと彼は話していた。

もちろん政策となるかどうかは必然ではない。ベーシックインカムを熱烈に支持する声があり、導入実験や国民投票が行なわれている現在でも、必ず実現するなどとは言い難い。それでも、この構想はもはやふわふわした仮説ではなくなった。確かな手ごたえのある提案へ――そして、現状維持に対する強い拒絶へと進化している。2017年後半の時点でも、毎日のように新たなテスト結果や新たな導入実験が報じられ、新しいプロジェクトや研究、新しいカンファレンスやフォーカスグループ、そして新たな賛同や問いかけや意思表明の声があがり続けている。

ヨーロッパのUBI運動はアメリカよりもかなり先を行っている。フィンランドは全国的な試験運用を開始した。国の社会保険機関KELAが、フィンランド在住で1年以上失業している成人を無作為に選出し、月額およそ645ドルを給付することになった[28]。厳密にいえば、この実験は完璧ではない。少額で期間も限られているし、コミュニティに浸透していない、つまり市民全員に届いていない。それでも、ベーシックインカムが既存のセーフティネット・プログラムよりも効果的かどうか、国としてデータを得るという狙いには沿っている。オランダでも実験が進行中で、スコットランドでもまもなく開始すると見られている。公約にＵＢＩを盛り込む左派政党は増えているので、一つの国家が政策として導入するのは時間の問題とも考えられる。

アメリカの北側の隣人、カナダのオンタリオ州も、さらに広範囲で野心的なパイロット版を導入している。州内３都市の受給者に州政府が年間およそ1万２５００ドルを配るのだ。勤労所得控除は50％とし、障害をもつ人々には追加給付も行なう。食の保障、ストレス、メンタルヘルス、身体的健康、住居、教育、雇用といった指標で効果を測定し、ＵＢＩが人の幸福に貢献するかどうかを確認していく。オンタリオ州首相〔当時〕のキャスリーン・ワインは、このパイロット版導入の宣言にあたり、「現代は過去とは異なる世界です。過去とは異なる試練に直面しています。テクノロジーからトランプに至るまで、昔よりも大きな不確実性と変化を迎えているのです」と語った。[29]「わたしたちの目標ははっきりしています。ベーシックインカムが人間の暮らしにプラスとなるかどうか見極めたいのです。この新しいアプローチで、人が自分の可能性を発揮する力を得られるのかどうか、知りたいのです」

ここアメリカでは、Ｙコンビネータ社がオークランドからパイロット版の拡大を進めようとしている。３０００人を選出し、２グループに分け、片方には最長5年にわたり毎月１０００ドル、もう片方には毎月50ドルを支給していく。プロジェクト責任者のエリザベス・ロードスは、わたしの取材に応えて「それで人生が大転換するのでないなら意味がない――という意見もあります」と語った。[30]「でも、わたしが知りたいのは、人がそのお金でどんな決断をして、どんな制約に直面するか、という点なのです。金額の差を設定したことで、何が起きるか、いい意味でも悪い意味でもどんな結果になるのか、理解したいと考えています」

ＵＢＩをめぐる活発な知的インフラも構成されつつある。スタンフォード大学マッコイファミリー社会倫理研究所にはベーシックインカム・ラボが誕生し、多彩な分野から学者を招いてベーシックインカム政策の検証を行なっている。エコノミック・セキュリティ・プロジェクトは、ＵＢＩに関心をもつ団体や個人に数百万ドルの活動助成金の提供を始めた。対象は左派系の「ルーズベルト・インスティテュート」とリバタリアンの「ニスカネン・センター」を含むさまざまなシンクタンクや、進歩主義の非営利団体「センター・フォー・ポピュラー・デモクラシー」や、学術団体など。活動家ミア・バードソングが行なう「リスニング・ツアー」の資金援助もしている。ツアーの目的は、「貧しい人々の声を、ベーシックインカムをめぐる議論の中心へと取り戻していくこと。そもそも貧しい人々が力を合わせて築き広げてきた運動が、さらに力強く進むように」[31]。ベーシックインカムをテーマにしたドキュメンタリーフィルムの資金にもなっている。

進歩主義の活動家団体も、ＵＢＩを政策とさせるべく強い要求を打ち出している。地方の選挙戦でも大統領予備選挙でも、ＵＢＩを掲げる政治家の姿が見られるようになった。オーウェン・ポインデクスターという青年もベーシックインカム構想を掲げてカリフォルニア州議員に立候補している。本人はわたしの取材に対し、当選確率はかなり低いと認めつつ、ベーシックインカムについての議論を前進させたいと語った。この先のカリフォルニアの政策に何らかの影響を与えたい、と。「それはベーシックインカム運動にとってもプラスになるとぼくは思います。スイスの国民投票に刺激を受けたんです。賛成票は30％未満だったけど、ヨーロッパにおけるベーシックインカム議論に火をつけた意義を評価されています」[32]。左派からの支持をとりつける狙いで、既存の大物政治家がベーシックインカム構想の利用を検討する例も増えているのだという。「ぼくとしては、ベーシックインカムという考え方を政治的問題として当たり前の視点にしたい、という期待もあるんです。人が議題にできるものにしたい。こんなことを口に出しちゃまずいんじゃないか、っていう空気を払拭したいんです」と彼は言っていた。「ぜひ話し合いたいアイデアなんです」

おそらく最もエキサイティングな動向と言えば、サンフランシスコから内陸側の低所得都市ストックトンが、ＵＢＩの効果を具体的に確認すべく住民に月５００ドルを無条件で支給すると宣言したことだ。ストックトンの若き市長マイケル・タブズは『アトランティック』誌の記事で、「ＵＢＩをめぐる現状の議論には、実際にＵＢＩの影響を受ける人々が加わっていません。マーク・ザッカーバーグは月５００ドルを必要とする層ではないですよね」と述べた。(33)「個人的には、最もお金を必要としている人にこそ配られるべきだ、と思っています。でも、それでは真に全員一律とは言えません。対象を絞ることになってしまいます。この国で今、このような仕組みを回していくためには、全員が自分に関係あることだと感じる必要があるんです」。ハワイ州も導入実現の道を探り始めた。「人口あたりのホームレス率が、おそらくどこよりも高く、もてる者ともたない者の差が広がり、破綻の危機に瀕したサービス経済に頼る州として、この先を考えていくべき時期に来ている」。(34)ハワイ州議会議員クリス・リーは、実現を目指すイニシアチブ発表に際して、そう語っていた。「イノベーションと自動化が職を奪い市場を変容させていく中で、経済の安定を維持し、全員が支えられ、誰も取り残されないよう、政策のパラダイムシフトが必要となる」

ＵＢＩという思想は、ＵＢＩという運動になった。この運動はわたしたち全員に、自国の経済政策に対する思い込みのすべてに疑問の目をもつことを求めている。今のわたしたちが住む世界とは大きく異なった世界を想像することを求めている。当たり前だとか変わらないだとか、そんな決めつけをもたないことを。人がどんなふうに頼り合い助け合うのか、わたしたちの経済をわたしたち自身の手でどのように構築し育てていくのか、人はお互いに何を与え何を受け取るのか、真剣に考えていくことを。政策を小手先でいじるだけでなく、ラディカルに書き換える可能性を視野に入れることを。

本書を締めくくりながら、わたしの脳裏にある言葉が思い浮かんでいた。数年前、わたしはエノ・シュミットというスイス人アーティストとベーシックインカムについて話をしている。(35)彼はスイスのベルンにある国会議事堂の前で硬貨をばらまくというパフォーマンスアートを実行した主催者の一人だ。ダンプカーで運んだ硬貨の数は８００万枚。スイス国民一人ひとりに1枚ずつという意味があった。このパフォーマンスと併せて、アーティスト仲間と共に集めた署名を政府に提出した。ベーシックインカム導入について国民投票を求める署名は、確かに投票を成立させる数が集まっていた。

シュミットは、ベーシックインカムが創造の自由を支えるという見解から、単純労働から人を解放する可能性、そして貧困を撲滅できるという主張に至るまで、実にさまざまな角度からベーシックインカムを支持する根拠を語った。その中で繰り返し口に出していた言葉が、ドイツ語の「シュティミヒ stimmig」だ。[36] 興味深いドイツ語ほど英語に直訳はできないもので、この単語もそのまま該当する英単語はないのだが、「合う」「そろう」「調和する」といった意味をもっている。優れた音楽アルバムは収録曲がシュティミヒだ。服の柄があざやかにぶつかりあうのはシュティミヒだ。筋の通った一連の外交政策はシュティミヒ。愛し合う2人の心はシュティミヒ。そしてベーシックインカムは、今この時代のこの瞬間にシュティミヒだと彼は言っていた。ベーシックインカムを数年かけて追い続けてきた今、わたしはその意味を実感している。

ロムニーはあらかじめ、彼女のきらきらに飾り立てたピンク色のベーシックメディア・グループで、前例のないピュー・ア・福祉技術AIが、税金のトライブな効果を確認している、ワシントンはできる削減、ロボットも、それほど縮小する範囲も。執拗な時間のためにも、そして、労働の1と30税金の基本運転手が、宝くじバレーにいる人々の保障石油巨大プロジェクトを作るにつれて、その前に必要な計画が、メイン州をする、144がテラス席と共に生み出すことを計算に入れて、国家にに与える12への社会投資を巻いて特に不平等を広げる、近隣住民が一時的に持っていた富を彼に渡すことによって。変わった。「わたしたちのポールは見てるわたしは特定の不況と出会っている。最新の逆に言うと、業界にペンシルベニア州の安全な1分を与え、統合した多数を盛り上げることは、UBIの最も辺境のおよび価値を手に入れることと共に開発され結びついた……。

大丈夫、文字化けではない。このきわめて読みにくいパラグラフは、わたしではなくロボットが書いている――正確に言うと、AIを搭載した機械学習アルゴリズムが、本書の原稿をデータとして使って生成したものだ。わたしの原稿を食わせたので、単語レベルでは見覚えがあるけれど、全体としては奇妙で見慣れない文章になっている。ソフトウェアは有名なオープンソースのソフトウェア・ライブラリ「テンソルフロー」から拝借した。プログラムは香港科技大学のサン・キムというコンピューター科学者が、プロトコルはサンフランシスコの学者マックス・ドイチュが手掛けたものだ。[1] テキストを迅速に分析して、言葉遣いを特定する。頻出する単語の組み合わせを学習し、その反復を利用して推測をはたらかせ、何とか読めなくはない文章として組み立てる。

もう少ししっかり制御すれば――もしかしたら、食わせるデータももっといい原稿にしてやれば――これよりもはるかにきちんとした文章が生成されたかもしれない。最近のロボットは文章を書く。ときには、かなり巧みに文章を書く。たとえばMITメディアラボが開発したAIロボットの「シェリー」は、読み手をしっかり怖がらせられるホラー小説を作る。ある書き出しはこんな具合だ。「明け方4時に目を覚ましたわたしは、その少女がわたしのベッドに横たわっているのに気づく。うつむいて、わたしを見下ろしている。わたしは自分が彼女に抱きかかえられているのだと悟った」。[2] 別の作品は、「心臓がすさまじく速く脈打っていて、呼吸よりも短いくらいだ。わたしは誰かにストーキングされているらしい」と始まる。[3]『ワシントン・ポスト』紙でも、「ヘリオグラフ」と呼ばれるAIシステムのロボット記者が、スポーツの試合や選挙結果について短い記事を書いている。[4] AP通信社も企業収益に関する報道に自動システムを利用している。[5]

本書のためにUBIや技術的失業について執筆しながらも、こうした技術が実現する驚異的で創造的なポテンシャルについて、わたしはたびたび思いをめぐらせずにはいられなかった。一方で見れば、こうした可能性は既存の労働市場に大きな影響を与えていないように思われる――特に、経済学者ウィリアム・J・ボーモルやウィリアム・G・ボウエンが1960年代に経済の「コスト病」を考察するにあたって説明したように、最新技術が登場しても生産性が大幅には変わらない領域、すなわち医療と教育という産業においては、今も雇用が堅調に伸びている。[6] だが、経済的に予測可能な範囲の外、すなわち1世代先、2世代先、あるいは10世代先の世界は、間違いなくAIによって一変しているはずだ。自主的にアップグレードし、学習し、自分自身に磨きをかけていく機械の能力には息を呑む。経済学者、ジャーナリスト、そして未来派と呼ばれる人々にも、実際の変化を予見するのは無理ではないかと感じられる。

ＡＩが本を書き、ＡＩが癌を診断し、ＡＩが車を運転し、そしてＡＩの存在を加味した社会福祉政策が策定される世界について、その可能性を一番わかりやすく教えてくれるのは、ある意味ではＳＦ作品なのかもしれない。たとえば、アニメ『宇宙家族ジェットソン』。主人公のジョージ・ジェットソンは、頼れる父であり、愛情深い夫であり、よき隣人であり、親切な友人でもある。しかし経済的に言えば、オービットシティ住民としての彼は無価値だ。労働はほとんどしておらず、週に3日、3時間だけスペースリー・スペース・スプロケッツ社に出社する――彼の労働時間は平均的アメリカ人の4分の1、ホワイトカラーに従事する男性と比べるなら5分の1程度だ。(7)彼の職務は重要ではないし、創造的ではないし、生産的でもない。週に1度1時間ボタンを押す作業にも不満たらたらだ。しかも働きっぷりは惨憺たるもので、遅刻はする、早退はする、その合間に仕事をめちゃめちゃにしていく。

ジョージ・ジェットソンはジョナス・ソーク〔ポリオワクチンを発明した20世紀の医学者〕でもマリー・キュリーでもない。スティーブ・ジョブズでもなければオプラ・ウィンフリーでもない。医師、ロケット科学者、芸術家、教師、大工、守衛、役人、ケアワーカーでもない。彼の仕事人生は社会的な価値にほとんど、もしくはまったく貢献していないように見える。オービットシティを住みよくしていくわけではないし、社会をよりよい未来へと変えていくわけでもない。彼によって生じるサービスは何もないし、作られる商品もないし、満たされるニーズもない。それでも彼の暮らしは信じがたいほどに生きやすい。中間層がうきうきと暮らす（文字どおり〝浮いて〟いる）活気ある平和な社会だ。妻のジェーンは専業主婦。子どもたちも幸せで健康そうだ――予防接種は受けている、栄養は摂取している、学校にも通っている。家族はジッパー付きの空飛ぶお皿に乗ってドライブをする。住んでいるアパートは超ＩＴ化されていて、３Ｄテレビ、身体に装着して空を飛ぶジェットパック、タブレットコンピューター、先進的なビデオチャットシステム、食品合成機など、驚きの家電がそろっている。

何より素晴らしいのは、冗談好きなロボットのロージーの存在だ。ユーレント・ア・メイド社からやってきた型落ちのロボットなのだが、ジャイロセンサーに制御された彼女の動作、彼女の器用さ、学習能力、言語処理能力、そして不気味の谷すれすれの人間性には心を奪われる。このアニメ番組は１９６０年代初期に放送され、１９８０年代にまたリメイクされたもので、登場するハイテクの数々は今では普通に存在している。それもほとんどが驚くほど安い。だが、アレクサやSiriも、その他のどの自走式ロボットも、ロージーの域には近づいていない。

『宇宙家族ジェットソン』は、仕事がなくＡＩで回っている世界がどんなふうになるか、未来の一例を描き出している。一方でフランス人作家マヌー・サーディアは『トレッコノミクス *Trekonomics*』という愉快な著書で、ＳＦシリーズ『スタートレック』の世界の経済を現実の経済と比較しながら考察した。舞台となる国家「惑星連邦」では、財は自動複製技術で、サービスは人工知能で提供される。人間でも、バルカン人でも、その他の種族でも、ここを居住地とする者全員のニーズを満たしている。「労働は余暇のようなものだ。ありとあらゆる品物が豊富に行き渡っているので、富の追求という行為には意味がない」とサーディアは書いている。(8)「迷信、犯罪、貧困、病気は撲滅されている。どこからどう見てもパラダイスだ」。そのパラダイスにおいては、誰も生計を立てるために働いてはいない。宇宙船エンタープライズ号も、戦闘や植民地化や搾取のためではなく、冒険のために存在している。この社会では、称賛を受けているか、人格者であるかという点が、富と同じ役割を果たす。世界は職人、学者、宗教家、哲学者たちで成り立っている。

まさにこのような満ち足りた世界の可能性について、経済学者は昔から思索をめぐらせてきた。イギリスの著名なマクロ経済学者ジョン・メイナード・ケインズは、「孫の世代の経済的可能性」と題した１９３０

年の論稿で、２０３０年までにはそうした経済に到達していると予測している。(9)

人間のニーズには限りがないと思えるのは事実だ。だがニーズには二つの種類がある。第一は、絶対的なニーズであり、周囲の人たちの状況がどうであれ、必要だと感じるものである。第二は、相対的なニーズであり、それを満たせば周囲の人たちより上になり、優越感をもてるときにのみ、必要だと感じるものである。第二の種類のニーズは、他人より優位に立ちたいという欲求を満たすものであって、確かに限りがないともいえる。全体の水準が高くなるほど、さらに上を求めるようになるからだ。しかし、絶対的なニーズは、限りがないとはいえない。おそらくは誰もが考えているよりはるかに早い時期に、絶対的なニーズが満たされ、経済以外の目的にエネルギーを使うことを選ぶようになる時期がくるとも思える。

労働者が多くの時間を家族や友人と共に過ごし、芸術や科学や冒険に浸ることもできる。そんなスタートレックのような未来を、経済学の巨人は予想していたのである。

当然ながら、ケインズが描く世界にも、スタートレックの世界にも、ゆたかになった時代の労働者は生活必需品をどのように入手するのか、どのようにそれらを確保する財力をもつのか、という疑問がある。スタートレックの世界にはお金というものがない。第3シリーズ『スタートレック・ディープ・スペース・ナイン』の1話で、ジェイク・シスコという登場人物が、自分の初の小説が売れたと話し、それから「(売れたというのは)言葉のあやだけれどね」と付け加える。時間と空間を超えて現代の地球にやってきたときのカーク船長は、「ここの人々はいまだに貨幣を使っているのか」とつぶやく。しかし、お金がないならどうやって代金を支払うのか。需要と供給の一致はどのように行なわれるのか。そこで活躍しているのがＡＩとレプリケーター(複製機械)だ。これらのおかげで、ほぼ大半の財とサービスは資源の制約も受けず、コストもかからずに供給されている。必要なものはレプリケーターで出力すればいい。ただし、稀少なものを得る場合や、この社会主義経済内の取引を円滑に進める目的のために、「連邦クレジット」と呼ばれる通貨も存在している。[10] たとえば政府がワームホールへのアクセス権を交渉する際にクレジットを使うといった具合だ。この世界の経済は欠乏とは無縁で、利益とは無縁で、貧困とも無縁で、不平等とも無縁で、搾取とも無縁で、そして基本的にはお金とも無縁なのだ。

ケインズの論稿と『宇宙家族ジェットソン』には、経済の細かな仕組みに悩む様子は見られない。ただしケインズは、今の資本主義社会が未来にも引き継がれていると想定していた。その未来の世界では大量の技術的失業と恒久的な労働需要低下が発生しており、物質的にはきわめてゆたかで、人々の労働はおそらく週15時間ほど。家族が暮らすための財やサービスを入手するに充分な収入を、その短い労働時間でどう確保するのか、という点には言及していない。とはいえ、そうした経済においては富の追求と蓄財が無意味になると強調し、資本主義を超える経済システムの可能性を示唆している。「社会の習慣と経済の慣行のうち、富の分配や経済的な報酬と罰則の分配に影響を与える部分には、それ自体ではいかに不快で不公正であっても、資本の蓄積を促す点できわめて有益なために、どのような犠牲をはらっても維持しているものがある」とケインズは書いた。だが、「これをついに放棄できるようになる」と。

『宇宙家族ジェットソン』『スタートレック』、そしてケインズが描く3つの未来経済のうち、社会的役割や、富の不平等、ステイタスに関する不安、自己顕示的な消費行動、環境悪化、コストの心配、そしてめくるめく技術進歩という点で、現在の経済的現実に最も近いのは『ジェットソン』だろう。ジョージ・ジェットソンはスペースリー・スペース・スプロケッツ社で上司のコスモ・スペースリーにこき使われているが、そのスペースリー社も、W・C・コグスウェルという人物が経営する歯車製造会社コグスウェルズとしのぎを削っている。また、番組オープニングソングのアニメーションでは、ジョージが財布からお金を出して妻のジェーンに渡そうとするが、ジェーンが差し出された紙幣を素通りして財布ごとつかむという描写がある。ジェーンは、大陸訛りで喋るロージーよりも高価なロボットを買おうと思うのだが、家計に見合うのはロージーだと判断する。この世界でも貧富の差がないわけではないのだ。だが労働者が過度に苦しい生活を送ってはいない。おそらく、かなり高率の勤労所得税額控除か、もしくはＵＢＩが導入されているに違いない。

もう少しディストピア的な世界観を描いたＳＦ作品もある。[11] 映画『ハンガー・ゲーム』シリーズの舞台となる国家「パネム」の都市《キャピトル》では、遺伝子操作、ナノロボット、人工素材、薬、交通、通信、武器などの面で技術が大幅に進んでいる。しかしそれらの技術は独裁政府によって厳しく統制されている――キャピトルに住めない市民たちの居住区も、主人公カットニス・エヴァディーンが住むコミュニティを含め、すべてハイテク技術で政府に統制管理されている。各地区にそれぞれ低賃金経済が割り振られており、住民全員が同じ産業に従事する。カットニスが住む地区は鉱業だ。こうした地区がキャピトル市民の富を支えているのだが、地区住民が富を享受することはなく、最先端技術にもアクセスできない。キャピトルはディストピアの中に成立しているユートピアだ。大胆に未来を描いたＳＦ作家ウィリアム・ギブスンが言った――とされている――台詞を思い起こさせる。「未来はすでにここにある。均等に行き渡っていないだけだ[12]」

均等に行き渡るかどうか、そこが境目なのだ。ジェットソンの世界でも、スタートレックの世界でも、ケインズの想定した未来でも、すべての生活必需品は国家または社会から供給されている。最先端技術が人の働く理由を奪い、賃金を稼ぐ方法も与えない一方で、これらの世界に住む人々は誰もがその最先端技術を利用することができる。一部のビジネスは経済に対して無用になったのかもしれないが、その役割は社会や政府が補完している。今現在にも指摘する声があるように、実際に資本主義の終焉が近いのだとすれば、社会が国民全員に基本的な生計の手段を提供すべきかどうかという判断は、早急に見極めていかねばならない課題となっているのではないか。

AIや、その他の関連技術が進歩することにより、生産性が向上し、不平等が拡大し、大量失業が発生するのが間違いないのだとしたら、人類の暮らしをどう支え、経済と社会に対する平等な参加をどう確保するか、世界は選択をしていかなければならない。一方で、本当に生産性向上や不平等拡大や大量失業が発生するのだとすれば、それをUBIだけで解決することはできないという点は、ここまでに紹介したSF作品や古き論文も明らかにしているとおりだ。UBIの議論ばかりに拘泥せず、富と補償、仕事と労働に対して、わたしたちの理解をもっと広く変えていかなくてはならない。ネオリベラルの視点から見た自由市場、自由競争、そして人類の進歩を測る最重要指標とされている経済成長に対する価値観を、わたしたちは変えていかなくてはならない。余暇、暮らしやすさ、ケアといったものを社会の補助的なものだとか、偶然的に生じるものだとかと見るのではなく、社会を回していくために必須なものにしていかなければならない。

望んでいるのは『ハンガー・ゲーム』の世界ではない。資源が限られ、独裁政治と不平等と暴力が横行し、生まれたときに属していた階層から一生抜けられない世界になるとしたら、それは悲惨すぎる失敗だ。『ジェットソン』のような世界もディストピアめいている。ここでは価値が引き続き富で定義されているし、技術進歩が人間を無価値な存在にしている。『スタートレック』の世界ならユートピアかもしれない。最先端技術が正統的な資本主義を廃止した世界で、人の寿命は延び、自由は拡大し、芸術活動は身近なものになり、人生の選択肢が広がり、最悪の搾取労働に従事する必要性は消滅している。

差し迫ったニーズの前では、そんな懸念は机上の空論に思えるかもしれない。だが、技術革新がまったく新しい可能性を作り出す一方で、資本主義の暴走を抑制する統治政策が求められている現状を鑑みると、これが空論でなくなる日も近いのではないか。未来を想像することをあきらめてはいけない。未来がここに来たとき、人がそれを迎えられる状態であるように、わたしたちはビジョンを描き続けていく必要がある。

謝辞

本書の執筆は、多くの方からの惜しみない助力と、執筆過程で出会ったさまざまな比類なき頭脳に支えられて、わたしにとって本当に稀有な体験となった。

企画を立てるようわたしに勧め、そして書き上げられるように背中を押したクリス・パリス＝ラムの存在がなかったら、この本は存在しなかった。アマンダ・クックとクレア・ポッターの有意義かつ見事なサポートがなかったら、ごちゃごちゃした言葉と思考が1本の原稿にまとまることはなかった。そしてザカリー・フィリップスの手助けがなければ、その原稿が1冊の本に変わることはなかった。友人のアビシェーク・クマールは、インドから鋭いリサーチとレポートを寄せ、推敲にも付き合ってくれた。ロバート・オローチはケニアの情報を言葉と文化の両面から翻訳し教えてくれた。ジェレミー・ヴェヌークとルーベン・レイズには、リサーチとファクトチェックで力を借りた。本書のベースとして私が書いた数本の記事も、『ニューヨーク・タイムズ・マガジン』のウィリー・スティリーの手で形になったものだ。『アトランティック』誌の同僚たちにも、どれだけ感謝しても足りないように思う。特にベッカ・ローゼン、ヨニ・アップルバウム、スティーブン・ジョンソン、ジョー・ピンクサーの知恵と編集とサポートに厚くお礼を申し上げたい。

取材と執筆の過程で、たくさんの方々の生活、考え、仕事、研究、そして自宅を垣間見させていただいた。時間を割いて知恵と手を差し伸べてくれたマイケル・フェイ、ジョー・ヒューストン、スミ・カパディア、クリス・ヒューズ、ナタリー・フォスター、ジャン・ドレーズ、ディラン・マシューズ、エノ・シュミット、カーラ・ニューロン、エリン・クレイマーにとりわけ感謝している。

父ジョンと母セリーヌに、この本を書いていることについて話したとき、父が言った「お前はそういうのを書くと思っていたよ！」という台詞は、まさにわたしが聞きたかった言葉だった。大事なきょうだい、ジャックとシャーロットとケイトリンにも、生涯変わらない感謝の気持ちを伝えたい。親戚たち、ビラル・シディキー、グラント・ゴードン、ニーナ・カタラノ、メリッサ・ベルにも感謝している。ハニー家の皆さん、エリー・メイヤー、アリシア・ウィリアムズ、レベッカ・ピアッツァ、アマンダ・マトス、サブリナ・ヘルシ・イッサ、ケイ・ステイガー、アンセア・ワトソン・ストロング、レイチェル・ノーラン、モリー・スプリングフィールド、そしてワシントンDCのコミュニティの皆さんにも。

最後にエズへ。あなたへの感謝はとても言葉にならない。一番の親友と結婚して、その明晰な頭脳に励まされ、あたたかい思いやりに支えられ、ありとあらゆる試練と冒険を経ながらも変わらず愛情を与えられているわたしは本当に幸運だ、と言うにとどめておきたい。

索 引

【ア行】

【カ行】

【マ行】

【ヤ行】

【ラ行】

【ワ行】

原 注

はじめに

1. Jack Kim, "North Korea Blinks Minutes After South Threatens Closure of Factory Park," Reuters, Aug. 7, 2013.
2. Sunhyuk Kim and Wonhyuk Lim, "How to Deal with South Korea," *Washington Quarterly* 30, no. 2 (2007): 74.
3. Willem Buiter and Ebrahim Rahbari, "Global Growth Generators: Moving Beyond 'Emerging Markets' and 'BRIC,' " Citigroup, Feb. 21, 2011, 47.
4. Marcelo Guadiana, "10 Facts About Poverty in North Korea," The Borgen Project, Oct. 31, 2017, https://borgenproject.org/poverty-in-north-korea/.
5. Max Roser and Esteban Ortiz-Ospina, "Global Extreme Poverty," Our World in Data, https://ourworldindata.org/extreme-poverty/#the-evolution-of-extreme-poverty-country-by-country.
6. Richard Knight, "Are North Koreans Really Three Inches Shorter Than South Koreans?," BBC News, Apr. 23, 2012.
7. Annie Lowrey, "Switzerland's Proposal to Pay People for Being Alive," *New York Times Magazine*, Nov. 12, 2013.
8. Mark Zuckerberg, Commencement Address, Cambridge, MA, May 25, 2017, *Harvard Gazette*; Hillary Rodham Clinton, *What Happened* (New York: Simon & Schuster, 2017), 239〔邦訳　ヒラリー・ロダム・クリントン『WHAT HAPPENED――何が起きたのか？』髙山祥子訳、光文社、2018年〕; "Reparations," The Movement for Black Lives, July 26, 2016, https://policy.m4bl.org/reparations/; Bill Gates, "I'm Bill Gates, Co-chair of the Bill & Melinda Gates Foundation. Ask Me Anything," Reddit, Mar. 3, 2017, https://www.reddit.com/r/IAmA/comments/5whpqs/im_bill_gates_cochair_of_the_bill_melinda_gates/; Elon Musk: Kathleen Davis, "Elon Musk Says Automation Will Make a Universal Basic Income Necessary Soon," *Fast Company*, Feb. 13, 2017.
9. ドイツについては "Geschichten: Was wäre, wenn du plötzlich Grundeinkommen hättest?," Mein Grundeinkommen, https://www.mein-grundeinkommen.de/projekt/geschichten. オランダについては Sjir Hoeijmakers. 本書著者による電話インタビュー、2017年10月16日。フィンランドについては Finland: Antti Jauhiainen and Joona-Hermanni Mäkinen, "Why Finland's Basic Income Experiment Isn't Working," *New York Times*, July 20, 2017. カナダについては Ashifa Kassam, "Ontario Plans to Launch Universal Basic Income Trial Run This Summer," *Guardian*, Apr. 24, 2017. ケニアについては Annie Lowrey, "The Future of Not Working," *New York Times Magazine*, Feb. 23, 2017. インドについては Rachel Roberts, "Indian Politicians Consider Universal Basic Income Following Successful Trials," *Independent*, July 28, 2017.

10. Owen Poindexter. 本書著者による電話インタビュー、2017年 9 月27日。
11. Enno Schmidt. 本書著者による電話インタビュー、2016年 5 月17日。
12. Carl Benedikt Frey and Michael Osborne, "The Future of Employment" (working paper, the Oxford Martin Programme on Technology and Employment, University of Oxford, Sept. 17, 2013).
13. Natalie Kitroeff, "Robots Could Replace 1.7 Million American Truckers in the Next Decade," *Los Angeles Times*, Sept. 25, 2016; Natalie Kitroeff, "Warehouses Promised Lots of Jobs, but Robot Workforce Slows Hiring," *Los Angeles Times*, Dec. 4, 2016; Andrew Zaleski, "Behind Pharmacy Counter, Pill-Packing Robots Are on the Rise," CNBC.com, Nov. 15, 2016; Gianni Giacomelli and Prashant Shukla, "Does Automation Mean Job Losses for Accountants?," *Accounting Today*, Feb. 21, 2017; Dan Mangan, "Lawyers Could Be the Next Profession to Be Replaced by Computers," CNBC.com, Feb. 17, 2017; Claire Cain Miller, "Amazon's Move Signals End of Line for Many Cashiers," *New York Times*, June 17, 2017; Conner Forrest, "The First 10 Jobs That Will Be Automated by AI and Robots," ZDNet, Aug. 3, 2015; Vinod Khosla, "Technology Will Replace 80% of What Doctors Do," *Fortune*, Dec. 4, 2012; Saijel Kishan, Hugh Son, and Mira Rojanasakul, "Robots Are Coming for These Wall Street Jobs," Bloomberg, Oct. 18, 2017; Joe Light, "The Next Job Humans Lose to Robots: Real Estate Appraiser," Bloomberg, July 11, 2017.
14. Andy Stern. 本書著者による電話インタビュー、2016年 6 月29日。
15. "Who We Are," Economic Security Project (website), https://economicsecurityproject.org/who-we-are/.
16. "Income, Poverty and Health Insurance Coverage in the United States: 2016," U.S. Census Bureau, Sept. 12, 2017.
17. Michael Faye. 本書著者による電話インタビュー、2016年11月 6 日。
18. Annie Lowrey, "Switzerland's Proposal to Pay People for Being Alive," *New York Times Magazine*, Nov. 12, 2013.
19. Charles Murray. 本書著者による電話インタビュー、2016年 7 月 7 日。
20. Ryan Avent, "Escape to Another World," 1843 *Magazine*, April/May 2017.
21. "Policy Basics: Where Do Our Federal Tax Dollars Go?," Center on Budget and Policy Priorities, Oct. 4, 2017.
22. Google Trends, trends.google.com.
23. Ibid.

第 1 章　トラックが無人で走る世界

1. Marsha Walton, "Robots Fail to Complete Grand Challenge," CNN, May 6, 2004.
2. "The DARPA Grand Challenge: Ten Years Later," Defense Advanced Research Projects Agency news, Mar. 13, 2014, https://www.darpa.mil/news-events/2014-03-13.
3. Denise Chow, "DARPA and Drone Cars: How the US Military Spawned the Self-Driving Car Revolution," *Live Science*, Mar. 21, 2014.
4. "The DARPA Grand Challenge."

5. Brent Snavely and Eric D. Lawrence, "Waymo Reveals World's First Self-Driving Minivan," *Detroit Free Press*, Jan. 8, 2017.
6. Sandy Lobenstein, Speech at the 2017 North American International Auto Show, Jan. 10, 2017, http://corporatenews.pressroom.toyota.com/releases/2017-naias-lobenstein-entune.htm.
7. Elisabeth Rosenthal, "The End of Car Culture," *New York Times*, June 29, 2013; Jordan Weissmann, "Why Don't Young Americans Buy Cars?," *Atlantic*, Mar. 25, 2012.
8. "Autonomous Vehicle Adoption Study," Boston Consulting Group, Jan. 2015, https://www.bcg.com/en-us/industries/automotive/autonomous-vehicle-adoption-study.aspx.
9. Kim Trynacity, "Oilsands Workers Worry Driverless Trucks Will Haul Away Their Jobs," CBC News, Nov. 3, 2016.
10. Executive Office of the President, *Artificial Intelligence, Automation, and the Economy* (Washington, DC, Dec. 2016).
11. Ryan Bort, "Elon Musk Says Governments Will Have to Introduce 'Universal Basic Income' for Unemployed," *Newsweek*, Feb. 13, 2017.
12. Thomas Klier and James M. Rubenstein, *Who Really Made Your Car?: Restructuring and Geographic Change in the Auto Industry* (Kalamazoo, MI: W. E. Upjohn Institute for Employment Research, 2008), 203.
13. Kristin Dziczek, "Michigan Automotive Industry Update," Center for Automotive Research, Nov. 22, 2016.
14. Kristi Tanner, "Detroit's Population Still Down, Despite Hopes," *Detroit Free Press*, May 25, 2017.
15. U.S. Bureau of Labor Statistics, "All Employees in Manufacturing, Seasonally Adjusted, 1940-2017," raw data (Washington, DC: U.S. Bureau of Labor Statistics).
16. Simeon Alder, David Lagakos, and Lee Ohanian, "The Decline of the U.S. Rust Belt: A Macroeconomic Analysis" (working paper series, Center for Quantitative Economic Research, Federal Reserve Bank of Atlanta, Aug. 2014).
17. David Rotman, "How Technology Is Destroying Jobs," *MIT Technology Review*, June 12, 2013.
18. Richard Conniff, "What the Luddites Really Fought Against," *Smithsonian Magazine*, Mar. 2011.
19. John Maynard Keynes, "Economic Possibilities for Our Grandchildren (1930)," in *Essays in Persuasion* (New York: Harcourt Brace, 1932), 358-73〔邦訳　J. M. ケインズ「孫の世代の経済的可能性」『ケインズ説得論集』山岡洋一訳、日本経済新聞出版社、2010年〕
20. Linus Pauling et al., "The Triple Revolution" (Santa Barbara, CA, The Ad Hoc Committee on the Triple Revolution, 1964), http://scarc.library.oregonstate.edu/coll/pauling/peace/papers/1964p.7-01.html.
21. Alex Tabarrok, "Productivity and Unemployment," *Marginal Revolution*, Dec. 31, 2013, http://marginalrevolution.com/marginalrevolution/2003/12/productivity_an.html.
22. Barack Obama, Farewell Address, Chicago, Jan. 10, 2017, https://obamawhitehouse.archives.gov/node/360231.

23. Walmart, "Company Facts," https://corporate.walmart.com/newsroom/company-facts, accessed Nov. 7, 2017; Amazon, Third Quarter Earnings Report, Oct. 26, 2017, http://phx.corporate-ir.net/phoenix.zhtml?c=97664&p =irol-reportsother.
24. Jaron Lanier, *Who Owns the Future?*（New York: Simon & Schuster, 2014）, 2.
25. Dani Rodrik, "Premature Deindustrialization"（NBER Working Paper no. 20935, Feb. 2015）.
26. Mike Kubzansky. 本書著者による電話インタビュー、2017年２月10日。
27. Mike Lewis, Denis Yarats, Yann N. Dauphin, Devi Parikh, and Dhruv Batra, "Deal or No Deal? Training AI Bots to Negotiate," Facebook code, June 14, 2017, https://code.facebook.com/posts/1686672014972296/deal-or-no-deal-training-ai-bots-to-negotiate/.
28. Mark Wilson, "AI Is Inventing Languages Humans Can't Understand. Should We Stop It?" *Fast Company*, July 14, 2017.
29. Gideon Lewis-Kraus, "The Great A.I. Awakening," *New York Times Magazine*, Dec. 14, 2016.
30. "Could another person learn to do your job": Martin Ford, *Rise of the Robots*（New York: Basic Books, 2015）, ebook〔邦訳　マーティン・フォード『ロボットの脅威――人の仕事がなくなる日』松本剛史訳、日本経済新聞出版社、2015年〕
31. Katja Grace et al., "When Will AI Exceed Human Performance? Evidence from AI Experts," arXiv:1705.08807v2, May 30, 2017, https://arxiv.org/abs/1705.08807v2.
32. Ike Swetlitz and Casey Ross, "A New Advertising Tack for Hospitals: IBM's Watson Supercomputer Is in the House," STAT, Sept. 6, 2017.
33. Ugo Gentilini and Ruslan Yemtsov, "Being Open-Minded About Universal Basic Income," *Let's Talk Development*（blog）, World Bank, Jan. 6, 2017, http://blogs.worldbank.org/developmenttalk/being-open-minded-about-universal-basic-income.
34. Scott Santens, "Universal Basic Income as the Social Vaccine of the 21st Century," Medium, Feb. 5, 2015, https://medium.com/basic-income/universal-basic-income-as-the-social-vaccine-of-the-21st -century-d66dff39073; Guy Standing, "Basic Income: A 21st Century Economic Right," 2004, https://www .guystanding.com/files/documents/CDHE_Standing.pdf; Steve Randy Waldman, "VC for the People," *Interfluidity*（blog）, Apr. 16, 2014, http://www.interfluidity.com/v2/5066.html.
35. Chris Hughes. 本書著者による電話インタビュー、2016年10月21日。
36. Misha Chellam. 本書著者による電話インタビュー、2017年２月10日。
37. Lowrey, "Future of Not Working."
38. Mark Overton, *Agricultural Revolution in England: The Transformation of the Agrarian Economy 1500–1850*（Cambridge: Cambridge University Press, 1996）, ebook.
39. Quoted in John F. Pound, *Poverty and Vagrancy in Tudor England*, 2nd ed.（London: Routledge, 2014）, 5.
40. Thomas More, *Utopia*, ed. Henry Morley（1901; Project Gutenberg 2005）, ebook, https://www.gutenberg.org/files/2130/2130-h/2130-h.htm〔邦訳　トマス・モア『ユートピア』平井正穂訳、岩波書店、1994年〕
41. Thomas Paine, *Agrarian Justice*（1797）, ebook, http://xroads.virginia.edu/~hyper/Paine/header.html〔邦訳　トーマス・ペイン「土地配分の正義」T. スペンス『近代土地改革思想

の源流』四野宮三郎訳、御茶の水書房、1982年〕
42. Rutger Bregman, *Utopia for Realists: The Case for a Universal Basic Income, Open Borders, and a 15-Hour Workweek* (Amsterdam: The Correspondent, 2016)〔邦訳　ルトガー・ブレグマン『隷属なき道―― AI との競争に勝つベーシックインカムと一日三時間労働』野中香方子訳、文藝春秋、2017年〕
43. Simon Birnbaum and Karl Widerquist, "History of Basic Income," *Basic Income Earth Network* (blog), http://basicincome.org/basic-income/history/; adapted from *L'allocation universelle* by Yannick Vanderborght and Philippe Van Parijs (Paris: La Découverte, 2005).
44. Birnbaum and Widerquist, "History of Basic Income."
45. Bregman, *Utopia for Realists*〔邦訳　ブレグマン『隷属なき道』〕
46. Robert A. Levine et al., "A Retrospective on the Negative Income Tax Experiments: Looking Back at the Most Innovative Field Studies in Social Policy," U.S. Basic Income Guarantee Network Discussion Paper No. 86, June 2004, www.usbig.net/papers/086-Levine-et-al-NIT-session.doc.
47. Farhad Manjoo, "A Plan in Case Robots Take the Jobs: Give Everyone a Paycheck," *New York Times*, Mar. 2, 2016.
48. *Economic Report of the President*, Feb. 2015, https://obamawhitehouse.archives.gov/sites/default/files/docs/cea_2015_erp.pdf.
49. Mark J. Perry, "Recorded Music Sales by Format from 1973-2015, and What That Might Tell Us About the Limitations of GDP Accounting," *AEIdeas* (blog), American Enterprise Institute, Sept. 15, 2016, http://www.aei.org/publication/annual-recorded-music-sales-by-format-from-1973-2015-and-what-that-tells-us-about-the-limitations-of-gdp-accounting/.
50. Ezra Klein, "Technology Is Changing How We Live, but It Needs to Change How We Work," Vox, May 25, 2016; George Packer, "No Death, No Taxes," *New Yorker*, Nov. 28, 2011.
51. J. W. Mason, "What Recovery? The Case for Continued Expansionary Policy at the Fed" (New York: Roosevelt Institute, July 25, 2017).
52. Gregory Clark, *A Farewell to Alms* (Princeton, NJ: Princeton University Press, 2008), 252.
53. Chad Syverson, "Will History Repeat Itself?," *International Productivity Monitor* 25 (Spring 2013): 37-40.

第２章　働くことはみじめなこと、つまらないこと

1. 2015年１月６日に取材を行ない、その模様を次の記事に掲載した。Annie Lowrey, "A Day in the Life of a Family of 6 Trying to Survive on Fast-Food Wages," *New York*, Jan. 8, 2015.
2. Alan Feuer, "Older Workers Are Increasingly Entering Fast-Food Industry," *New York Times*, Nov. 28, 2013.
3. Michelle Chen, "Five Myths About Fast-Food Work," *Washington Post*, Apr. 10, 2015.
4. John Schmitt and Janelle Jones, "Slow Progress for Fast-Food Workers," *CEPR Blog*, the Center for Economic and Policy Research, Aug. 6, 2013, http://cepr.net/blogs/cepr-blog/slow-progress-for-fast-food-workers.

5. Ibid.
6. Sylvia A. Allegretto, Marc Doussard, Dave Graham-Squire, Ken Jacobs, Dan Thompson, and Jeremy Thompson, "Fast Food, Poverty Wages: The Public Cost of Low-Wage Jobs in the Fast-Food Industry" (University of Illinois at Urbana-Champaign and the UC Berkeley Labor Center, Oct. 15, 2013).
7. Center for Poverty Research, "Who Are the Working Poor in America?," https://poverty.ucdavis.edu/faq/who-are-working-poor-america.
8. Thomas Piketty, Gabriel Zucman, and Emmanuel Saez, "Share of Income for the Top 1 and Bottom 50 Percent of the Income Distribution," raw data, World Wealth & Income Database, wid.world.
9. Pew Research Center, "The American Middle Class Is Losing Ground: No Longer the Majority and Falling Behind Financially" (Washington, DC, Dec. 9, 2015).
10. David H. Autor, David Dorn, and Gordon H. Hanson, "The China Shock: Learning from Labor Market Adjustment to Large Changes in Trade" (NBER Working Paper no. 21906, Jan. 2016).
11. Anne Case and Angus Deaton, "Mortality and Morbidity in the 21st Century," *Brookings Papers on Economic Activity*, Spring 2017.
12. Jake Rosenfeld, Patrick Denice, and Jennifer Laird, "Union Decline Lowers Wages of Nonunion Workers: The Overlooked Reason Why Wages Are Stuck and Inequality Is Growing" (Washington, DC: Economic Policy Institute, Aug. 30, 2016).
13. Ibid.
14. Ibid.
15. Lawrence Mishel, "Declining Value of the Federal Minimum Wage Is a Major Factor Driving Inequality" (Washington, DC: Economic Policy Institute, Feb. 21, 2013).
16. Lawrence Mishel et al., *The State of Working America* (Ithaca, NY: Cornell University Press, 2012), 292.
17. Sepia Coleman. 本書著者による電話インタビュー、2016年10月19日。
18. Janelle Jones and David Cooper, "State Minimum Wage Increases Helped 4.3 Million Workers, but Federal Inaction Has Left Many More Behind" (Washington, DC: Economic Policy Institute, Jan. 9, 2017).
19. Barry Lynn, *Cornered* (Hoboken, NJ: John Wiley & Sons, 2010), ebook.
20. Franklin D. Roosevelt, "Message to Congress on Curbing Monopolies," Apr. 29, 1938. Online by Gerhard Peters and John T. Woolley, The American Presidency Project, http://www.presidency.ucsb.edu/ws/?pid=15637.
21. Lynn, *Cornered*.
22. Rick Hynum, "Pizza Power 2017: A State of the Industry Report," *PMQ Pizza Magazine*, Dec. 2016.
23. U.S. Department of the Treasury, Office of Economic Policy, "Non-compete Contracts: Economic Effects and Policy Implications," Mar. 2016, https://www.treasury.gov/resource-center/economic-policy/Documents/UST%20Non-competes%20Report.pdf.

24. Jason Furman and Peter Orszag, "A Firm-Level Perspective on the Role of Rents in the Rise in Inequality" (presentation at "A Just Society" Centennial Event in Honor of Joseph Stiglitz, Columbia University, New York, 2015).
25. Ibid.
26. Alan B. Krueger, "Land of Hope and Dreams: Rock and Roll, Economics, and Rebuilding the Middle Class" (remarks at the Rock and Roll Hall of Fame, Cleveland, OH, June 12, 2013).
27. David Weil, *The Fissured Workplace* (Cambridge, MA: Harvard University Press, 2014), ebook.
28. Lydia DePillis, "We're Doing a Terrible Job of Measuring the Modern Workforce, and the Feds Know It," *Washington Post*, Oct. 9, 2015.
29. Lawrence F. Katz and Alan B. Krueger, "The Rise and Nature of Alternative Work Arrangements in the United States, 1995-2015" (Princeton, NJ, Mar. 29, 2016).
30. Barbara Robles and Marysol McGee, "Exploring Online and Offline Informal Work: Findings from the Enterprising and Informal Work Activities (EIWA) Survey" (Finance and Economics Discussion Series, Divisions of Research & Statistics and Monetary Affairs, Federal Reserve Board, Washington, DC, 2016).
31. Ibid.
32. Erin Kramer. 本書著者によるインタビュー、2017年４月21日。
33. Katy Steinmetz, "Exclusive: See How Big the Gig Economy Really Is," *Time*, Jan. 6, 2016.
34. Matt McFarland, "Uber's Remarkable Growth Could End the Era of Poorly Paid Cab Drivers," *Washington Post*, May 27, 2014.
35. Alison Griswold, "In Search of Uber's Unicorn," *Slate*, Oct. 27, 2014.
36. Uber Drivers Network, "Open Letter to Uber, Travis, Josh Mohrer, Uber's Investors and Employees," Medium, Feb. 4, 2016, https://medium.com/@Uber driversnetwork/open-letter-to-uber-travis-josh-mohrer-uber-s-investors-and-employees-63a3b8200056.
37. Lauren Weber, "What If There Were a New Type of Worker? Dependent Contractor," *Wall Street Journal*, Jan. 28, 2015.
38. 以下参照。Annie Lowrey, "The Uber Economy Requires a New Category of Worker," *New York*, July 9, 2015.
39. Nick Hanauer and David Rolf, "Shared Security, Shared Growth," *Democracy* 37 (Summer 2015).
40. Carrie Gleason. 本書著者による電話インタビュー、2017年４月27日。
41. Board of Governors of the Federal Reserve System, "Report on the Economic Well-Being of U.S. Households in 2015," May 2016.
42. Andy Stern. 本書著者による電話インタビュー、2016年６月29日。
43. Chris Morran, "McDonald's McResource Help Line Tells Worker How to Get Welfare Benefits," *Consumerist*, Oct. 23, 2013.
44. Allegretto, Doussard, Graham-Squire, Jacobs, Thompson, and Thompson, "Fast Food, Poverty Wages."
45. Ken Jacobs, Ian Perry, and Jenifer MacGillvary, "The High Public Cost of Low Wages" (Berke-

ley: University of California, Berkeley, Center for Labor Research and Education, Apr. 2015).

第3章　働くことへの執着と思い入れ

1. Jessica Godofsky, Carl Van Horn, and Cliff Zukin, "American Workers Assess an Economic Disaster" (John J. Heldrich Center for Workforce Development, Rutgers, the State University of New Jersey, New Brunswick, Sept. 2010).
2. U.S. Bureau of Labor Statistics, "All Employees in Construction and All Employees in Manufacturing, Seasonally Adjusted," raw data.
3. U.S. Bureau of Labor Statistics, "Nonfarm Payrolls, Seasonally Adjusted," raw data.
4. U.S. Bureau of Labor Statistics, "Average (Mean) Duration of Unemployment," raw data.
5. Karen Kosanovich and Eleni Theodossiou Sherman, "Trends in Long-Term Unemployment," U.S. Bureau of Labor Statistics, Spotlight on Statistics, Mar. 2015, https://www.bls.gov/spotlight/2015/long-term-unemployment/pdf/long-term-unemployment.pdf.
6. Rob Valletta, "Long-Term Unemployment: What Do We Know?," Federal Reserve Bank of San Francisco, FRBSF Economic Letter, Feb. 4, 2013, http://www.frbsf.org/economic-research/publications/economic-letter/2013/february/long-term-unemployment/.
7. Rand Ghayad and William Dickens, "What Can We Learn by Disaggregating the Unemployment-Vacancy Relationship?," Federal Reserve Bank of Boston, Public Policy Briefs No. 12-3, Oct. 2012, https://www.bostonfed.org/-/media/Documents/Workingpapers/PDF/economic/ppb/2012/ppb123.pdf.
8. Danny Yagan, "Is the Great Recession Really Over? Longitudinal Evidence of Enduring Employment Impacts," Berkeley and NBER, Sept. 2017, https://eml.berkeley.edu/~yagan/Hysteresis.pdf.
9. Annie Lowrey, "Caught in a Revolving Door of Unemployment," *New York Times*, Nov. 16, 2013.
10. William Deresiewicz, "Virtually Exhausted: The Limitations of the American Work Ethic," *American Scholar*, Aug. 26, 2012.
11. Daniel T. Rodgers, *The Work Ethic in Industrial America 1850–1920*, 2nd ed. (Chicago: University of Chicago Press, 2014), ebook.
12. Ibid.
13. Louis B. Wright, *The Cultural Life of the American Colonies* (Mineola, NY: Dover Publications, 2002), ebook.
14. Thomas Paine, "Common Sense," in *Selected Writings of Thomas Paine* (New Haven, CT: Yale University Press, 2014), ebook〔邦訳　トーマス・ペイン「コモン・センス」『コモン・センス』小松春雄訳、岩波書店、1976年〕
15. Alexis de Tocqueville, *Democracy in America* (1835; University of Virginia American Studies Program, 2003), ebook, http://xroads.virginia.edu/~hyper/detoc/toc_indx.html〔邦訳　トクヴィル『アメリカのデモクラシー』(第二巻) 上　松本礼二訳、岩波書店、2015年〕
16. 以下で引用。Rodgers, *Work Ethic.*
17. Benjamin Franklin, *The Autobiography of Benjamin Franklin*, ed. Peter Conn (1791; Philadel-

phia: University of Pennsylvania Press, 2005), ebook, Project MUSE〔邦訳　フランクリン『フランクリン自伝』松本慎一・西川正身訳、岩波文庫、1957年〕
18. Ibid.
19. Andrew Jackson, Farewell Address, Mar. 4, 1837. Online by Gerhard Peters and John T. Woolley, The American Presidency Project, http://www.presidency.ucsb.edu/ws/?pid=67087.
20. 以下で引用。James M. McPherson, *Abraham Lincoln* (New York: Oxford University Press, 2009), ebook.
21. 以下で引用。Jim Cullen, *The American Dream: A Short History of an Idea That Shaped a Nation* (New York: Oxford University Press, 2003), ebook.
22. Ana Swanson, "The Myth and Reality of Donald Trump's Business Empire," *Washington Post*, Feb. 29, 2016.
23. "Economic Mobility and the American Dream: Where Do We Stand in the Wake of the Great Recession?" (Washington, DC: Economic Mobility Project, Pew Charitable Trusts, May 2011).
24. Alberto Alesina and George-Marios Angeletos, "Fairness and Redistribution: US vs. Europe," *American Economic Review* 95 (Sept. 2005): 913-35.
25. George Gao, "How Do Americans Stand Out from the Rest of the World?," FactTank (blog), Pew Research Center, Mar. 12, 2015, http://www.pewresearch.org/fact-tank/2015/03/12/how-do-americans-stand-out-from-the-rest-of-the-world/.
26. Alesina and Angeletos, "Fairness and Redistribution."
27. Organization for Economic Cooperation and Development, "Average Annual Hours Actually Worked per Worker," raw data, https://stats.oecd.org/Index.aspx?DataSetCode=ANHRS.
28. "The State of the Global Workplace: Employee Engagement Insights for Business Leaders Worldwide" (Washington, DC: Gallup, 2013).
29. Rebecca Riffkin, "In U.S., 55% of Workers Get Sense of Identity from Their Job," Gallup News, Aug. 22, 2014, http://news.gallup.com/poll/175400/workers-sense-identity-job.aspx.
30. Steven J. Davis and Till von Wachter, "Recessions and the Costs of Job Loss," *Brookings Papers on Economic Activity*, Fall 2011.
31. Mai Dao and Prakash Loungani, *The Human Cost of Recessions: Assessing It, Reducing It* (Washington, DC: IMF Staff Position Notes, International Monetary Fund, Nov. 11, 2010).
32. Cliff Zukin, Carl E. Van Horn, and Charley Stone, "Categorizing the Unemployed by the Impact of the Recession" (John J. Heldrich Center for Workforce Development, Rutgers, the State University of New Jersey, New Brunswick, Dec. 2011).
33. Clemens Hetschko, Andreas Knabe, and Ronnie Schöb, "Identity and Wellbeing: How Retiring Makes the Unemployed Happier," *Vox* (blog), the Centre for Economic Policy Research, May 4, 2012.
34. Marie Jahoda, "Social Institutions and Human Needs: A Comment on Fryer and Payne," *Leisure Studies* 3 (1984): 297-99, http://www.tandfonline.com/doi/abs/10.1080/02614368400390241.
35. Hetschko, Knabe, and Schöb, "Identity and Wellbeing."
36. Djavad Salehi-Isfahani and Mohammad H. Mostafavi-Dehzooei, "Cash Transfers and Labor

Supply: Evidence from a Large-Scale Program in Iran" (Giza, Egypt: Economic Research Forum, Working Paper no. 1090, May 2017), http://erf.org.eg/publications/cash-transfers-and-labor-supply-evidence-from-a-large-scale-program-in-iran/.

37. Ioana Marinescu, "No Strings Attached: The Behavioral Effects of U.S. Unconditional Cash Transfer Programs" (New York: Roosevelt Institute, May 11, 2017).
38. Brian Steensland, *The Failed Welfare Revolution: America's Struggle over Guaranteed Income Policy* (Princeton, NJ: Princeton University Press, 2008), ebook.
39. Marinescu, "No Strings Attached."
40. Levine et al., "Retrospective on the Negative Income Tax Experiments."
41. Timothy Williams, "$1 Million Each Year for All, as Long as Tribe's Luck Holds," *New York Times*, Aug. 9, 2012.
42. Eric A. Hanushek, "Non-Labor-Supply Responses to the Income-Maintenance Experiments," in *Lessons from the Income Maintenance Experiments*, ed. Alicia H. Munnell (Boston: Federal Reserve Bank of Boston and Brookings Institution, 1987), 106-22.
43. Dylan Matthews, "The Two Most Popular Critiques of Basic Income Are Both Wrong," Vox, July 20, 2017.
44. Annie Lowrey, "Switzerland's Proposal to Pay People for Being Alive," *New York Times Magazine*, Nov. 12, 2013.
45. Lindor Reynolds, "Dauphin's Great Experiment," *Winnipeg Free Press*, Dec. 3, 2009.
46. David Calnitsky and Jonathan P. Latner, "Basic Income in a Small Town: Understanding the Elusive Effects on Work," *Social Problems* 64, no. 3 (Aug. 1, 2017): 373-97.
47. Evelyn Forget. 本書著者によるインタビュー、2013年８月20日。
48. Peter S. Goodman, "Free Cash in Finland, Must Be Jobless," *New York Times*, Dec. 17, 2016.
49. Scott Santens, "What If You Got $1,000 a Month, Just for Being Alive? I Decided to Find Out," Vox, Nov. 14, 2016.
50. Scott Santens, "A Future Without Jobs Does Not Equal a Future Without Work," *HuffPost*, Oct. 7, 2016.
51. Nick Srnicek and Alex Williams, *Inventing the Future: Postcapitalism and a World Without Work* (Brooklyn, NY: Verso, 2015), ebook.
52. Ezra Klein, " 'An Orgy of Serious Policy Discussion' with Paul Krugman," Vox, Dec. 14, 2017.

第４章　貧困をテクノロジーでハックする

1. 世界銀行が規定する貧困線は、厳密には１日1.90ドルで、消費金額を指している。開発経済学者の多くはこれを２ドルに切り上げて論じるので、本書もそれに倣った。
2. Abhijit Banerjee, Rema Hanna, Gabriel Kreindler, and Benjamin A. Olken, "Debunking the Stereotype of the Lazy Welfare Recipient: Evidence from Cash Transfer Programs Worldwide," Social Science Research Network, Sept. 2016, 10.2139/ssrn.2703447.
3. Francesca Bastagli, Jessica Hagen-Zanker, Luke Harman, Valentina Barca, Georgina Sturge, and Tanja Schmidt, with Luca Pellerano, *Cash Transfers: What Does the Evidence Say? A Rigorous Review of Programme Impact and of the Role of Design and Implementation Features* (London:

Overseas Development Institute, July 2016).

4. Charity Moore, "Nicaragua's Red de Protección Social: An Exemplary but Short-Lived Conditional Cash Transfer Programme" (Brasilia: International Policy Centre for Inclusive Growth, Country Study no. 17, Jan. 2009), http://hdl.handle.net/10419/71770.
5. Rosamaría Dasso and Fernando Fernandez, "Temptation Goods and Conditional Cash Transfers in Peru" (La Plata, Argentina: Center for Distributive, Labor and Social Studies, Sept. 24, 2013).
6. Bastagli, Hagen-Zanker, Harman, Barca, Sturge, Schmidt, and Pellerano, *Cash Transfers*.
7. Michael Faye. 本書著者による電話インタビュー、2016年11月6日。
8. "Mobile Phones Are Transforming Africa," *Economist*, Dec. 10, 2016.
9. Mike Krieger. 本書著者による電話インタビュー、2017年2月8日。
10. Joe Huston. 本書著者によるメールインタビュー、2017年12月18日。
11. Johannes Haushofer and Jeremy Shapiro, "The Short-Term Impact of Unconditional Cash Transfers to the Poor: Experimental Evidence from Kenya," *Quarterly Journal of Economics* 131, no. 4 (Apr. 25, 2016): 1973-2042.
12. Anandi Mani et al., "Poverty Impedes Cognitive Function," *Science* 341, no. 6149 (Aug. 30, 2013): 976-80.
13. Dean Karlan and Jacob Appel, *More Than Good Intentions: How a New Economics Is Helping to Solve Global Poverty* (New York: Dutton, 2011), ebook.
14. Abhijit Banerjee, Esther Duflo, Nathanael Goldberg, Dean Karlan, Robert Osei, William Parienté, Jeremy Shapiro, Bram Thuysbaert, and Christopher Udry, "A Multifaceted Program Causes Lasting Progress for the Very Poor: Evidence from Six Countries," *Science* 348, no. 6236 (May 15, 2015).
15. Sarika Bansal, "Shopping for a Better World," *New York Times*, May 9, 2012.
16. David Kestenbaum and Jacob Goldstein, "Money for Nothing and Your Cows for Free," *This American Life*, ep. 503, Aug. 16, 2013, https://www.thisamericanlife.org/radio-archives/episode/503/i-was-just-trying-to-help?act=1.
17. Michael Faye. 本書著者による電話インタビュー、2016年11月6日。
18. "Cash Relief," International Rescue Committee, https://www.rescue.org/topic/cash-relief.
19. "Emergency Economies: The Impact of Cash Assistance in Lebanon" (Beirut: International Rescue Committee, Aug. 2014), https://www.rescue.org/sites/default/files/document/631/emergencyeconomiesevaluationreport-lebanon2014.pdf.
20. High Level Panel on Humanitarian Cash Transfers, *Doing Cash Differently: How Cash Transfers Can Transform Humanitarian Aid* (London: Overseas Development Institute and Center for Global Development, Sept. 2015).
21. Amanda Glassman. 本書著者による電話インタビュー、2016年10月16日。
22. Paul Niehaus. 本書著者による電話インタビュー、2016年10月21日。
23. Justin Sandefur. 本書著者による電話インタビュー、2016年10月22日。
24. Lowrey, "Future of Not Working."
25. Ibid.

26. Mike Kubzansky. 本書著者による電話インタビュー、2017年２月10日。
27. Chris Hughes. 本書著者による電話インタビュー、2016年10月21日。

第５章　ツギ当ての貧困対策

1. Reserve Bank of India, *Handbook of Statistics on the Indian Economy*, Table 162: Number and Percentage of Population Below Poverty Line, Sept. 2013.
2. K. M. Singh, M. S. Meena, R. K. P. Singh, Abhay Kumar, and Anjani Kumar, "Rural Poverty in Jharkhand, India: An Empirical Study Based on Panel Data" (New Delhi: National Institute of Agricultural Economics and Policy Research, Aug. 23, 2012).
3. Ministry of Finance, Government of India, "Economic Survey 2016-17," Jan. 2017.
4. Steven M. Teles, "Kludgeocracy in America," *National Affairs* no. 33 (Fall 2013), http://www.nationalaffairs.com/publications/detail/kludgeocracy-in-america.
5. Ministry of Finance, "Economic Survey 2016-17."
6. Arvind Subramanian. 本書著者によるインタビュー、2017年４月18日。
7. Francisco Ferreira, Christoph Lakner, and Carolina Sanchez, "The 2017 Global Poverty Update from the World Bank," *Let's Talk Development* (blog), Oct. 16, 2017, http://blogs.worldbank.org/developmenttalk/2017-global-poverty-update-world-bank.
8. Annie Lowrey, "Is It Crazy to Think We Can Eradicate Poverty?," *New York Times Magazine*, Apr. 30, 2013.
9. Jean Drèze and Amartya Sen, *An Uncertain Glory: India and Its Contradictions* (Princeton, NJ: Princeton University Press, 2013), ebook〔邦訳　ジャン・ドレーズ／アマルティア・セン『開発なき成長の限界――現代インドの貧困・格差・社会的分断』湊一樹訳、明石書店、2015年〕
10. Maddalena Honorati, Ugo Gentilini, and Ruslan G. Yemtsov, *The State of Social Safety Nets 2015* (Washington, DC: World Bank Group, June 2015).
11. Joseph Hanlon, Armando Barrientos, and David Hulme, *Just Give Money to the Poor: The Development Revolution from the Global South* (Herndon, VA: Kumarian Press, 2010).
12. Bastagli, Hagen-Zanker, Harman, Barca, Sturge, Schmidt, and Pellerano, *Cash Transfers*.
13. Francesca Lamanna, "A Model from Mexico for the World," World Bank (news website), Nov. 19, 2014, http://www.worldbank.org/en/news/feature/2014/11/19/un-modelo-de-mexico-para-el-mundo.
14. Deborah Wetzel, "Bolsa Família: Brazil's Quiet Revolution," World Bank (news website), Nov. 4, 2013.
15. Ministry of Finance, "Economic Survey 2016-17."
16. Atish Patel, "Why Indians Cut Down on Calories as the Country Grew Richer," *Wall Street Journal*, June 15, 2015.
17. Ministry of Finance, "Economic Survey 2016-17."
18. Paul Niehaus and Sandip Sukhtankar, "Corruption Dynamics: The Golden Goose Effect," *American Economic Journal: Economic Policy* 5, no. 4 (Nov. 2013): 230-69, https://www.aeaweb.org/articles?id=10.1257/pol.5.4.230.

19. Abhijit Banerjee. 本書著者による電話インタビュー、2017年6月28日。
20. Pranab Bardhan. 本書著者による電話インタビュー、2017年6月15日。
21. Siddharth George and Arvind Subramanian, "Transforming the Fight Against Poverty in India," *New York Times*, July 22, 2015.
22. Lydia Polgreen, "Scanning 2.4 Billion Eyes, India Tries to Connect Poor to Growth," *New York Times*, Sept. 1, 2011.
23. Jeanette Rodrigues, "India ID Program Wins World Bank Praise Despite 'Big Brother' Fears," Bloomberg, Mar. 15, 2017.
24. Unni Krishnan, "India Opens 15 Million Bank Accounts in Modi's Inclusion Drive," Bloomberg, Aug. 28, 2014.
25. Rama Lakshmi, "Millions of Indians Move from Cash to Digital Payments. But Some Ask Whether It's Safe," *Washington Post*, Jan. 14, 2017.
26. International Monetary Fund, Financial Access Survey, "Automated Teller Machines per 100,000 Adults," raw data, https://data.world bank.org/indicator/FB.ATM.TOTL.P5.
27. George and Subramanian, "Transforming the Fight."
28. C. V. Madhukar. 本書著者による電話インタビュー、2017年7月8日。
29. Reetika Khera. 本書著者による電話インタビュー、2017年6月7日。
30. Drèze Nazar Khalid, Khera, and Anmol Somanchi, "Aadhaar and Food Security in Jharkhand: Pain Without Gain?" *Economic and Political Weekly* LII, no. 50 (Dec. 16, 2017): 50-59.

第6章　崖っぷちにしがみつく暮らし

1. Roser and Ortiz-Ospina, "Global Extreme Poverty."
2. Kathryn Edin and H. Luke Shaefer, *$2.00 a Day: Living on Almost Nothing in America* (New York: Houghton Mifflin Harcourt, 2015), ebook.
3. Cory Smith and Laurence Chandy, "How Poor Are America's Poorest? U.S. $2 a Day Poverty in a Global Context" (Washington, DC: Brookings Institution, Aug. 26, 2014).
4. Annie Lowrey, "Is It Better to Be Poor in Bangladesh or the Mississippi Delta?" *Atlantic*, Mar. 8, 2017.
5. Pound, *Poverty and Vagrancy in Tudor England*.
6. Walter I. Trattner, *From Poor Law to Welfare State: A History of Social Welfare in America*, 6th ed. (New York: Simon & Schuster, 2007), ebook.
7. Ibid.
8. Alexandra Briscoe, "Poverty in Elizabethan England," BBC, Feb. 17, 2011.
9. Trattner, *From Poor Law to Welfare State*.
10. Michael Hiltzik, *The New Deal* (New York: Simon & Schuster, 2012), ebook.
11. Lyndon B. Johnson, "Annual Message to the Congress on the State of the Union," Jan. 8, 1964. Online by Gerhard Peters and John T. Woolley, The American Presidency Project, http://www.presidency.ucsb.edu/ws/?pid=26787.
12. The Clinton/Gore 1992 Committee, "The Clinton Plan: Welfare to Work" (1992), https://www.washingtonpost.com/video/politics/bill-clinton-in-1992-ad-a-plan-to-end-welfare-as-we-

know-it/2016/08/30/9e6350f8-6ee0-11e6-993f-73c693a89820_video.html.

13. Gary V. Engelhardt and Jonathan Gruber, "Social Security and the Evolution of Elderly Poverty" (NBER Working Paper no. 10466, May 2004).
14. Trudi Renwick and Liana Fox, *The Supplemental Poverty Measure: 2015* (Washington, DC: U.S. Census Bureau, Sept. 13, 2016), https://www.census.gov/library/publications/2016/demo/p60-258.html.
15. Johns Hopkins University, "U.S. Welfare Spending Up — but Help for the Neediest Down," press release, May 6, 2014, http://releases.jhu.edu/2014/05/06/u-s-welfare-spending-up-but-help-for-the-neediest-down/.
16. Nik DeCosta-Klipa, "How Paul LePage Got Elected, and How Mainers Think They Can Fix a Broken Voting System," *Boston Globe*, Sept. 1, 2016.
17. Eric Russell, "Maine Sits on Millions in Federal Welfare Dollars, yet Poverty Rises," *Portland Press Herald*, Oct. 23, 2016.
18. Associated Press, "I Was Donald Trump Before Donald Trump Became Popular," *New York Post*, Mar. 5, 2016.
19. Robert Rector, Rachel Sheffield, and Kevin Dayaratna, "Maine Food Stamp Work Requirement Cuts Non-Parent Caseload by 80 Percent" (Washington, DC: Heritage Foundation, Feb. 8, 2016).
20. Caitlin Dewey, "GOP Lawmaker: The Bible Says 'If a Man Will Not Work, He Shall Not Eat,' " *Washington Post*, Mar. 31, 2017.
21. Mary Mayhew. 本書著者による電話インタビュー、2017年３月22日。
22. "Work Requirements Don't Cut Poverty, Evidence Shows" (Washington, DC: Center on Budget and Policy Priorities, June 7, 2016).
23. "Wyoming TANF Spending" (Washington, DC: Center on Budget and Policy Priorities, 2017), https://www.cbpp.org/sites/default/files/atoms/files/tanf_spending_wy.pdf; Ife Floyd, LaDonna Pavetti, and Liz Schott, "TANF Reaching Few Poor Families" (Washington, DC: Center on Budget and Policy Priorities, Mar. 30, 2017).
24. Annie Lowrey, "It's Time for Welfare Reform Again," *New York*, Feb. 19, 2016.
25. Edin and Shaefer, *$2.00 a Day*.
26. Sandra Butler, "TANF Time Limits and Maine Families: Consequences of Withdrawing the Safety Net" (Augusta: Maine Equal Justice Partners, Feb. 25, 2013), http://www.mejp.org/sites/default/files/TANF-Study-SButler-Feb2013.pdf.
27. "It's Time to End Child Poverty in Maine" (Augusta: Maine Equal Justice Partners, Aug. 2016), http://www.mejp.org/content/its-time-end-child-poverty-maine.
28. Harry Holzer, "The Economic Costs of Child Poverty," Testimony Before the U.S. House Committee on Ways and Means, Jan. 24, 2007, https://www.urban.org/research/publication/economic-costs-child-poverty.
29. Charles Murray. 本書著者による電話インタビュー、2016年７月７日。
30. F. A. Hayek, *Law, Legislation and Liberty*, vol. 3, The Political Order of a Free People (Chicago: University of Chicago Press, 1973), 55〔邦訳　F. A. ハイエク『法と立法と自由Ⅲ』

ハイエク全集10、渡部茂訳、春秋社、1988年〕
31. Richard Nixon: "Annual Message to the Congress on the State of the Union," Jan. 22, 1971. オンライン版は以下。Gerhard Peters and John T. Woolley, The American Presidency Project, http://www.presidency.ucsb.edu/ws/?pid=3110.
32. Charles Murray, "A Guaranteed Income for Every American," *Wall Street Journal*, June 3, 2016.
33. Ibid.
34. Robert Greenstein, "Romney's Charge That Most Federal Low-Income Spending Goes for 'Overhead' and 'Bureaucrats' Is False" (Washington, DC: Center on Budget and Policy Priorities, Jan. 23, 2012), https://www.cbpp.org/research/romneys-charge-that-most-federal-low-income-spending-goes-for-overhead-and-bureaucrats-is.
35. Ed Dolan, "Could We Afford a Universal Basic Income? (Part 2 of a Series)," *EconoMonitor* (blog), Jan. 13, 2014.
36. Andy Stern, *Raising the Floor: How a Universal Basic Income Can Renew Our Economy and Rebuild the American Dream* (New York: PublicAffairs, 2016), ebook.
37. Daniel Hemel, "Bringing the Basic Income Back to Earth," *New Rambler*, Sept. 19, 2016, http://newramblerreview.com/book-reviews/economics/bringing-the-basic-income-back-to-earth.
38. Franklin D. Roosevelt, "State of the Union Address," Jan. 11, 1944, http://www.fdrlibrary.marist.edu/archives/address_text.html.

第７章　格差と差別の歴史

1. U.S. Senate, Committee on Finance, "Welfare and Poverty in America," 114th Congress, 1st sess., Oct. 29, 2015, https://www.finance.senate.gov/imo/media/doc/21409.pdf.
2. Aretha Jackson. 本書著者による電話インタビュー、2017年11月８日。
3. Alberto Alesina, Edward Glaeser, and Bruce Sacerdote, "Why Doesn't the United States Have a European-Style Welfare State?," *Brookings Papers on Economic Activity*, no. 2, 2001.
4. Ibid.
5. Robert D. Putnam, "E Pluribus Unum: Diversity and Community in the Twenty-First Century," *Scandinavian Political Studies* 30, no. 2 (June 15, 2007): 137-74, http://onlinelibrary.wiley.com/doi/10.1111/j.1467-9477.2007.00176.x/abstract.
6. Ozan Aksoy, "Effects of Heterogeneity and Homophily on Cooperation," *Social Psychology Quarterly* 78, no. 4 (2015): 324-44, http://journals.sagepub.com/doi/abs/10.1177/0190272515612403.
7. Maureen A. Craig and Jennifer A. Richeson, "On the Precipice of a 'Majority-Minority' America: Perceived Status Threat from the Racial Demographic Shift Affects White Americans' Political Ideology," *Psychological Science* 25, no. 6 (Apr. 2014): 1189-97, http://journals.sagepub.com/doi/abs/10.1177/0956797614527113.
8. *World Factbook* (Washington, DC: Central Intelligence Agency, 2017), https://www.cia.gov/library/publications/the-world-factbook/index.html.

9. 以下で引用。Michael B. Katz, *In the Shadow of the Poorhouse: A Social History of Welfare in America*, 10th anniversary ed. (New York: Basic Books, 1996), 248.
10. Larry DeWitt, "The Decision to Exclude Agricultural and Domestic Workers from the 1935 Social Security Act," *Social Security Bulletin* 70, no. 4 (2010).
11. Ira Katznelson, *Fear Itself: The New Deal and the Origins of Our Time* (New York: Liveright, 2013), ebook.
12. Kenneth J. Neubeck and Noel A. Cazenave, *Welfare Racism: Playing the Race Card Against America's Poor* (New York: Routledge, 2002), 61.
13. Ibid., 60-61.
14. Vann R. Newkirk II, "The Fight for Health Care Has Always Been About Civil Rights," *Atlantic*, June 27, 2017.
15. Colleen M. Grogan and Sunggeun Park, "The Racial Divide in State Medicaid Expansions," *Journal of Health Politics, Policy, and Law* 42, no. 3 (June 2017): 539-72.
16. Ibid.
17. Josh Levin, "The Welfare Queen," *Slate*, Dec. 19, 2013.
18. "Work requirements and time limits": Linda Burnham, "Racism in United States Welfare Policy," *Race, Poverty & the Environment* 14, no. 1 (Spring 2007): 47.
19. Heather Hahn, Laudan Y. Aron, Cary Lou, Eleanor Pratt, and Adaeze Okoli, "Why Does Cash Welfare Depend on Where You Live? How and Why State TANF Programs Vary" (Washington, DC: Urban Institute, June 5, 2017).
20. Alana Semuels, "States with Large Black Populations Are Stingier with Government Benefits," *Atlantic*, June 6, 2017.
21. Suzanne Mettler and Julianna Koch, "Who Says They Have Ever Used a Government Social Program? The Role of Policy Visibility" (Ithaca, NY: Cornell University, Feb. 28, 2012).
22. Frances Fox Piven, "Why Welfare Is Racist," in *Race and the Politics of Welfare Reform*, ed. Sanford F. Schram, Joe Brian Soss, and Richard Carl Fording (Ann Arbor: University of Michigan Press, 2010), 323.
23. Richard Rothstein, "Modern Segregation" (the Atlantic Live Conference でのプレゼンテーション Reinventing the War on Poverty, Washington, DC, Mar. 6, 2014), http://www.epi.org/publication/modern-segregation/.
24. Richard Rothstein, "School Policy Is Housing Policy: Deconcentrating Disadvantage to Address the Achievement Gap" in *Race, Equity, and Education: Sixty Years from Brown*, ed. Pedro Noguera, Jill Pierce, and Roey Ahram (New York: Springer, 2015), 32.
25. Ira Katznelson, *When Affirmative Action Was White: An Untold History of Racial Inequality in Twentieth-Century America* (New York: W. W. Norton, 2006), ebook.
26. Ibid.
27. Erica E. Meade, "Overview of Community Characteristics in Areas with Concentrated Poverty" (Washington, DC: Department of Health and Human Services, Office of the Assistant Secretary for Planning and Evaluation, Research Brief, May 2014), https://aspe.hhs.gov/system/files/pdf/40651/rb_concentratedpoverty.pdf.

28. Gregory Acs, Kenneth Braswell, Elaine Sorensen, and Margery Austin Turner, "The Moynihan Report Revisited" (Washington, DC: Urban Institute, June 2013).
29. Raj Chetty and Nathaniel Hendren, "The Impacts of Neighborhoods on Intergenerational Mobility II: County-Level Estimates," May 2017.
30. Sarah E. Turner and John Bound, "Closing the Gap or Widening the Divide: The Effects of the G.I. Bill and World War II on the Educational Outcomes of Black Americans" (NBER Working Paper no. 9044, July 2002).
31. Ibid.
32. Ibid.
33. Celeste K. Carruthers and Marianne H. Wanamaker, "Separate and Unequal in the Labor Market: Human Capital and the Jim Crow Wage Gap" (NBER Working Paper no. 21947, Jan. 2016).
34. Ary Spatig-Amerikaner, "Unequal Education: Federal Loophole Enables Lower Spending on Students of Color" (Washington, DC: Center for American Progress, Aug. 22, 2012).
35. Nikole Hannah-Jones, "Segregation Now," ProPublica, Apr. 16, 2014, https://www.propublica.org/article/segregation-now-full-text.
36. Eileen Patten, "Racial, Gender Wage Gaps Persist in U.S. Despite Some Progress," FactTank (blog), Pew Research Center, July 1, 2016, http://www.pewresearch.org/fact-tank/2016/07/01/racial-gender-wage-gaps-persist-in-u-s-despite-some-progress/.
37. Carmen DeNavas-Walt and Bernadette D. Proctor, "Income and Poverty in the United States: 2014," Current Population Reports (Washington, DC: U.S. Census Bureau, U.S. Department of Commerce, Economics and Statistics Administration, Sept. 2015).
38. Valerie Wilson and William M. Rodgers III, "Black-White Wage Gaps Expand with Rising Wage Inequality" (Washington, DC: Economic Policy Institute, Sept. 20, 2016).
39. Janelle Jones, "The Racial Wealth Gap: How African-Americans Have Been Shortchanged out of the Materials to Build Wealth," *Working Economics Blog*, Economic Policy Institute, Washington, DC, Feb. 13, 2017.
40. Ibid.
41. Emily Badger, "Whites Have Huge Wealth Edge Over Blacks (but Don't Know It)," *New York Times*, Sept. 18, 2017.
42. Darrick Hamilton, "The Federal Job Guarantee: A Step Toward Racial Justice," *Dissent*, Nov. 9, 2015.
43. Dedrick Asante-Muhammad, Chuck Collins, Josh Hoxie, and Emanuel Nieves, "The Ever-Growing Gap: Without Change, African-American and Latino Families Won't Match White Wealth for Centuries" (Washington, DC: Institute for Policy Studies and the Corporation for Enterprise Development, Aug. 2016).
44. Ta-Nehisi Coates, "The Case for Reparations," *Atlantic*, June 2014.
45. "Reparations," The Movement for Black Lives, July 26, 2016, https://policy.m4bl.org/reparations/.
46. Ta-Nehisi Coates, "Fear of a Black President," *Atlantic*, Sept. 2012.

47. Sean McElwee and Jason McDaniel, "Economic Anxiety Didn't Make People Vote Trump, Racism Did," *Nation*, May 8, 2017.
48. Dylan Matthews, "Why the Alt-Right Loves Single-Payer Health Care," Vox, Apr. 4, 2017.
49. Richard Spencer, "Why Trump Must Champion Universal Healthcare," Altright.com, Mar. 23, 2017.
50. Neera Tanden, Carmel Martin, Marc Jarsulic, Brendan Duke, Ben Olinsky, Melissa Boteach, John Halpin, Ruy Teixeira, and Rob Griffin, "Toward a Marshall Plan for America: Rebuilding Our Towns, Cities, and the Middle Class" (Washington, DC: Center for American Progress, May 16, 2017).
51. Hillary Rodham Clinton, *What Happened* (New York: Simon & Schuster, 2017), 239〔邦訳 クリントン『WHAT HAPPENED』〕

第8章　彼女たちの10兆ドル

1. Annadis Rudolfsdottir, "The Day the Women Went on Strike," *Guardian*, Oct. 18, 2005.
2. Reuters, "Iceland: Women Strike," *New York Times*, Oct. 25, 1975.
3. Kirstie Brewer, "The Day Iceland's Women Went on Strike," BBC, Oct. 23, 2015.
4. Susan C. Reinhard, Lynn Friss Feinberg, Rita Choula, and Ari Houser, "Valuing the Invaluable 2015 Update: Undeniable Progress, but Big Gaps Remain" (Washington, DC: AARP Public Policy Institute, July 2015).
5. Ana Langer et al., "Women and Health: The Key for Sustainable Development," *Lancet* 386, no. 9999 (June 5, 2015): 1165.
6. Kweilin Ellingrud, Anu Madgavkar, James Manyika, Jonathan Woetzel, Vivian Riefberg, Mekala Krishnan, and Mili Seoni, "The Power of Parity: Advancing Women's Equality in the United States" (McKinsey Global Institute, Apr. 2016).
7. Benjamin Bridgman, Andrew Dugan, Mikhael Lal, Matthew Osborne, and Shaunda Villones, "Accounting for Household Production in the National Accounts, 1965-2010," *Survey of Current Business* 92, no. 5 (May 2012): 23; Gaëlle Ferrant, Luca Maria Pesando, and Keiko Nowacka, "Unpaid Care Work: The Missing Link in the Analysis of Gender Gaps in Labour Outcomes" (Paris: OECD Development Centre, Dec. 2014).
8. Nadim Ahmad and Seung-Hee Koh, "Incorporating Estimates of Household Production of Non-Market Services into International Comparisons of Material Well-Being" (Working Paper no. 42, OECD Statistics Directorate, Paris, Oct. 14, 2011).
9. Arthur C. Pigou, *The Economics of Welfare* (London: Macmillan, 1932), http://www.econlib.org/library/NPDBooks/Pigou/pgEW1.html.
10. Mignon Duffy, *Making Care Count: A Century of Gender, Race, and Paid Care Work* (New Brunswick, NJ: Rutgers University Press, 2011), 11.
11. Judith Shulevitz, "It's Payback Time for Women," *New York Times*, Jan. 8, 2016.
12. Arlie Hochschild with Anne Machung, *The Second Shift: Working Families and the Revolution at Home*, rev. ed. (New York: Penguin, 2012)〔邦訳　アーリー・ホックシールド『セカンド・シフト 第二の勤務――アメリカ 共働き革命のいま』田中和子訳、朝日新聞

社、1990年〕

13. Kim Parker and Wendy Wang, "Modern Parenthood: Roles of Moms and Dads Converge as They Balance Work and Family"（Washington, DC: Pew Research Center, Mar. 14, 2013).
14. Ibid.
15. "The MetLife Study of Caregiving Costs to Working Caregivers: Double Jeopardy for Baby Boomers Caring for Their Parents"（Westport, CT: MetLife Mature Market Institute, National Alliance for Caregiving, and Center for Long Term Care Research and Policy, June 2011).
16. Ai-jen Poo. 本書著者による電話インタビュー、2015年 3 月 2 日。
17. Usha Ranji and Alina Salganicoff, "Balancing on Shaky Ground: Women, Work and Family Health"（Menlo Park, CA: Kaiser Family Foundation, Oct. 20, 2014).
18. "The Global Gender Gap Report 2016"（Geneva: World Economic Forum, 2016).
19. Emily Peck, "Women Work More Hours Than Men, Get Paid Less," *HuffPost*, Oct. 27, 2016.
20. Organization for Economic Cooperation and Development, Social Policy Division, Directorate of Employment, Labour and Social Affairs, Family Database, "PF2.5. Trends in Parental Leave Since 1970"（last updated Mar. 2017), http://www.oecd.org/els/social/family/database.
21. U.S. Department of Labor, "DOL Factsheet: Paid Family and Medical Leave," June 2015, https://www.dol.gov/wb/paidleave/PDF/PaidLeave.pdf.
22. Laura Addati, Naomi Cassirer, and Katherine Gilchrist, *Maternity and Paternity at Work: Law and Practice Across the World*（Geneva: International Labor Organization, 2014).
23. Organization for Economic Cooperation and Development, "PF2.5. Trends in Parental Leave Since 1970."
24. Juliana Menasce Horowitz, Kim Parker, Nikki Graf, and Gretchen Livingston, "Americans Widely Support Paid Family and Medical Leave, but Differ Over Specific Policies"（Washington, DC: Pew Research Center, Mar. 23, 2017).
25. Sharon Lerner, "The Real War on Families: Why the U.S. Needs Paid Leave Now," *In These Times*, Aug. 18, 2015.
26. U.S. Bureau of Labor Statistics, "Employment Characteristics of Families Summary," Apr. 20, 2017.
27. Rasheed Malik, Katie Hamm, Maryam Adamu, and Taryn Morrissey, "Child Care Deserts: An Analysis of Child Care Centers by ZIP Code in 8 States"（Washington, DC: Center for American Progress, Oct. 27, 2016).
28. "Parents and the High Cost of Child Care: 2016"（Arlington, VA: Child Care Aware of America, 2016).
29. Lynda Laughlin, "Who's Minding the Kids? Child Care Arrangements: Spring 2011"（Household Economic Studies, U.S. Census Bureau, Apr. 2013).
30. Ibid.
31. Hannah Matthews and Christina Walker, "Child Care Assistance Spending and Participation in 2014"（Washington, DC: CLASP, Mar. 2016).
32. Ibid.
33. Francine D. Blau and Lawrence M. Kahn, "Female Labor Supply: Why Is the US Falling Be-

hind?" (NBER Working Paper no. 18702, Jan. 2013).
34. D'Vera Cohn and Andrea Caumont, "7 Key Findings About Stay-at-Home Moms," *FactTank* (blog), Pew Research Center, Apr. 8, 2014.
35. So Kubota, "Child Care Costs and Stagnating Female Labor Force Participation in the US" (white paper, Princeton University, July 9, 2017).
36. Eleanor Krause and Isabel Sawhill, "What We Know and Don't Know About Declining Labor Force Participation: A Review" (Washington, DC: Brookings Institution, May 17, 2017).
37. Karsten Strauss, "Predicting the Fastest-Growing Jobs of the Future," *Forbes*, Nov. 7, 2017.
38. Jessica Schieder and Elise Gould, " 'Women's Work' and the Gender Pay Gap: How Discrimination, Societal Norms, and Other Forces Affect Women's Occupational Choices — and Their Pay" (Washington, DC: Economic Policy Institute, July 20, 2016).
39. Claudia Goldin, "A Pollution Theory of Discrimination: Male and Female Differences in Occupations and Earnings" (NBER Working Paper no. 8985, June 2002).
40. Claire Cain Miller, "As Women Take Over a Male-Dominated Field, the Pay Drops," *New York Times*, Mar. 18, 2016.
41. "Kenya's National Gender Context and Its Implications for Conservation: A Gender Analysis" (Arlington, VA: The Nature Conservancy, July 2013).
42. Ibid.
43. United Nations Statistics Division, *The World's Women 2015: Trends and Statistics* (New York: United Nations, Department of Economic and Social Affairs, Statistics Division, 2015), 179.
44. Bastagli, Hagen-Zanker, Harman, Barca, Sturge, Schmidt, and Pellerano, *Cash Transfers*.
45. United Nations Statistics Division, *World's Women*, 180.
46. Pranab Bardhan. 本書著者による電話インタビュー、2017年 6 月15日。
47. Arvind Subramanian. 本書著者によるインタビュー、2017年 4 月18日。

第9章　共生を成り立たせるために

1. Hatewatch Staff, "Post-Election Bias Incidents up to 1,372; New Collaboration with ProPublica *Hatewatch* (blog), Southern Poverty Law Center, Feb. 10, 2017, https://www.splcenter.org/hatewatch/2017/02/10/post-election-bias-incidents-1372-new-collaboration-propublica.
2. Michael Dimock, Jocelyn Kiley, Scott Keeter, and Carroll Doherty, "Political Polarization in the American Public: How Increasing Ideological Uniformity and Partisan Antipathy Affect Politics, Compromise and Everyday Life" (Washington, DC: Pew Research Center, June 12, 2014).
3. Ibid.
4. Ibid.
5. Tom Jensen, "Numbers for Obama, Democrats Tick Up Nationally" (Raleigh, NC: Public Policy Polling, Mar. 11, 2014), http://www.publicpolicypolling.com/wp-content/uploads/2017/09/PPP_Release_National_311.pdf.
6. Ezra Klein, "Gamergate and the Politicization of Absolutely Everything," Vox, Nov. 1, 2014.
7. Vice Chairman's Staff of the Joint Economic Committee, "What We Do Together: The State of

Associational Life in America"（Social Capital Project Report no. 1-17, May 2017).
8. Guy Standing, speech, the Basic Income Earth Network Congress 2016, Seoul, July 7, 2016.
9. Cynthia McFadden and Jake Whitman, "Changing Arctic: Land of Pickled Whale and $10 Milk," NBC News, Sept. 16, 2015.
10. Taylor Jo Isenberg, "What a New Survey from Alaska Can Teach Us About Public Support for Basic Income," Medium, June 28, 2017, https://medium.com/economicsecproj/what-a-new-survey-from-alaska-can-teach-us-about-public-support-for-basic-income-ccd0c3c16b42.
11. Bill Wielechowski. 本書著者による電話インタビュー、2016年10月19日。
12. Ibid.
13. Gregory S. Aldrete, *Daily Life in the Roman City: Rome, Pompeii, and Ostia*（Westport, CT: Greenwood Press, 2004), 197.
14. Grace Clark, "Pakistan's Zakat and 'Ushr as a Welfare System," in *Islamic Reassertion in Pakistan: The Application of Islamic Laws in a Modern State*, ed. Anita M. Weiss（Syracuse, NY: Syracuse University Press, 1986), 79-95.
15. Bruce A. Ackerman and Anne Alstott, *The Stakeholder Society*（New Haven, CT: Yale University Press, 2000).
16. Evelyn L. Forget, "The Town with No Poverty: The Health Effects of a Guaranteed Annual Income Field Experiment," *Canadian Public Policy* 37, no. 3（Sept. 2011): 283-305.
17. Marinescu, "No Strings Attached."
18. "What Resources Do Families Have for Financial Emergencies? The Role of Emergency Savings in Family Financial Security"（Washington, DC: Pew Charitable Trusts, Nov. 18, 2015).
19. Board of Governors of the Federal Reserve System, "Report on the Economic Well-Being of U.S. Households in 2015."
20. Annie Lowrey, "2016: A Year Defined by America's Diverging Economies," *Atlantic*, Dec. 30, 2016.
21. "The New Map of Economic Growth and Recovery"（Washington, DC: Economic Innovation Group, May 2016).
22. Margaret Cahalan and Laura Perna, *Indicators of Higher Education Equity in the United States, 45 Year Trend Report*（Washington, DC: Pell Institute for the Study of Opportunity in Higher Education and Penn Alliance for Higher Education and Democracy, 2015).
23. Ross Levine and Yona Rubinstein, "Smart and Illicit: Who Becomes an Entrepreneur and Do They Earn More?"（NBER Working Paper no. 19276, Aug. 2013).
24. David Blanchflower and Andrew J. Oswald, "What Makes an Entrepreneur? Evidence on Inheritance and Capital Constraints"（NBER Working Paper no. 3252, Feb. 1990).
25. Megan McArdle, "How a Basic Income in the U.S. Could Increase Global Poverty," *PBS NewsHour*, Apr. 18, 2014.
26. George J. Borjas, "Immigration and Welfare Magnets," *Journal of Labor Economics* 17, no. 4（Oct. 1999): 607-37.
27. Scott W. Allard and Sheldon Danziger, "Welfare Magnets: Myth or Reality?," *Journal of Politics* 62, no. 2（May 2000): 350-68.

28. "More Americans Say Immigrants Help Rather Than Hurt Economy," Gallup News, June 29, 2017.
29. "Immigration," Gallup News, http://news.gallup.com/poll/1660/immigration.aspx.
30. William N. Evans and Daniel Fitzgerald, "The Economic and Social Outcomes of Refugees in the United States: Evidence from the ACS"（NBER Working Paper no. 23498, June 2017）.
31. Congressional Budget Office, "The Economic Impact of S. 744, the Border Security, Economic Opportunity, and Immigration Modernization Act," June 18, 2013.
32. "Undocumented Immigrants' State and Local Tax Contributions"（Washington, DC: Institute on Taxation and Economic Policy, July 2013）.
33. Dylan Matthews, "A Basic Income Really Could End Poverty Forever," Vox, July 17, 2017.
34. Stanley Greenberg and Nancy Zdunkewicz, "Macomb County in the Age of Trump"（Washington, DC: Democracy Corps, Mar. 9, 2017）.
35. William A. Niskanen, "Build a Wall Around the Welfare State, Not Around the Country"（Washington, DC: Cato Institute, Sept.-Oct. 2006）.
36. David Corn, "SECRET VIDEO: Romney Tells Millionaire Donors What He REALLY Thinks of Obama Voters," *Mother Jones*, Sept. 17, 2012.
37. Chuck Marr and Chye-Ching Huang, "Misconceptions and Realities About Who Pays Taxes"（Washington, DC: Center on Budget and Policy Priorities, Sept. 17, 2012）.
38. Michael L. Davis, "Taxing the Poor: A Report on Tobacco, Alcohol, Gambling, and Other Taxes and Fees That Disproportionately Burden Lower-Income Families"（Dallas: National Center for Policy Analysis, June 2007）.
39. Martin Luther King Jr., *Where Do We Go from Here: Chaos or Community?*（Boston: Beacon Press, 2010）〔邦訳　マーチン・ルーサー・キング『黒人の進む道――世界は一つの屋根のもとに』猿谷要訳、明石書店、2009年。本文中の引用は本書訳者による〕
40. Franklin D. Roosevelt, "State of the Union Address," Jan. 11, 1944.

第10章　毎月1000ドル

1. Charles Murray, *In Our Hands: A Plan to Replace the Welfare State*（Lanham, MD: Rowman & Littlefield, 2016）.
2. Stern, *Raising the Floor.*
3. Rutger Bregman, *Utopia for Realists: The Case for a Universal Basic Income, Open Borders, and a 15-Hour Workweek*（Amsterdam: The Correspondent, 2016）〔邦訳　ブレグマン『隷属なき道』〕
4. Nick Srnicek and Alex Williams, *Inventing the Future: Postcapitalism and a World Without Work*（Brooklyn, NY: Verso, 2015）.
5. Ackerman and Alstott, *Stakeholder Society.*
6. "Policy Basics: Where Do Federal Tax Revenues Come From?"（Washington, DC: Center on Budget and Policy Priorities, Sept. 5, 2017）.
7. Scott Greenberg, "Summary of the Latest Federal Income Tax Data, 2016 Update"（Washington, DC: Tax Foundation, Feb. 2017）.

8. Eduardo Porter, "A Universal Basic Income Is a Poor Tool to Fight Poverty," *New York Times*, May 31, 2016.
9. Drew DeSilver, "What Does the Federal Government Spend Your Tax Dollars On? Social Insurance Programs, Mostly," *FactTank* (blog), Pew Research Center, Apr. 4, 2017, http://www.pewresearch.org/fact-tank/2017/04/04/what-does-the-federal-government-spend-your-tax-dollars-on-social-insurance-programs-mostly/.
10. Dolan, "Could We Afford a Universal Basic Income? (Part 2)."
11. Ibid.
12. Robert Greenstein, "Universal Basic Income May Sound Attractive, But If It Occurred Would Likelier Increase Poverty Than Reduce It" (Washington, DC: Center on Budget and Policy Priorities, Sept. 18, 2017).
13. Sonya Hoo and Eric Toder, "The U.S. Tax Burden Is Low Relative to Other OECD Countries" (Washington, DC: Tax Policy Center, May 8, 2006).
14. J. Bradford DeLong and Lawrence H. Summers, "Fiscal Policy in a Depressed Economy," *Brookings Papers on Economic Activity*, Spring 2012.
15. Josh Bivens and Hunter Blair, "A Financial Transaction Tax Would Help Ensure Wall Street Works for Main Street" (Washington, DC: Economic Policy Institute, July 28, 2016).
16. William G. Gale, Samuel Brown, and Fernando Saltiel, "Carbon Taxes as Part of the Fiscal Solution" (Washington, DC: Brookings Institution, Mar. 12, 2013).
17. James A. Baker III, Martin Feldstein, Ted Halstead, N. Gregory Mankiw, Henry M. Paulson Jr., George P. Shultz, Thomas Stephenson, and Rob Walton, "The Conservative Case for Carbon Dividends: How a New Climate Strategy Can Strengthen Our Economy, Reduce Regulation, Help Working-Class Americans, Shrink Government & Promote National Security" (Washington, DC: Climate Leadership Council, Feb. 2017).
18. James K. Boyce and Peter Barnes, "$200 a Month for Everyone? Universal Income from Universal Assets," *TripleCrisis* (blog), Nov. 7, 2016, http://triplecrisis.com/200-a-month-for-everyone/.
19. Kevin J. Delaney, "The Robot That Takes Your Job Should Pay Taxes, Says Bill Gates," Quartz, Feb. 17, 2017.
20. Paul T. Hartman, *Collective Bargaining and Productivity: The Longshore Mechanization Agreement* (Berkeley: University of California Press, 1969).
21. Jessica Wiederspan, Elizabeth Rhodes, and H. Luke Shaefer, "Expanding the Discourse on Antipoverty Policy: Reconsidering a Negative Income Tax," *Journal of Poverty* 19, no. 2 (2015): 218–38.
22. Darrick Hamilton, "Race, Wealth, and Intergenerational Poverty," *American Prospect*, Aug. 14, 2009.
23. Philippe Van Parijs, "A Basic Income for All," *Boston Review*, Oct.–Nov. 2000.
24. Jeff Spross, "You're Hired!," *Democracy* 44 (Spring 2017).
25. Hamilton, "Federal Job Guarantee."
26. Philippe Van Parijs. 本書著者によるインタビュー、2016年7月7日。

27. Robert Van der Veen and Philippe Van Parijs, "A Capitalist Road to Communism," *Theory and Society* 15, no. 5 (1986): 635-55.
28. Jauhiainen and Mäkinen, "Why Finland's Basic Income Experiment Isn't Working."
29. Kassam, "Ontario Plans to Launch Universal Basic Income."
30. Elizabeth Rhodes, 本書著者による電話インタビュー、2017年10月16日。
31. "What We Fund," Economic Security Project, 2017.
32. Owen Poindexter. 本書著者による電話インタビュー、2017年９月27日。
33. Alexis C. Madrigal, "Free Money at the Edge of the Tech Boom," *Atlantic*, Oct. 19, 2017.
34. Chris Lee, "Hawaii Becomes First State to Begin Evaluating a Universal Basic Income (Thanks for Your Help Reddit!)," Reddit, June 15, 2017, https://www.reddit.com/r/Futurology/comments/6hezyu/hawaii_becomes_first_state_to_begin_evaluating_a/.
35. Enno Schmidt, "How a 'Stupid Painter from Switzerland' Is Revolutionizing Work," *PBS NewsHour*, Apr. 9, 2014.
36. Lowrey, "Switzerland's Proposal."

あとがき

1. Max Deutsch, "How to Write with Artificial Intelligence," Medium, July 11, 2016.
2. Joseph Frankel, "These Horror Stories Created by Artificial Intelligence Are the Stuff of Nightmares," *Newsweek*, Oct. 25, 2017.
3. Paul Seaburn, "The Horror of Artificial Intelligence Writing Horror Fiction," *Mysterious Universe*, Oct. 27, 2017.
4. Lucia Moses, "The Washington Post's Robot Reporter Has Published 850 Articles in the Past Year," Digiday, Sept. 14, 2017.
5. Ibid.
6. William J. Baumol, *The Cost Disease: Why Computers Get Cheaper and Health Care Doesn't* (New Haven, CT: Yale University Press, 2012).
7. Chris Isidore and Tami Luhby, "Turns Out Americans Work Really Hard . . . but Some Want to Work Harder," CNN, July 9, 2015; Peter Kuhn and Fernando Lozano, "The Expanding Workweek? Understanding Trends in Long Work Hours Among U.S. Men, 1979-2004" (NBER Working Paper no. 11895, Dec. 2005).
8. Manu Saadia, *Trekonomics: The Economics of "Star Trek"* (New York: Inkshares, 2016).
9. Keynes, "Economic Possibilities for Our Grandchildren (1930)."〔邦訳　J. M. ケインズ「孫の世代の経済的可能性」〕
10. Matthew Yglesias, "The Star Trek Economy: (Mostly) Post-Scarcity, (Mostly) Socialism," *Slate*, Nov. 18, 2013.
11. Yglesias, "The Economics of The Hunger Games," *Slate*, Nov. 22, 2013.
12. Pagan Kennedy, "William Gibson's Future Is Now," *New York Times*, Jan. 13, 2012.

著者略歴

（Annie Lowrey）

The Atlantic 誌の寄稿編集者．*New York Times, the New York Times Magazine, Slate* などにも寄稿している．CNN, NPR などにも出演多数．

訳者略歴

上原裕美子〈うえはら・ゆみこ〉翻訳家．訳書 オルター『僕らはそれに抵抗できない』（ダイヤモンド社，2019）ヴォーゲル『日本経済のマーケットデザイン』（日本経済新聞出版社，2018）ほか．

アニー・ローリー
みんなにお金を配ったら
ベーシックインカムは世界でどう議論されているか？
上原裕美子訳

2019年10月1日　第1刷発行

発行所　株式会社 みすず書房
〒113-0033　東京都文京区本郷2丁目20-7
電話　03-3814-0131(営業)　03-3815-9181(編集)
www.msz.co.jp

本文組版　キャップス
本文印刷所　萩原印刷
扉・表紙・カバー印刷所　リヒトプランニング
製本所　誠製本

Printed in Japan
ISBN 978-4-622-08844-8
[みんなにおかねをくばったら]
落丁・乱丁本はお取替えいたします